西南联大国史课

陈寅恪 等/著

国立西南联合大学纪念碑文

中华民国三十四年九月九日,我国家受日本之降于南京。上距二十六年七月七日卢沟桥之变,为时八年,再上距二十年九月十八日沈阳之变,为时十四年,再上距清甲午之役,为时五十一年。举凡五十年间,日本所鲸吞蚕食于我国家者,至是悉备图籍献还。全胜之局,秦汉以来所未有也。国立北京大学、国立清华大学原设北平;私立南开大学原设天津。自沈阳之变,我国家之威权逐渐南移,惟以文化力量与日本争持于平津,此三校实为其中坚。二十六年平津失守,三校奉命迁于湖南,合组为国立长沙临时大学,以三校校长蒋梦麟、梅贻琦、张伯苓为常务委员,主持校务。设法、理、工学院于长沙,文学院于南岳,于十一月一日开始上课。迨京沪失守,武汉震动,临时大学又奉命迁云南。师生徒步经贵州,于二十七年四月二十六日抵昆明。旋奉命改名为国立西南联合大学,设理、工学院于昆明,文、法学院于蒙自,于五月四日开始上课。一学期后,文、法学院亦迁昆明。二十七年,增设师范学院。二十九季,设分校于四川叙永,一学年后,并于本校。昆明本为后方名城,自日军入安南、陷缅甸,乃成后方重镇。联合大学支持其间,先后毕业学生二千余人,从军旅者八百余人。河山既复,日月重光,联合大学之战时使命既成,奉命于三十五年五月四日结束。原有三校即将返故居,复旧业。缅维八年支持之苦辛,与夫三校合作之协和,可纪念者,盖有四焉。我国家以世界之古国,居东亚之天府,本应绍汉唐之遗烈,作并世之先进。将来建国完成,必于世界历史居独特之地位。盖并世列强,虽新而不古;希腊、罗马,有古而无今。惟我国家,亘古亘今,亦新亦旧,斯所谓『周虽旧邦,其命维新』者也。旷代之伟业,八年之抗战，已开其规模，立其基础。今日之胜利，于我国家有旋乾转坤之功，而联合大学之使命与抗战相终始。此其可纪念者一也。文人相轻，自古而然，昔人所言，今有同慨。三校有不同之历史，各异之学风，八年之久，合作无间，同无妨异，五色交辉，相得益彰；八音合奏，终和且平。此其可纪念者二也。万物并育而不相害，道并行而不相悖，小德川流，大德敦化，此天地之所以为大。斯虽先民之恒言，实为民主之真谛。联合大学以其兼容并包之精神，转移社会一时之风气，内树学术自由之规模，外来『民主堡垒』之称号，违千夫之诺诺，作一士之谔谔，此其可纪念者三也。稽之往史，我民族若不能立足于中原，偏安江表，称曰『南渡』。南渡之人，未有能北返者：晋人南渡，其例一也；宋人南渡，其例二也；明人南渡，其例三也。『风景不殊』，晋人之深悲；『还我河山』，宋人之虚愿。吾人为第四次之南渡，乃能于不十年间，收恢复之全功。庚信不哀江南，杜甫喜收蓟北。此其可纪念者四也。联合大学初定校歌。其辞始叹南迁流离之苦辛，中颂师生不屈之壮志，终寄最后胜利之期望。校以今日之成功，历历不爽，若合符契。联合大学之终始，岂非一代之盛事，旷百世而难遇者哉！爰就歌辞，勒为碑铭，铭曰：

痛南渡，辞宫阙。驻衡湘，又离别。更长征，经峣嵲。望中原，遍洒血。抵绝徼，继讲说。诗书丧，犹有舌。尽笳吹，情弥切。千秋耻，终已雪。见仇寇，如烟灭。起朔北，迄南越。视金瓯，已无缺。大一统，无倾折。中兴业，继往烈。维三校，兄弟列。为一体，如胶结，同艰难，共欢悦。联合竟，使命彻，神京复，还燕碣。以此石，象坚节，纪嘉庆，告来哲。

冯友兰　撰文

西南联大校门

抗战时期的西南联大

在西南联大图书馆刻苦学习的学生

张荫麟　　　　　　　雷海宗

陈寅恪　　　　　　　吴　晗

编者的话

西南联大只存在了八年时间,却培育了两位诺贝尔奖得主、五位中国国家最高科技奖得主、八位"两弹一星"功勋奖章得主、一百七十多位中国科学院院士和中国工程院院士。这是教育史上的传奇。传奇的缔造并非偶然,而是源于强大的师资力量和自由的教学风气。

西南联大成立之时,虽然物资短缺,没有教室、宿舍、办公楼,但是有大师云集。闻一多、朱自清、陈寅恪、张荫麟、冯友兰等大师用他们富足的精神、自由的灵魂、独特的人格魅力以及深厚的学识修养,为富有求知欲、好奇心的莘莘学子奉上了凝聚着自己心血的课程。

闻一多的唐诗课、陈寅恪的历史课、冯友兰的哲学课……无一不在民族危难的关头闪耀着智慧的光芒,照亮了求知学子前行的道路,为文化的继承保存下了一颗颗小小的种子,也为民族的复兴带来了希望。

时代远去,我们无能为力;大师远去,我们却可以把他们留下的精神和文化财富以文字的形式永久留存。这既是大师们留下的宝贵财富,也是我们应该一直继承下去的文化宝藏。

为此,编者特别策划了这套丛书,从"文学课""哲学课""国史课"三个方面来为读者展现西南联大的教育精神和大师风貌,以及中华民族的文化与思想特点。

本书讲"国史课"。因各位先生教学和写作风格有差异,故本书中不同先生的文章,其侧重点和表述方式也有差异。这一点,不仅体现了先生们各自强烈的写作特点,更体现了西南联大学术上的"自由",以及教学上的"百花齐放"。

在整理文章时,编者秉持既忠实于西南联大课堂,又不拘泥于课堂的原则。有课堂讲义留存的,悉心收录;未留存有在西南联大任教时的讲义,而先生们在某一方面的研究卓有成就的亦予以收录;还有一部分文章是先生们在西南联大教授过的课程,只是内容不一定为在西南联大期间所写,如本书收录陈寅恪先生的《唐代政治史述论稿》(上篇)是在香港完成。

需要特别说明的是,《唐代政治史述论稿》原著为繁体竖排。为使全书体例一致,也为了让更多青年读者了解陈寅恪先生的著作,因此将《唐代政治史述论稿》的上篇收入本书,分为四个小节,并为每个小节拟定了新的标题。同时遵照权威底本和多方编校意见,采用简体横排的形式,对底本的标点做了调整与补充,尤其增添书名号,方便读者阅读。

在选篇上,编者为了展现张荫麟、陈寅恪、吴晗、雷海宗四位在西南联大任教过的大师不同的学术风采,所选内容均为每位先生最擅长的领域,如张荫麟先生的先秦两汉史,陈寅恪先生的隋唐研究,吴晗先生的明朝史，雷海宗先生的通史讲义。同时按照先生们所授课程涉及的年代从古至今进行排序，以便读者更方便地了解中国历史。

因时代不同，某些字词的使用与现今有所不同。同时，每个人的写作习惯以及每篇文章的体例、格式等亦有不同，为保证内容的可读性、连续性以及文字使用的规范性，我们在尊重并保持原著风格与面貌的基础上，进行了仔细编校，纠正讹误，统一体例，仅保留少数异体字。部分内文中地理史实尚有争论，如崇国，一说在今河南嵩县北，一说在今陕西西安市鄠邑区，凡类似情况，均从原著。出于对整体阅读体验的考虑，对张荫麟部分作品重拟了标题，如"楚汉之际"，改为了"楚汉之争始末"。具体如下：

1. 原文中作者自注均统一为随文注，以小字号进行区分；文中脚注均为编者所加，并以"编者注"区分。

2. 因篇幅限制，部分文章只能节选，对这些节选的内容，编者皆在标题下以"（节选）"加以说明。

3. 文中数字，皆在遵守数字用法规范的前提下，照顾了局部体例的统一。

4. 部分原著正文存在"公元前×××年"与"前×××年"两种纪年写法，为尊重作者原文，在不影响阅读的情况下编者未动，仅对随文注的公元纪年体例进行了统一，皆以"公元前×××年"或"前×××—前×××"表示。

5. 因时代语言习惯不同造成的差异，编者对引文外的文字做了统一，如"惟"字，编者均改为现今通用的"唯"字，"想像""叫做""摹仿""人材""纨袴"等词皆改为现今通用的"想象""叫作""模仿""人才""纨绔"等词。另外,编者按现今语法规范,修订了"的""地""得"的用法。

6. 为保障现代读者的阅读体验,本书根据2012年开始实施的《标点符号用法》,对部分原文标点符号略作改动,以统一体例,如"《诗》、《书》",改为"《诗》《书》"。

7. 原文中难以辨认之处以"□"表示。

希望本书有助于读者们了解中国历史和几位先生在历史领域的学术风采;同时,更希望本书能够唤起读者对西南联大的兴趣,更多地去了解这所在民族危亡之际仍然坚守教育、传播优秀文化思想的大学,将西南联大对中国传统文化的坚持与希望传承下去。

目　录

/ 第一章 /

张荫麟论夏、商、周

夏商大事及以前之传说 /003

周朝的兴起 /007

周代的封建社会 /014

封建组织的崩溃 /036

楚的兴起 /040

齐的兴起（附宋）/043

晋楚争霸 /047

吴越代兴 /054

秦的变法 /058

/ 第二章 /
张荫麟论秦、汉

六国混一 /065

新帝国的经营 /071

帝国的发展与民生 /077

楚汉之争始末 /082

纯郡县制的重建 /100

武帝的新经济政策 /105

武帝开拓事业的四时期 /109

东汉的建立及其开国规模 /117

/ 第三章 /
雷海宗讲魏、晋、南北朝

曹操与三国 /123

西晋与中原之沦丧 /125

五胡乱华 /128

南北朝 /134

新宗教之酝酿与成熟 /139

/ 第四章 /
陈寅恪讲唐代政治制度

李唐先祖来源 /145
关中本位政策 /159
藩镇与中央对立 /168
安禄山集团的民族构成 /173

/ 第五章 /
张荫麟、雷海宗论宋、元

宋朝的开国和开国规模 /197
北宋的外患与变法 /213
宋之积弱与变法失败 /239
宋　亡 /246
元朝的迅速衰败 /250

/ 第六章 /
吴晗讲大明帝国

明太祖之建国与开国规模 /257

靖难之役与迁都北京 /271

明初的恐怖政治 /290

明教与大明帝国 /306

明代的锦衣卫和东西厂 /331

晚明仕宦阶级的生活 /343

/ 第七章 /
雷海宗讲清朝盛世

清朝的统治手段 /355

传统政治文化之总崩溃 /361

甲午戊戌与庚子辛丑 /366

〈第一章〉
张荫麟论夏、商、周

夏商大事及以前之传说

商朝从成汤创业以后，六百年间，可考的大事，除了六次迁都，除了对鬼方的大战，除了最后直接间接和亡国有关的打击外，便是五度由盛而衰的循环。所谓盛就是君主英武，诸侯归服；所谓衰就是君主昏暗，或王室内乱，而诸侯叛离。前期第一度的盛衰牵涉到汤孙太甲（商朝第四王）和汤的开国功臣伊尹的关系。这有二说：一说太甲无道，"颠覆汤之典型"，伊尹把他放逐于桐，过了三年，伊尹见他悔过修德，又迎他复位。一说伊尹于商王仲壬死后，把法当嗣位的太甲放逐于桐，而自即王位；其后七年，太甲自桐潜出，杀伊尹。肇始商朝后期的盘庚是一中兴之主。在他以后，唯他的侄子武丁曾一度中兴。武丁以降，商朝一直衰下去。继位的君主皆生长安逸，"不知稼穑之艰难，惟耽乐之从"（这是周朝开国元勋周公追数前朝衰亡的原因的话）。他们以畋游荒宴代替了国政的烦劳。在商朝末年，一种叔世的颓废和放纵弥漫了整个商人社会。狂饮滥醉的风气普遍于君主、贵族和庶民。这是他们亡国的主因。

在叙述商朝灭亡的经过之前，让我们回溯商朝所继承的历史线索。

商朝所替换的朝代是夏。关于夏朝，我们所知，远更模糊。例如夏朝已有没有文字？有没有铜器？其农业发展到什么程度？其政治组织与商的异同如何？这些问题都无法回答。在后人关于夏朝的一切传说和追记中，我们所能抽出比较可信的事实，大要如下。

夏朝历年约莫四百，其君位是父死子继而不是兄终弟及。其国都的迁徙比商朝更为频数。最初的君主禹历都阳城、晋阳、安邑，皆不出今山西的西南角（阳城在翼城西，晋阳在临汾西，安邑在平陆东北）。禹子启始渡河而南，居今新郑、密县间。以后除启孙后相因外患失国远窜外，夏主的迁徙，不出今河南的黄河以南，汝、颍以北。当夏朝为成汤所灭时，都于斟鄩，即今巩县[1]西南。夏朝最大的事件是与外族有穷氏的斗争。有穷氏以鉏（今河南滑县东）为根据地，当启子太康时，攻占了夏都（时在斟鄩），以后统治了夏境至少有六七十年。太康逃居于外，有穷氏以次立其弟仲康及仲康子后相为傀儡。后相继被窜逐追杀。后来后相的遗腹子少康收聚夏朝的残余势力，乘有穷氏的衰弱，把他灭掉，恢复旧物。有穷氏是在夏境的东北，后来灭夏的成汤则来自东南，其先世亦发祥于东北。夏朝的外患盖常在东方。

成汤的先世累代为部族长。他的先十四代祖契与禹同时，以蕃

---

[1] 巩县，今河南巩义市，1991年撤县设市。——编者注

（今河北平山附近）为根据地。契子昭明迁于砥石（今河北砥水流域），继迁于商（今河南商丘），"天邑商"及商朝之得名由此。昭明子相土是一雄才大略的君长，曾大启疆宇，以相（在今安阳西十五里）为东都。可惜他的功业的记录只剩下他的后裔的两句颂诗：

　　相土烈烈，海外有截。

此时的海外说不定就是辽东或朝鲜。后来商朝亡后，王弟箕子能逃入朝鲜而历世君临其地，莫不是因为商人原先在那里有些根据？相土以后两三百年间，商人的事迹无考，也许这是他们的中衰时代（传说相土发明以马驾车，又他的后裔王亥——也是成汤的先世——发明以牛驾车）。到了成汤才复把商人带领到历史上，他从商北迁于亳，继灭了北方的若干邻族，然后向夏进攻，夏主桀兵败，被他放逐于南巢（在今安徽巢县[1]东北五里）而死，夏朝于此终结。

　　我们若从夏朝再往上溯，则见历史的线索迷失于离奇的神话和理想化的传说中不可析辨了。凡此种种，本书自宜从略。但其中有一部分和后来历史的外表，颇有关系，应当附带叙及。

　　据说禹所继承的君主是舜，国号虞；舜所继承的是尧，国号唐。当尧舜之世，天下为公，而不是一家一姓所得私有的。尧怎样获得帝位，传说没有照顾到。舜本是历山（在今山东）的农夫，有一串故事（这里从略）表明他是一个理想的孝子和理想的贤兄，又有一串故事（例如他在那里耕种，那里的农人便互相让界；他在那里打鱼，那里的渔人便互相让屋；他在那里造陶器，那里的陶工便不造劣器）表明他是一个理想的领袖。

---

[1] 巢县于1949年撤县并入巢湖专区，属今巢湖市。——编者注

帝尧闻得他的圣明，便把他召到朝廷里来，把两个女儿同时嫁给他，试他治家的能力；并拿重要的职位去试他政治的能力。他果然家庭雍睦任事称职。尧老了，便告退，把帝位推让给他。尧的时候有一场普遍于全"中国"的大水灾。禹父鲧，因治水无功，被处死刑，禹继承了他父亲的任务终于把水患平定。禹治水的工作凡历十三年，在这期间，曾三次走过自己的家门，都没有进去，有一次并且听到新产的儿子在呱呱地哭呢。后来舜照尧的旧例，把帝位推让给禹。禹在死前，也照例选定了一位益做自己的继承者。但禹死后，百姓不拥戴益，而拥戴禹的儿子启，于是启践登了帝位（一说益和启争位，为启所杀）。旧例一破便不再回复了。这便是尧舜"禅让"的故事。

还有一位值得提到的传说中重要人物，那是黄帝。他所占故事中的时代虽在尧舜之先，他的创造却似在尧舜之后。照传说的一种系谱（《史记·五帝本纪》），他是尧的高祖，舜的八世祖，禹的高祖（舜反比禹低三辈，这很奇怪），也是商周两朝王室的远祖，并且成了后来许多向化的外族的祖先。黄帝和他左右的一班人物并且是许多文化成分的创造者，例如他发明舟、车、罗盘、阵法、占星术和许多政治的制度；他的妃嫘祖最初教人养蚕织丝；他的诸臣分别发明文字、算术、历法、甲子和种种乐器。总之，他不独是中国人的共祖，并且是中国文化的源头。他的功用是把中国古代史大大地简单化了。

周朝的兴起

现在让我们离开想象,回到事实。

当商朝最末的一百年间,在渭水的流域,兴起了一个强国,号为周。周字的古文像田中有种植之形,表示这国族是以农业见长。周王室的始祖后稷(姬姓),乃是一个著名的农师(传说与禹同时),死后被周人奉为农神的。后稷的子孙辗转迁徙于泾渭一带;至古公亶父(后来追称太王),原居于豳(今陕西邠县[1]附近),因受不了鬼方侵迫,率众迁居岐山(在今陕西岐山县境)之下。这一带地方盖特别肥沃,所以后来周人歌咏它道:

　　周原膴膴,堇荼如饴。

以一个擅长农业的民族,经过移民的选择,来到肥沃土地,而且饱经

---

[1] 邠县,即今陕西彬州。——编者注

忧患，勤奋图存，故不数十年间，便蔚为一个富强之国。到了古公子季历（后来追称王季）在位时，竟大败鬼方，俘其酋长二十人了。古公在豳，还住地穴，其时周人的文化可想而知。迁岐之后，他们开始有宫室、宗庙和城郭了。季历及其子昌（后来追称文王）皆与商朝联婚，这促进了周人对商文化的接受，也即促进了周人的开化。

至少自古公以下，周为商朝的诸侯之一，故卜辞中有"令周侯"的记录。旧载季历及昌皆受商命为"西伯"，即西方诸侯之长，当是可信。但卜辞中屡有"寇周"的记载，可见商与周的关系并不常是和谐的。旧载古公即有"翦商"的企图。盖周自强盛以来，即以东向发展为一贯之国策。古公和季历的雄图的表现，于史无考，但西伯昌的远略尚可窥见一斑。他在逝世前九年，自称接受了天命，改元纪年。此后六年之间，他至少灭掉了四个商朝的诸侯国：

一、密　今甘肃灵台县西，

二、黎　今山西黎城县东北，

三、邘　今河南怀庆[1]西北，

四、崇　今河南嵩县附近。

此外商诸侯不待征伐而归附他的当不少。又旧载西伯昌曾受商王纣命，管领江、汉、汝旁的诸侯，大约他的势力已及于这一带。后来周人说他"三分天下有其二"，若以商朝的势力范围为天下，恐怕竟去事实不远了。灭崇之后，西伯昌作新都于丰邑（在今长安县境），自岐下东迁居之。他东进的意向是够彰明的了。

---

[1] 怀庆，今属河南焦作市。——编者注

文王死后第四年的春初，他的嗣子武王发率领了若干诸侯及若干西北西南土族的选锋（中有庸、蜀、羌、鬃、微、纑、彭、濮等族类，其名字不尽见于以前和以后的历史），大举伐商；他的誓师词至今犹存，即《尚书》里的《牧誓》。凭一场胜仗，武王便把商朝灭掉。战场是牧野，离商王纣的行都朝歌（今河南淇县）不远。朝歌是他的离宫别馆所在，是他娱悦晚景的胜地。这时他至少已有六七十岁了。在享尽了畋游和酒色的快乐之后，他对第一次挫败的反应是回宫自焚而死。商兵溃散，武王等长驱入殷。商朝所以亡得这样快，照后来周人的解释是文王、武王累世积德行仁，民心归向，而商纣则荒淫残暴，民心离叛；所谓"汤武革命，顺乎天而应乎人"。这固然不能说没有一些事实的影子，但事实决不如此简单。周人记载中无意泄露的关于商、周之际的消息，有两点可注意。一说"纣克东夷而陨其身"。可见商人在牧野之战以前，曾因征服东方的外族，而把国力大大损耗了；武王乃乘其疲敝而取胜的。一说"昔周饥，克殷而年丰"。可见牧野之战，也是周人掠夺粮食、竞争生存之战。武王是知道怎样利用饥饿的力量的。

殷都的陷落和商朝的覆亡，只是周人东向发展的初步成功。商朝旧诸侯的土地并不因此便为周人所有，而且许多旧诸侯并不因此就承认武王为新的宗主。此后武王、成王、康王之世，不断地把兄弟、子侄、姻戚、功臣分封于外，建立新国。这些新国大抵是取旧有的诸侯而代之，也许有的是开辟本来未开辟的土地。每一个这类新国的建立，便是周人的一次向外移殖，便是周人势力范围的一次扩展。

但当初武王攻陷殷都之后，并没有把殷都及殷王畿占据，却把纣子武庚禄父封在这里，统治商遗民，而派自己的两个兄弟管叔和蔡叔去协助并监视他们。这不是武王的仁慈宽大。这一区域是民族意识特别深刻的"殷顽民"的植根地，而且在当时交通不便的情形之下，离周人的"本部"丰岐一带很远，显然是周人所不易统治的。故此武王乐得做一个人情。但这却种下后来一场大变的原因。武王克殷后二年而死，嗣子成王年幼，王叔周公旦以开国功臣的资格摄政。管、蔡二叔心怀不平，散布流言，说"周公将不利于孺子"。并鼓动武庚禄父联结旧诸侯国奄（今山东曲阜一带）和淮水下游的外族淮夷，背叛周室。周公东征三年，才把这场大乱平定。用兵的经过不得而详，其为艰苦卓绝的事业，是可想象的。于是周公以成王命，把殷旧都及畿辅之地封给文王的少子康叔，国号卫；把商丘一带及一部分殷遗民封给纣的庶兄微子启，以存殷祀，国号宋；把奄国旧地封给周公子伯禽，国号鲁；又封功臣太公望（姜姓）的儿子于鲁之北，国号齐（都今山东临淄[1]）；封功臣召公奭（周同姓）的儿子于齐之北，国号燕（都今北平[2]附近）；都是取商朝旧有诸侯国而代之的。周公东征之后，周人的势力才达到他们的"远东"。就周人向外发展的步骤而论，周公的东征比武王的克殷还更重要。这大事业不可没有一些艺术的点缀。旧传《诗经·豳风》里《东山》一篇就是周公东征归后所作，兹录其一章如下：

　　我徂东山，慆慆不归。我来自东，零雨其濛。鹳鸣于垤，

---

[1] 临淄，今属山东淄博市。——编者注
[2] 北平，即今北京市，后不赘述。——编者注

妇叹于室。洒扫穹窒,我征聿至。有敦瓜苦,烝在栗薪,自我不见,于今三年。

假如传说不误,这位多才多艺的军事政治家,还是一个委婉的诗人呢!

先是武王克殷后,曾在丰邑以东不远,另造新都曰镐京(仍在长安县[1]境),迁居之,是为宗周。"远东"戡定后,在周人的新版图里,丰镐未免太偏处于西了。为加强周人在东方的控制力,周公在洛阳的地方建筑一个宏伟的东都,称为成周。成周既成,周公把一大部分"殷顽民",远迁到那里。从此周人在东方可以高枕无忧了。却不料他们未来的大患乃在西方!周公对被迁到成周的殷人的训词,至今还保存着,即《尚书》里的《多士》。

武王、成王两世,共封立了七十多个新国,其中与周同姓的有五十多国;但这七十余国而外,在当时黄河下游和大江以南,旧有国族之归附新朝或为新朝威力所不屈的,大大小小,还不知凡几。在这区域内,周朝新建的和旧有的国,现在可考的有一百三十多。兹于现在可考的周初新建国中,除上面已提到的宋、卫、鲁、齐、燕外,择其可以表示周人势力的分布的十八国列表如下:

---

[1] 长安县,2002年撤县,设立西安市长安区。——编者注

国名	姓	始祖与周之关系	国都今地
晋	姬	武王子叔虞	山西太原北
霍	姬	文王子叔处	山西霍县[1]
邢	姬	周公子	河北邢台
芮	姬		陕西大荔县南
贾	姬		陕西蒲城西南
西虢	姬	文王弟虢叔	陕西宝鸡县[2]东
滕	姬	文王子叔绣	山东滕县[3]
郕	姬	文王子叔武	山东汶上县北
郜	姬	文王子	山东城武县[4]东南
曹	姬	文王子叔振铎	山东定陶县[5]
东虢	姬	文王弟虢仲	河南汜水县[6]
蔡	姬	文王子叔度	河南上蔡县（约在公元前530年左右迁于今新蔡）
祭	姬	周公子	河南郑州东北
息	姬		河南息县
申	姜		河南南阳北
蒋	姬	周公子	河南固始县西北
随	姬		湖北随县
聃	姬	文王子季载	湖北荆门东南

---

[1] 霍县，今山西霍州市。——编者注

[2] 宝鸡县，今陕西宝鸡市。——编者注

[3] 滕县，今山东滕州市。——编者注

[4] 城武县，今山东成武县。——编者注

[5] 定陶县，今山东菏泽市定陶区。——编者注

[6] 汜水县，今河南荥阳市汜水镇。——编者注

本节叙述周人的东徙至周朝的创业，本自成一段落。但为以下行文的方便起见，并将成王后康、昭、穆、共、懿、孝、夷、厉八世的若干大事附记于此。这时期的记载甚为缺略，连康、昭、共、懿、孝、夷六王在位的年数亦不可考（成王在位的年数亦然）。因此厉王以前的一切史事皆不能正确地追数为距今若干年。成、康二世为周朝的全盛时代，内则诸侯辑睦，外则四夷畏慑。穆王喜出外巡游，其踪迹所及，不可确考，但有许多神话附着于他。夷王时周室始衰，诸侯多不来朝，且互相攻伐。厉王即位于公元前878年。他因为积久的暴虐，于即位第三十七年，为人民所废逐，居外十四年而死。在这期间，王位虚悬，由两位大臣共掌朝政，史家称之为共和时代。厉王死后，其子继位，是为宣王。

周代的封建社会

（节选）

封建帝国的组织

　　武王所肇创、周公所奠定的"封建帝国"，维持了约莫七百年（公元前11世纪初至前5世纪末）。这期间的社会概况便是本章所要描写的。自然在这期间，并非没有社会变迁，而各地域的情形也不一致。这纵横两方面的变异，虽然现在可能知道的很少，下文也将连带叙及。这个时期是我国社会史中第一个有详情可考的时期。周代的社会组织可以说是中国社会史的基础。从这散漫的封建的帝国到汉以后统一的郡县的帝国，从这阶级判分、特权固定的社会到汉以后政治上和法律上比较平等的社会，这其间的历程，是我国社会史的中心问题之一。

　　上面所提到"封建"一词常被滥用。严格地说，封建的社会的要素是这样：在一个王室的属下，有宝塔式的几级封君；每一个封君，虽然对于上级称臣，事实上是一个区域的世袭的统治者而兼地主；在这社会里，凡统治者皆是地主，凡地主皆是统治者，同时各级统治者属下的一切农民非农奴即佃客，他们不能私有或转卖所耕的土地。照这样说，周代的社会无疑的是封建社会。而且在中国史里只有周代的社会可以说是封建的社会。名义上这整个的帝国是"王土"，整个帝国里的人都是"王臣"，但事实上周王所直接统属的只是王畿之地。王畿是以镐京和洛邑为两个焦点，其范围现在不能确考，但可知其北不过黄河，南不到汉水流域，东不到淮水流域，西则镐京已接近边陲。王畿之地，在周人的估计中，是约莫一千里左右见方。王畿之外，周室先后至少封立了一百三十个以上（确数不可考）的诸侯国，诸侯对王室的义务不过按期纳贡朝觐，出兵助王征伐，及救济畿内的灾患而已。诸侯国的内政几乎完全自主。而王室开国初年的武威过去以后，诸侯对王室的义务也成了具文，尽不尽听凭诸侯的喜欢罢了。另一方面，周王在畿内，诸侯在国内，各把大部分的土地，分给许多小封君。每一小封君是其封区内政治上和经济上的世袭主人，人民对他纳租税，服力役和兵役，听凭他生杀予夺，不过他每年对诸侯或王室有纳贡的义务。

周朝的诸侯国，就其起源可分为四类。第一类是开国之初，王室把新征服或取得的土地，分给宗亲姻戚或功臣而建立的。前章所表列的国家皆属此类。第二类是开国许久之后，王室划分畿内的土地赐给子弟或功臣而建立，例如郑、秦。郑始祖为周厉王少子友，宣王时始封，在今陕西华县[1]。幽王之乱，郑友寄家于郐及东虢，因而占夺其地，别建新国（在今河南中部黄河以南新郑一带）。第三类是拿商朝原有的土地封给商朝后裔的，属于此类的只有宋。第四类是商代原有的诸侯国或独立国，归附于周朝的，例如陈、杞等。旧说周朝诸侯，爵分五等，即公、侯、伯、子、男。此说曾有人怀疑。但现存东周的鲁国史记里确有这五等的分别。其中所称及的诸侯公爵的只有宋，男爵的只有许（今河南许昌）；属于第一类的多数为侯，亦有为伯的；属于第二类的秦、郑皆为伯；属于第四类的大抵为子。

王畿内的小封君殆全是王族。列国的小封君原初殆亦全是"公族"（国君的同族）；但至迟在前7世纪初这种清一色的局面已打破。齐桓公（前651—前643）[2]有名的贤臣管仲和景公（前547—前490）有名的贤臣晏婴都有封地，却非公族，晏婴并且据说是个东夷。晋国自从献公（前676—前651）把公族几乎诛逐净尽，后来的贵族多属异姓，或来自别国。秦国自从它的政制有可稽考，自从穆公（前659—前621）[3]的时代，已大用"客卿"，公族始终在秦国没有抬过头。但鲁、郑和宋国，似乎终春秋之世不曾有过（至少稀有）非公族的小封君。这个差异是进取和保守的差异的背景，也是强弱的差异的背景。畿内小封君的情形，我们所知甚少，姑置不谈。列国的小封君统称为大夫。列国的大夫多数是在国君的朝廷里任职的，其辅助国君掌理一般国政的叫作卿。卿有上下或正副之别。大国的卿至多不过六位。大夫亦有上下的

---

[1] 华县，今陕西渭南市华州区。——编者注

[2] 公元前651年为齐桓公葵丘会盟的时间。——编者注

[3] 此段景公、献公、穆公的括注时间段为其在位的时间。——编者注

等级，但其数目没有限制。大夫的地位是世袭的，卿的地位却照例不是世袭的，虽然也有累代为卿的巨室。大夫的家族各有特殊的氏。有以开宗大夫的官职为氏的；有以封地的首邑为氏的；若开宗大夫为国君之子，则第三世以下用开宗大夫的别字为氏。下文为叙述的便利，称大夫的世袭的家业为"氏室"，以别于诸侯的"公室"和周王的"王室"（周制：列国的卿，有一两位要由王朝任命，但此制实施之时间空间范围不详）。

周王和大小的封君（包括诸侯）构成这封建社会的最上层，其次的一层是他们所禄养的官吏和武士，又其次的一层是以农民为主体的庶人，最下的一层是贵家所豢养的奴隶。

奴　隶

关于奴隶阶级的情形现在所知甚少。譬如在全国或某一地域奴隶和其他人口的比例是怎样呢？天子、诸侯或大夫所直接役属的奴隶各有多少呢？我们都不得而知。幸而当时周王和列国君主赏赐奴隶的数目常见于记录。最高的记录是晋景公（前599—前581）以"狄臣"（狄人做奴隶的）一千家赏给他一个新立战功的大夫荀林父。其次是齐灵公（前581—前554）以奴隶三百五十家赏给他的一个新受封的大夫。荀林父在这次受赐之前已做过两朝的执政，他家中原有的奴隶，至少当可以抵得过这一次的赏赐。可见是时一个大国的阔大夫所有的奴隶会在一万人以上。

这些奴隶的主要来源是战争。周初克殷和东征的大战，不用说了，此后诸夏对异族的征讨和诸侯相互的攻伐，每次在战场内外所获的俘虏，除了极小数有时被用来"衅鼓"（杀而取血涂鼓，以被除不祥）或用作祭祀的牺牲外，大部分是做了胜利者的奴隶。殷亡国以后，殷人被俘虏的一定很多，但究有若干，现在不可确考（《逸周书》所载不可靠）。此后俘数之可知者：对外的例如成王二十五年伐鬼方之役俘一万三千八十一人，又如上说赏给荀林父的"狄臣"一千家就是当时新获的俘虏的一部分。对内的例如前484年吴国、鲁国伐齐，俘齐国甲车八百乘，甲士三千人。俘虏的利益有时竟成为侵伐的动机。诸侯对天子，或小国对大国时常有献俘的典礼。诸夏国互获的俘虏可以赎回。鲁国定规赎俘之费由国库负担。但有被赎的幸运的恐怕只是显贵的俘虏，而有时所费不赀。例如前607年，宋国向郑人赎那"睅其目、皤其腹"的华元，用兵车百乘，文马百驷（但这些礼物还未交到一半他就逃脱回来了）。奴隶的另一个来源是罪犯。犯罪的庶人和他的家属被没入贵家为奴的事虽然不见于记载，但我们知道，贵家因罪戾被废，或因互争被灭，其妻孥有被系或被俘而用作赏品的，其后裔有"降在皂隶"的。

　　奴隶做的是什么事？第一，自然是在贵人左右服役。这一类的奴隶包括"小臣"（即侍役）、婢妾和管宫室、管车驾的仆竖；还有照例用被刖的罪犯充当的"阍人"和用被"宫"的罪犯充当的"寺人"。但这些只占小数。大部分的奴隶是被用于生产的工作。每一个贵家，自周王的以至大夫的，是一个自足的社会。谷米不用说是从采邑里来的。此外全家穿的衣服和用的东西，自家具以至车舆、兵器、乐器、祭器，多半是家中的奴隶制造的。这时代用车战，兵车以马驾，养马和管厩又是奴隶的事。此外山林川泽是由贵家专利的。樵、苏、渔、牧和煮盐又是奴隶的事。女奴也有分配到外边做工的：采桑养蚕的叫作蚕妾，做纺织或其他女红的叫作工妾。贵家设有一官专管工人。公室的工官普通叫作工正，唯楚国的叫作工尹。王室和公室的总工官之下还有分各业的工官：例如以现在所知，周室有所谓"陶正"者，大约是管制造陶器的；鲁国有所谓"匠师"者，大约是管木工的。有专长的奴隶每被用作礼物。例如前589年，鲁国向楚国求和，赂以执斫、执针、织纴各百人。又例如前562年，郑国向晋国讲和，所赂有美女和工妾共三十人，女乐二队，每队八人。

奴隶可以抵押买卖。西周铜器铭刻中有"赎兹五夫用百孚"的话。奴隶的生命自然由贵人随意处置。例如晋献公有一回思疑肉里有毒，先拿给狗试试，狗死了；再拿给小臣试试，这不幸的小臣便与那狗同其命运了。又例如献公的儿子重耳出亡时，他的从臣们在桑下密谋把他骗离齐国，被一个蚕妾偷听了；她回去告诉重耳的新婚夫人齐姜，齐姜恐怕妨碍公子的"四方之志"，一声不响地便把那蚕妾杀了。在周代盛行的殉葬制度底下，奴隶也是必然的牺牲。平常以百计的殉葬者当中，我们不知道有多少是奴隶。他们的死太轻微了，史家是不会注意的。但也有一件奴隶殉葬的故事因为有趣而被保留。晋景公的一个小臣有一朝起来很高兴地告诉人，他夜梦背着晋侯登天，午间他果然背着景公但不是登天，而是"如厕"；景公本来病重，他跌落厕坑里死了，那小臣便恰好被用来殉葬。

奴隶是以家为单位的，一个奴隶家里不论男女老幼都是奴隶。他们的地位是世袭罔替的；除了遇着例外的解放。新俘奴隶被本国赎回也许是常见的事。此外奴隶被解放的机会似乎是很少的，历史上只保存着两个例子。其一，前655年，晋灭虞，俘了虞大夫百里奚，后来把他用作秦穆公夫人的"媵臣"（从嫁奴隶）。他从秦逃到楚，被楚人捉住。他在虞国本来以贤能知名，秦穆公想重用他，怕楚不给，于是以赎"媵臣"为名，出五张黑羊皮的很低代价，竟把他赎回了。他因此得到"五羖大夫"的绰号。其二，前550年，晋国内乱，叛臣手下的一个大力士督戎，人人听到他的名字就惧怕。公家有一个奴隶叫作斐豹，自荐给执政道，若把他的奴籍烧了，他便杀死督戎，执政答应了他，后来他果然把督戎杀了。

庶　民

我们在上文叙述奴隶的生活时，保留着一个很重要的问题，奴隶和农业的关系是怎样？换句话说，大多数农民的地位是怎样的？关于这一方面，记载很残缺，现在可得而说的多半是间接的推论。我们可以悬想，周朝开国之初，无数战胜的族长分批地率领子弟来到新殖民地里，把城邑占据了，田土瓜分了，做他们的侯伯大夫，他们于所占得的田土当中留出一小部分，直接派人去管理，收入完全归他们自己，这种田便是所谓"公田"；其余大部分的田土，仍旧给原来的农夫耕种，却责他们以粟米、布缕和力役的供奉；他们的佃耕权可以传给子孙却不能转让或出售别人。这种田即所谓"私田"。大部分的公田当是由耕私田的农夫兼尽义务去耕种的。他们"公事毕然后敢治私事"。但也有一部分"公田"是由奴隶去耕种的。所以西周的《大克鼎》铭文里记周王赏田七区，其中有一区注明"以厥臣妾"。但由此亦可见奴隶附田的制度在西周已不很普遍了。耕私田的农夫皆是所谓"庶人"。他们的地位是比奴隶稍为高贵些；但他们的生活殊不见得比奴隶好。粟米和布缕的征收固有定额，但不会很轻；什一之税在东周末年还是可望难即的理想。除正税外遇着贵人家有婚嫁等喜事他们还有特别的供应。力役之征更是无限的。平常他们农隙的光阴大部分花在贵人的差使上。若贵人要起宫室、营台榭、修宗庙或筑城郭，随时可以把他们征调到在鞭子底下作苦工。遇着贵人要打仗，他们得供应军需，并且供献生命。遇着凶年饥馑，他们更不如奴隶的有依靠，多半是"老弱转乎沟壑，壮者散而之四方"。

西周传下来的《七月》一首民歌描写豳（今陕西邠县）地农民的生活很详细。根据这诗，可以作一个农民的起居注如下：正月把农器修理。二月开始耕种，他的妻子送饭到田里给他吃，督耕的"田畯"也笑嘻嘻地来了。同时他的女儿携着竹筐到陌上采桑。八月他开始收获，同时他的女儿忙着缫丝，缫好了，染成黑的、黄的，还有红洒洒的预备织作公子的衣裳。十月获稻，并酿制明春给贵人上寿的酒。农夫们把禾稼聚拢好，便到贵人家里做工，白天去采茅，晚上绞绳。是月酬神聚饮烹宰羔羊；大家到贵人堂上献酒，欢呼万岁。十一月出猎，寻觅狐狸，为着贵人的皮袍。十二月农夫们会同受军事训练。是月把养肥了的猪献给贵人，又把冰凿下，藏好，预备明年春夏天贵人需用。

《七月》这首歌是贵人用作乐章的，自然要合贵人的口味。诗中的农夫是怎样知足安分地过着牛马生活。但农夫和别的庶民也有不安分的时候，假如贵人太过忽略了他们的苦痛。第一章里已经说过，周朝的第十个王，厉王，就因为久积的暴虐，被民众驱逐出国都，失却王位。和厉王同命运，甚至比他更不幸的封君不断地见于记载。举例如下：前634年，当晋、楚两强交争的时候，卫君因为得罪了晋国想转而亲楚。但卫国离晋较近，亲楚便会时常招惹晋人的讨伐。在这种当儿，首先遭殃的便是人民。他们即使幸而免于战死，免于被俘，他们回到家中，会发现禾稼被敌人割了，树木被砍了，庐舍被毁了，甚至井也被塞了。因此，卫君的亲楚政策是和卫国人民的利益根本冲突的。他们听到了，便大闹起来，把卫君赶到外国去了。同类的事件有前553年蔡国的公子燮因为想背楚亲晋给民众杀了。蔡是邻近楚的。经过这些事件的教训，所以前577年，陈侯当外患紧急时只好把国人召齐来，征求他们的意见，来决定外交政策。因直接残虐人民失去地位或性命的封君，为例更多。前609年，莒君因为"多行无礼于国"被他的太子率领民众杀了。前561年，畿内的原伯，因为详情现在不知的暴行弄到民不聊生，被民众赶走了。前559年，另一位莒君因为喜欢玩剑，每铸成一把剑便拿人民来试；又因为想背叛齐国，被一位大夫率领民众赶走了。前550年，陈国的庆氏据着首都作乱，陈侯率兵来围，庆氏督着民众修城。是时，城是用土筑的，筑时用板夹土。督工的看见一两块板倒了，便把旁边的役人杀死。于是役人暴动起来把庆氏的族长通杀了。前484年，陈大夫某，因为陈侯嫁女，替向国人征收特税；征收的太多，用不了，他把剩下的为自己铸了一件钟鼎之类的"大器"。后来国人知道，便把他赶走了。他走到半路，口渴，同行的一位族人马上把稻酒、干粮和肉脯献上，他高兴到了不得，问为什么这样现成？答道：大器铸成时已经预备着。

上述厉王以后的民变，全发生在前6世纪当中和附近。这些见于记载的暴动完全是成功的，影响到贵人的地位或生命的，其他失败而不见于记载的恐怕还有不少。这时候民众已渐渐抬头，许多聪明的卿大夫已认识民众的重要，极力施恩于他们，收为己助，以强其宗，以弱公室，甚至以得君位。例如当宋昭公（前619—前611）昏聩无道的时候，他的庶弟公子鲍却对民众特别讲礼貌。有一回宋国大闹饥荒，他把自己所有的谷子都借给饥民。国中七十岁以上的人他都送给食物，有时是珍异的食物。他长得很美，连他的嫡祖母襄夫人也爱上了他，极力助他施舍。后来襄夫人把昭公谋害了，他便在国人的拥戴中继为宋君。又例如齐国当景公（前547—前490）的时候，当公室底下的人民以劳力的三分之二归入公室，而仅以三分之一自给衣食的时候，陈氏却用实惠来收买人心。齐国的量器，以四升为豆，四豆为区，四区为釜，十釜为钟。陈家特制一种新量，从升到釜皆以五进，仍以十釜为钟，借谷子给人民的时候，用新量，收还的时候，用旧量。陈家专卖的木材，在山上和在市上一样价；专卖的鱼盐蜃蛤，在海边和在市上一样价。这一来民众自然觉得陈家比公室可爱。后来陈氏毫无阻力地篡夺了齐国。此外如鲁的季氏，郑的罕氏都以同类的手段取得政权。

上文所说参加叛变和被强家利用的民众自然包括各种色的庶人。当中自然大部分是农人，其余当有少数商人和工人。庶人和奴隶的重要差别在前者可以私蓄财物，可以自由迁徙。但农人实际上很少移动，除了当饥荒的时候。虽然在前6世纪时人的记忆中，有"民不迁，农不移"的古礼。这似乎不是绝对的限制，礼到底与法禁有别。

都邑与商业

人民聚居的地方通称曰邑。邑可分为两大类，有城垣的和没有城垣的。有城垣的邑又可分为三类，一是王都和国都（直至东周时，国字还是仅指国都而言）；二是畿内和列国的小封君的首邑；三是平常的城邑。周室的西都镐京自东迁后已成为禾黍油油的废墟，其规模不见于记载。东都洛邑（今洛阳）的城据传说是九里（一千六百二十丈）见方，其面积为八十一方里，约当现在北平城之21.7%（北平城面积是今度一百九十四方里，周一里当今0.7215里，一方里当今0.52056方里）。城的外郭据传说是二十七里（四千八百六十丈）见方，其所包的面积差不多是现在北平城的两倍。列国的都城，连外郭计，以九百丈（五里）见方的为平常，其面积约为今北平城的十五分之一。一直到前3世纪初，一千丈见方的城还算是不小的。但春秋末年勃兴的吴国，其所造的都城却特别大。据后汉[1]人的记载，那箕形的大城，周围约为今度三十四里，其外郭周围约为今度五十里（今北平城周约五十四里）。卿大夫首邑的城照例比国都小，有小至五百丈至一百丈左右见方的，那简直和堡寨差不多了。这些小城的基址似乎到唐、宋时还有存在。唐人封演记当时"汤阴县北有古城，周围可三百步，其中平实。此东，顿丘、临黄诸县多有古小城，周一里或一二百步，其中皆实"。又宋人陈师道记："齐之龙山镇有平陆故城高五丈，四方五里，附城有走马台而高半之，阔五之一，上下如之。"此二人所记很像是周人的遗迹。

王城和列国都城的人口不详。但我们知道春秋时大夫的封邑在

---

[1] 此处所指应为东汉。——编者注

一千户上下的已算很大的了。平常国都的人口就算比这多十倍也不过一万户。我们从前686年内蛇与外蛇斗于郑都南门中的故事，可知当时的国都决不是人烟稠密的地方。前660年比较细小的卫国都城被狄人攻破后，它的遗民只有男女七百三十人，加上共、滕两邑的人口，通共也只有五千人。

我们试看列国都城在地图上的分布很容易发现它们的一个共同点：它们都邻近河流；以现在所知，几无例外。一部分固然因为交通的便利，一部分也因为河谷的土壤比较肥沃，粮食供给比较可靠。城的作用在保卫，贵人的生命和财富和祖先神主的保卫。国都的主要居住者为国君的家族和他的卫士、"百工"；在朝中做官的卿大夫和他们的卫士。大多数国家的朝廷，像王室的一般，内中主要的官吏有掌军政的司马，掌司法和警察的司寇，掌赋税和徭役的司徒和掌工务（如城垣、道路、宗庙的修筑）的司空。国都里的重要建筑，有国君的宫殿、台榭、苑囿、仓廪、府库、诸祖庙、祀土神的社、祀谷神的稷，卿大夫的邸第和给外国的使臣居住的客馆。这些建筑在城的中央，外面环着民家和墟市。墟市多半在近郭门的大道旁。郭门外有护城的小池或小河，上面的桥大约是随时可以移动的。城郭的入口有可以升降的悬门。城门时常有人把守，夜间关闭，守门的"击柝"通宵。货物通过城门要纳税，这是国君的一笔大收入。

都邑也是商业的中心。至迟在春秋下半期，一些通都里已可以看见"金玉其车，文错其服"的富商。他们得到阔大夫所不能得到的珍宝，他们输纳小诸侯所不能输纳的贿赂。他们有时居然闯入贵族所包办的政治舞台。旧史保存着两个这样的例子：（1）前597年晋军大将知䓨在战场被楚人俘了。一位郑国的商人，在楚国做买卖的，要把他藏在丝绵中间，偷偷地运走。这计策已定好，还没实行，楚国已把知䓨放还。后来那位商人去到晋国，知䓨待他只当是他救了自己一般。那商人谦逊不遑，往齐国去了。（2）前627年，秦人潜师袭郑，行到王城和郑商人弦高相遇。弦高探得他们的来意，便一方面假托郑君的名义，拿四张熟牛皮和十二只牛去犒师，一方面派人向郑国告警，秦人以为郑国已经知道防备，只好把袭郑的计划取消了。这两个故事中的商人都是郑人。如故事所示，郑商人的贸易范围至少西北到了王城和晋国，东到了齐国，南到了楚国，郑国最早的商人本是镐京的商遗民，当郑桓公始受封的时候，跟他们一同来到封地，帮他们斩芟蓬蒿藜藿，开辟土地的。郑君和他们立过这样盟誓："尔无我叛，我无强贾，毋或匄夺。尔有利市宝贿，我勿与知。"郑当交通的中心，自东迁时便有了一群富于经验的商人，他们又有了特定的保障，故此郑国的商业特别发达。但这时期商人所贩卖的大部分只是丝麻布帛和五谷等农产品，加上些家庭的工艺品。以佣力或奴隶支持的工业还没有出现。

周人的货币，除贝以外还有铜。西周彝器铭文中每有"作宝尊彝，用贝十朋又四朋"一类的记录。也有罚罪取"金"（即铜）若干寽（字亦作锊）的记录。传说周景王（前544—前521）已开始铸大钱。但贝和"金"似乎到春秋时还不曾大宗地、普遍地作货币用，一直到春秋下半期，国际间所输大宗或小宗的贿赂还是用田土、车马、币帛、彝器或玉器，而不闻用贝或用"金"，钱更不用说了。

家　庭

　　庶人的家庭状况自然不会被贵人身边的史官注意到，因此现在也无可讲述。只是这时代的民歌泄露一些婚姻制度的消息：

　　艺麻如之何？横纵其亩。取妻如之何？必告父母。……析薪如之何？匪斧不克。取妻如之何？匪媒不得。

少年男女直接决定自己的终身大事的自由在这时代已经被剥夺了。在樊笼中的少女只得央告她的情人：

　　将仲子兮！无逾我里！无折我树杞！岂敢爱之？畏我父母！

甚至在悲愤中嚷着：

　　之死矢靡它！母也天只！不谅人只！

这种婚姻制度的背景应当是男女在社交上的隔离。诗人只管歌咏着城隅桑间的密会幽期，野外水边的软语雅谑，男女间的堤防至少在贵族社会当中已高高地筑起了。说一件故事为例：前506年，吴人攻入楚国都城的时候，楚王带着两个妹妹出走，半路遇盗，险些送了性命。幸运落在他的一个从臣钟建身上，他把王妹季芈救出，背起来跟着楚王一路跑。后来楚王复国，要替季芈找丈夫，她谢绝，说道：处女是亲近男子不得的，钟建已背过我了。楚王会意，便把她嫁给钟建；并且授钟建以"乐尹"的官，大约因为他是一个音乐家。

　　周初始有同姓不婚的礼制，但东周的贵族还没有普遍遵行，庶民遵行的程度，今不可知。

　　贵族家庭中的一种普遍现象是多妻。至少在周王和诸侯的婚姻里有这样的一种奇异制度：一个未来的王后或国君夫人出嫁的时候，她的姊妹甚至侄女都要有些跟了去给新郎做姬妾，同时跟去的婢女还不少，这些迟早也是有机会去沾新主人的雨露的。陪嫁的妾婢都叫作媵。更可异的，一个国君嫁女，同姓或友好的国君依礼，要送些本宗的女子去做媵。在前550年，齐国就利用这种机会把晋国的一位叛臣当作媵女的仆隶送到晋国去，兴起内乱，上文提及的斐豹的解放就是这次变乱中的事。

媵女而外，王侯还随时可以把别的心爱的女子收在宫中。他们的姬妾之多也就可想。多妻家庭里最容易发生骨肉相残的事件，在春秋时代真是史不绝书。举一例如下：卫宣公（前718—前700）和他的庶母夷姜私通，生了急子。后来急子长大，宣公给他向齐国娶了一个媳妇来，看见是很美，便收为己用，叫作宣姜。子通庶母，父夺子妻，在春秋时代并不是稀奇的事。这时代男女礼防之严和男女风纪之乱，恰成对照。宣公收了宣姜后，夷姜气愤不过，上吊死了。宣姜生了两个儿子，寿和朔。宣姜和朔在宣公面前倾陷急子，这自然是很容易成功的。宣公于是派急子出使到齐国去，同时买通一些强盗要在半路暗杀他。寿子知道这秘密，跑去告诉急子，劝他逃走。他要全孝道，执意不肯。当他起程的时候，寿子给他饯行，把他灌醉了；便取了他的旗，插在船上先行，半路被强盗杀了。急子醒来，赶上前去，对强盗说：卫君要杀的是我，干寿子甚事？他们不客气地又把他杀了。

士

有两种事情打破封建社会的沉寂，那就是祭祀和战争，所谓"国之大事,唯祀与戎"。二者同是被认为关系国家的生存的。先说战争。

周室的分封本来是一种武装殖民的事业。所有周朝新建的国家大都是以少数外来的贵族(包括国君、公子、公孙、卿大夫及其子孙)立在多数土著的被征服者之上。这些贵族的领主地位要靠坚强的武力来维持。而直至春秋时代,所有诸夏的国家若不是与戎狄蛮夷杂错而居,便是与这些外族相当的接近,致时有受其侵袭的危险。再者至迟入东周以后,国际间的武装冲突和侵略战争成了旦暮可遇的事。因为这三种原因,军事成了任何国家的政治的中心,也成了贵族生活的中心。贵族一方面是行政的首脑,一方面也是军事的首脑。农民每年于农隙讲武,每逢国家打仗都有受征调的义务。此外有一班受贵族禄养着专门替贵族打仗的人,也就是战场上斗争的主力,那叫作"士",即武士。

到底每一国的"士"有多少呢?这不能一概而论。据说周朝的制度,王室有六军,大国三军(《齐侯镈钟》:"余命汝政于朕三军";又"穆和三军"),中国二军,小国一军。周朝行车战,军力以乘计。大约一军有车一千乘,每乘有甲胄之"士"十人。事实自然与制度有出入。例如周室东迁后六十三年,周桓王合陈、蔡、卫的兵还打不过郑国,此时的周室决不能"张皇六师"。又例如在春秋末叶(约前562—前482),头等的大国如晋、秦、楚等其兵力总在四五千乘以上。

士字原初指执干(盾)、戈,佩弓、矢的武士,其后却渐渐变成专指读书、议论的文人。为什么同一个字其先后的意义恰恰对极地相反?懂得此中的原因,便懂得春秋以前和以后的社会一大差别。在前一个时代,所谓教育就是武士的教育,而且唯有武士是最受教育的人;在后一个时代,所谓教育就是文士的教育,而且唯有文士是最受教育的人。士字始终是指特别受教育的人，但因为教育的内容改变，它的涵义也就改变了。

"士"的主要训练是裸着臂腿习射御干戈。此外他的学科有舞乐和礼仪。音乐对于他们并不是等闲的玩艺，"士无故不彻琴瑟"。而且较射和会舞都有音乐相伴。"士"的生活可以说是浸润在音乐的空气中的。乐曲的歌词，即所谓"诗"。诗的记诵，大约是武士的唯一的文字教育。这些诗，到了春秋末叶积有三百多篇，即现存的《诗经》。内中有的是祭祀用的颂神歌，有的是诗人抒情的作品，大部分却是各国流行的民歌。较射和会舞都是兼有娱乐、交际、德育和体育作用的。较射是很隆重的典礼，由周王或国君召集卿大夫举行的叫作大射，由大夫士约集宾客举行的叫作乡射。较射的前后奏乐称觞。预射的人揖让而升，揖让而下。这是孔子所赞为"君子之争"的。会舞多半是在祭祀和宴享的时候举行（不像西方的习俗，其中没有女子参加的）。舞时协以种种的乐曲，视乎集会的性质而异。这时期中著名的乐曲，如相传为舜作的"韶"，相传为禹作的"大夏"和武王所作的"大武"等，都是舞曲。大武的舞姿，现在犹可仿佛一二，全部分为六节，每一节谓之一成。第一成象"北出"，舞者"总干（持盾）山立"；第二成象"灭商"，舞容是"发扬蹈厉"；第三成象南向出师；第四成象奠定南国；第五成象周公召公左右分治（周初曾把王畿分为两部，自陕而东周公主之，自陕而西召公主之，陕西省之得名由此），舞者分夹而进；第六成象军队集合登高，最后舞者同时坐下。六成各有相配的歌词，皆存于《诗经》中，兹引录如下：

一成	二成	三成	四成	五成	六成
昊天有成命， 二后受之。 成王不敢康， 夙夜基命宥密。 於缉熙， 单厥心， 肆其靖之。	於皇武王， 无竞维烈。 允文文王， 克开厥后。 嗣武受之， 胜殷遏刘， 耆定尔功。	於铄王师， 遵养时晦。 时纯熙矣， 是用大介。 我龙受之， 蹻蹻王之造， 载用有嗣， 实维尔公允师。	绥成邦， 屡丰年。 天命匪懈。 桓桓武王， 保有厥士。 於以四方， 克定厥家。 於昭於天， 皇以间之。	文王既勤止， 我应受之。 敷时绎思， 我徂维求定。 时周之命， 於绎思。	於皇时周， 陟其高山。 嶞山乔岳， 允犹翕河。 敷天之下， 裒时之对， 时周之命。

六成不必全用，第二成单行叫作武，第三成叫作勺，第四、五、六成各叫作象，幼童学舞，初习勺，次习象。大武是周代的国乐，是创业的纪念，垂教的典型，武威的象征，其壮烈盖非韶、夏可比。舞者必有所执，在大武中舞者执干戈，此外或执雉羽，或鹭羽，或斧钺，或弓矢。执羽的舞叫作"万"，这种舞，加上讲究的姿势和伴奏，一定是很迷人的，可以一段故事为证。楚文王（前689—前677）死后，遗下一个美丽的夫人，公子元想勾引她，却没门径，于是在她的宫室旁边，起了一所别馆，天天在那里举行万舞，希望把她引诱出来。她却哭道："先君举行万舞原是为修武备的，现在令尹（楚国执政官名，公子元所居之职）不拿它来对付敌人，却拿它用在未亡人的身边，那可奇了！"子元听了，羞惭无地，马上带了六百乘车去打郑国。

理想的武士不仅有技，并且能忠。把荣誉看得重过安全，把责任看得重过生命；知危不避，临难不惊；甚至以藐然之身与揭地掀天的命运相抵拒。这种悲剧的、壮伟的精神，古代的武士是有的，虽然他们所效忠的多半是一姓一人。举两例如下：（一）前684年，鲁国和宋国交战，县贲父给一个将官御车。他的马忽然惊慌起来，鲁军因而败绩。鲁公也跌落车下，县贲父上前相助。鲁公说道：这是未曾占卜之故（照例打仗前选择御士须经占卜）。县贲父道：别的日子不打败，今日偏打败了，总是我没勇力。说完便冲入阵地战死。后来国人洗马发现那匹马的肉里有一枚流矢。（二）前480年卫国内乱，大臣孔悝被围禁在自己的家中。他的家臣季路（孔子的一位弟子），听到这消息，便单身匹马地跑去救应，半路遇着一位僚友劝他不必。他说，既然食着人家的饭，就得救人家的祸。到了孔家，门已关闭，他嚷着要放火。里头放出两位力士来和他斗，他脑袋上中了一戈，冠缨也断了。他说："君子死，冠不免。"把冠缨结好才死。

王公大夫的子弟至少在原则上都得受武士的教育。王室有"学宫"，王子和他的近侍在内中学射，周王和他的臣工也有时在内中比射；又别有"射卢"，周王在内中习射，作乐舞。公室也当有同类的设备。

武士的地位仅次于大夫。他们虽然没有封邑，却有食田。出战时"士"是穿着甲胄坐在车上的主要战斗力。但他们底下还有许多役徒小卒，这些多半是临时征发农民充当的。

卿大夫

封君当中，不用说以大夫占多数。他们是地主而兼统治者的阶级的主体。虽然各国在任何时期的氏室总数，无可稽考；但我们知道，在鲁国单是出自桓公的氏室已有三桓，在郑国单是出自穆公的氏室已有七穆，宋国在前609年左右至少有十二氏，晋国的一小部分在前537年左右已有十一个氏室。

氏室的领地，或以邑计，或以县计。言邑自然包括其附近的田土。县本来是田土的一种单位，但言县也自然包括其中的都邑。

一个氏室的封邑有多少？这不能一概而论。前546年，卫君拿六十邑赏给一位大夫，他辞却，说道："唯卿备百邑，臣六十邑矣。"这恐怕只能代表小国的情形。我们知道，在齐国，管仲曾"夺伯氏骈邑三百"；又现存一个春秋以前的齐国铜器（《子仲姜宝镈》），上面的刻辞记着齐侯以二百九十九邑为赏。

县的名称一直沿到现在。在春秋时似乎还只秦、晋、齐、楚等国有之。最初秦、楚两强以新灭的小国或新占领的地方为县，直属于国君，由他派官去治理。这种官吏在楚国叫作县公或县尹。他们在县里只替国君征收赋税，判断讼狱。他们即使有封邑，也在所治县之外。这种制度是后世郡县制度的萌芽。秦在前688年灭邽、冀戎，以其地为县，次年以杜、郑为县。楚国在前597年左右，至少已设有九县，每一县即旧时为一小国。晋、齐的县制较后起，它们的县不尽是取自它国的土地，也不尽属于公室。晋国在前537年左右有四十九县，其中九县有十一个氏室；直属公室的县各设县大夫去管，如楚国的县尹。前514年，晋灭祁氏和羊舌氏把他们的田邑没归公室；分祁氏的田为七县，羊舌氏的田为三县，各置县大夫。在晋国，县肥于郡。前493年，晋国伐郑，军中曾出过这样的赏格："克敌者，上大夫受县，下大夫受郡，士田十田（下田字原作万，盖误），庶人工商遂（得仕进），人臣隶圉免（免奴籍）。"齐国在春秋时有县的唯一证据乃在灵公时代一件遗器（《齐侯镈钟》）的铭文，内记灵公以三百县的土地为赏。显然齐国的县比晋、楚等国的县小得多。

县郡的区分在春秋时代还不普遍。在没有县郡的国里，公室和较大的氏室都给所属的邑设宰。邑宰的性质和县尹县大夫相同，不过邑宰所管辖的范围较小罢了。

上文有点离开叙述的干路，让我们回到列国的氏室，它们的土地原初都是受自国君。国君名义上依旧是这些土地的主人。虽然氏室属下的人民只对氏室负租税和力役的义务，氏室对于国君年中却有定额的"贡"赋，所以有"公食贡"的话。国君或执政者可以增加贡额。举一例如下：鲁国著名圣哲臧武仲有一次奉使去晋国（公元前551年），半路下雨，到一位大夫家里暂避。那位大夫正要喝酒，看见他来，说道："圣人有什么用？我喝喝酒就够了！下雨天还要出行，做什么圣人！"这话给一位执政者听到了，以为那位大夫自己不能出使，却傲慢使人，是国家的大蠹，下令把他的贡赋加倍，以作惩罚。

大夫可以自由处分自己的土地。至少有些阔大夫把食邑的一部分拨给一个庶子，另立一个世家，叫作"侧室"或"贰宗"。别的被大夫宠幸的人也可受他赏邑或求他赏邑。例如前500年，宋公子地拿自己食邑的十一分之五赏给一个嬖人。又前486年，郑大夫某的嬖人某向他求邑，他没得给，许他往别的国里取，因此郑军围宋雍丘，结果全军覆没。大夫也可以受异国君主的赐邑，例如前656年，齐桓公会诸侯伐楚，师还，一位郑大夫献计改道，为桓公所喜，赐以郑的虎牢；又例如前657年，鲁大夫某出使晋国，晋人要联络他，给他田邑，他不受；又例如前563年晋会诸侯灭偪阳国，以与向戌，向戌也辞却。大夫又有挟其食邑，投奔外国的，例如前547年齐大夫某以廪丘奔晋；前541年，莒大夫某以大庞及常仪奔鲁；前511年邾大夫某以滥奔鲁。

大夫私属的官吏，除邑宰外以现在所知，有总管家务的家宰，这相当于王室和公室的太宰；有祝，有史，有管商业的贾正，有掌兵的司马。这些官吏都受大夫禄养。家宰在职时有食邑，去职则把邑还给大夫，或交给继任的人。氏室的官吏有其特殊的道德意识："家臣不敢知国"；"家臣而张公室罪莫大焉"。

氏室和公室的比较兵力没有一个时代可以详考。现在所知者：春秋初年郑庄公消灭国内最强的氏室，用车不过二百乘。当春秋中叶，在鲁、卫等国，"百乘之家"已算是不小的了。但大国的巨室，其兵力有时足与另一大国开战。例如前592年，晋郤克奉使齐国，受了妇人在帷后窥视窃笑的侮辱，归来请晋侯伐齐，不许，便请以私属出征。而郤克的族侄郤至则"富半公室，家半三军"。鲁国的季氏从四分公室而取其二以后，私属的甲士已在七千以上。

具有土地、人民和军队的氏室和公室名分上虽有尊卑之殊，事实上每成为对峙的势力。强横的氏室俨然一个自主的国。原则上国君的特权在（1）代表全国主祭，（2）受国内各氏室的贡赋，（3）出征时指挥全国的军队，（4）予夺封爵和任免朝廷的官吏。但至迟入东周后，在多数的国家如齐、鲁、晋、宋、卫、郑等，末两种权柄渐渐落在强大的氏室，甚至国君的废立也由大夫操纵。

封建组织的崩溃

我们对于商朝的政治组织，所知甚少，所以无法拿商、周两朝的政治组织做详细的比较。但其间有一重大的差异点是可以确知的。商朝创建之初并没有把王子分封于外，以建立诸侯国。商朝王位的继承，是以兄终弟及（不分嫡庶）为原则的。但到了无弟可传的时候，并不是由所有的伯叔兄弟以次继承（由末弟诸子抑或由其先兄诸子以次继承亦无一定）。在这种情形之下，第二世以后的王子总有许多不得为王的。这些不得为王的王子是否有的被封在外建国？这问题无法确答。但周朝的旧国当中，从没听说是商朝后裔的。而唯一奉殷祀的宋国，却是周人所建。可知王子分封的事在商朝若不是绝无，亦稀有。但在周朝，则不然了；王位是以嫡长子继承的；王的庶子，除在少数例外的情形之下（如王后无出，或嫡长子前死），都没有为王的资格；所以文王、武王的庶子都受封建国，其后周王的庶子在可能的限度内也都或被封在畿外建国，或被封在畿内立家。这商、周间的一大差异有两种重大的结果。第一，因为王族的向外分封，周朝王族的地盘，比之商朝大大的扩张了。王室的势力，至少在开国初年大大的加强了；同时王的地位也大大的提高了。周王正式的名号是"天王"，通俗的称号是"天子"，那就是说，上帝在人间的代表。第二，王族的向外分封也就是周人的向外移殖；这促进民族间的同化，也就助成"诸夏"范围的拓展。

嫡长继承制把王庶子的后裔逐渐推向社会的下层去，而助成平民（即所谓庶人）地位的提高。周王的庶子也许就都有机会去做畿外的诸侯或畿内的小封君；他的庶子的庶子也许还都有机会做畿内的封君；但他的庶子的庶子的庶子则不必然了。越往下去，他的后裔胙土受封的机会越少，而终有侪于平民的。所以至迟在前7世纪的末年畿内原邑的人民，便会以"此谁非王之亲姻"自夸。随着贵族后裔的投入平民阶级里，本来贵族所专有的教育和知识也渐渐渗入民间。

周朝诸侯和大夫的传世也是用嫡长继承制（以现在所知诸侯位之传袭曾不依此例者有吴、越、秦、楚。楚初行少子承袭制，至前630年以后，始改用嫡长承袭制；秦行兄终弟及制至前620年以后始改用嫡长承袭制；吴亡于前473年，其前半世纪还行兄终弟及制）。在嫡长继承制下，卿大夫的亲属的贵族地位最难长久维持。大夫的诸儿子当中只有一个继承他的爵位，其余的也许有一个被立为"贰宗"或"侧室"，也许有一两个被国君赏拔而成为大夫；但就久远而论，这两种机会是不多的。一个"多男子"的大夫总有些儿子得不到封邑，他的孙曾更不用说了。这些卿大夫的旁支后裔当中，和氏室的嫡系稍亲的多半做了氏室的官吏或武士，疏远的就做它属下的庶民。故一个大夫和他私家的僚属战士，每每构成一大家族：他出征的时候领着同族出征，他作乱的时候领着整族作乱。他和另一个大夫作对就是两族作对，他出走的时候或者领着整族出走，他失败的时候或者累得整族被灭。

氏室属下的庶民也许就是氏室的宗族，否则也是集族而居的。氏室上面的一层是国君和同姓卿大夫构成的大家族，更上的一层是周王和同姓诸侯构成的大家族。其天子和异姓诸侯间，或异姓诸侯彼此间，则多半有姻戚关系。这整个封建帝国的组织大体上是以家族为经，家族为纬的。

因此这个大帝国的命运也就和一个累世同居的大家庭差不多。设想一个精明强干的始祖督率着几个少子，在艰苦中协力治产，造成一个富足而亲热的、人人羡慕的家庭。等到这些儿子各各娶妻生子之后，他们对于父母，和他们彼此间，就难免形迹稍为疏隔。到了第三代，祖孙叔侄或堂兄弟之间，就会有背后的闲话。家口愈增加，良莠愈不齐。到了第四、五代，这大家庭的分子间就会有愁怨、有争夺、有倾轧，他们也许拌起嘴、打起架甚至闹起官司来。至迟在东周的初期，整个帝国里已有与此相类似的情形，充满了这时代的历史的是王室和诸侯间的冲突，诸侯彼此间的冲突，公室和氏室间的冲突，氏室彼此间的冲突。但亲者不失其为亲，宗族或姻戚间的阋争，总容易调停，总留点余地。例如前705年，周桓王带兵去打郑国，打个大败，并且被射中了肩膊。有人劝郑庄公正好乘胜追上去，庄公不答应，夜间却派一位大员去慰劳桓王，并且探问伤状。又例如前634年，齐君带兵侵入鲁境。鲁君知道不敌，只得派人去犒师，并叫使者预备好一番辞令，希望把齐师说退。齐君见了鲁使问道：鲁人怕吗？答道：小百姓怕了，但上头的人却不怕。问：

你们家里空空的，田野上没一根青草，凭什么不怕？鲁使答道：凭着先王的命令。随后他追溯从前鲁国的始祖周公和齐国的始祖姜太公怎样同心协力，辅助成王，成王怎样感谢他们，给他们立过"世世子孙无相害"的盟誓；后来齐桓公怎样复修旧职，纠合诸侯，给他们排解纷争，拯救灾难。最后鲁使作大意如下的陈说：您即位的时候，诸侯都盼望您继续桓公的事业，敝国所以不敢设防，以为难道您继桓公的位才九年，就会改变他的政策吗？这样怎对得住令先君？我们相信您一定不会的，靠着这一点，我们所以不怕。齐君听了这番话，便命退兵。又例如前554年，晋师侵齐，半路听说齐侯死了，便退还。这种顾念旧情、不为已甚的心理加上畏惧名分、虽干犯而不敢过度干犯的矛盾心理，使得周室东迁后三百年间的中国尚不致成为弱肉强食的世界；这两种心理是春秋时代之所以异于后来战国时代的地方。不错，在春秋时代灭国在六十以上；但其中大部分是以夷灭夏和以夏灭夷；诸夏国相灭只占极少数，姬姓国相灭的例尤少。而这少数的例中，晋国做侵略者的占去大半。再看列国的内部，大夫固然有时逐君弑君，却还要找一个比较合法的继承者来做傀儡。许多国的君主的权柄固然是永远落在强大的氏室，但以非公室至亲的大夫而篡夺或僭登君位的事，在前403年晋国的韩、赵、魏三家称侯以前，尚未有所闻。故此我们把这一年作为本章所述的时代的下限。

宗族和姻戚的情谊经过了世代愈多，便愈疏淡，君臣上下的名分，最初靠权力造成，名分背后的权力一消失，名分便成了纸老虎，必被戳穿，它的窟窿愈多，则威严愈减。光靠亲族的情谊和君臣的名分去维持的组织必不能长久。何况姬周帝国之外本来就有不受这两种链索拘束的势力。

楚的兴起

江水在四川、湖北间被一道长峡约束住；出峡，向东南奔放，泻成汪洋万顷的洞庭湖，然后折向东北；至武昌，汉水来汇。江水和汉水界划着一大片的沃原，这是荆楚民族的根据地。周人虽然在汉水下游的沿岸（大部分在东北岸）零星地建立了一些小国，但他们是绝不能凌迫楚国，而适足以供它蚕食的。在楚的西边，巴（在今巫山至重庆一带）、庸（在今湖北竹山县东）等族都是弱小得只能做楚的附庸；在南边，洞庭湖以外是无穷尽的荒林，只等候楚人去开辟；在东边，迄春秋末叶吴国勃兴以前，楚人亦无劲敌。从周初以来，楚国只有侵略别国别族的分，没有惧怕别国别族侵略的分。这种安全是黄河流域的诸夏国家所没有的。军事上的安全而外，因为江汉流域的土壤肥美，水旱稀少，是时的人口密度又比较低，楚人更有一种北方所仰羡不及的经济的安全。

这两种的安全使得楚人的生活充满了优游闲适的空气，和北人的严肃紧张的态度成为对照。这种差异从他们的神话可以看出。楚国王族的始祖不是胼手胝足的农神，而是飞扬缥缈的火神；楚人想象中的河神不是治水平土的工程师，而是含睇宜笑的美女。楚人神话里，没有人面虎爪、遍身白毛、手执斧钺的蓐收（上帝的刑神），而有披着荷衣、系着蕙带、张着孔雀盖和翡翠旍的司命（主持命运的神）。适宜于楚国的神祇不是牛羊犬豕的膻腥，而是蕙肴兰藉和桂酒椒浆的芳烈；不是苍髯皓首的祝史，而是采衣姣服的巫女。再从文学上看，后来战国时楚人所作的《楚辞》也以委婉的音节，缠绵的情绪，缤纷的词藻而别于朴素、质直、单调的《诗》三百篇。

楚国的语言和诸夏相差很远。例如楚人叫哺乳作谷，叫虎作於菟。直至战国时北方人还说楚人为"南蛮鴃舌之人"。但至迟在西周时楚人已使用诸夏的文字。现存有一个周宣王时代的楚钟（《夜雨楚公钟》），其铭刻的字体文体均与宗周金文一致。这时楚国的文化盖已与周人相距不远了。后来的《楚辞》也大体上是用诸夏的文言写的。

传说周成王时，楚君熊绎曾受周封。是时楚都于丹阳，在今湖北秭归之东。至昭王时，楚已与周为敌。周昭王曾屡次伐楚，有一次在汉水之滨全军覆没。后来他南巡不返，传说是给楚人害死的，周人也无可奈何。周夷王时，熊渠崛起，东向拓地至于鄂，即今武昌县[1]境。渠子红继位，即都于鄂，以后六传至熊咢不改。上文提到的楚钟即熊咢的遗器，发现于武昌与嘉鱼之间的。熊咢与宣王同时而稍后。

---

[1] 武昌县，即今武昌区。——编者注

当宣王之世，周楚曾起兵争，而楚锋大挫。故是时的周人遗诗有"蠢尔蛮荆，大邦为雠。方叔元老，克壮其猷"之语。咢四传为武王，其间楚国内变频仍，似无暇于外竞。武王即位于周平王三十一年，从他以后，楚国的历史转入一新阶段，亦从他以后楚国的历史才有比较详细的记录。他三次侵随；合巴师围鄾、伐郧、伐绞、伐罗，无役不胜。又灭掉权国。他的嗣子文王始都于郢（即今湖北江陵）。在文王以前，楚已把汉水沿岸的诸姬姓国家剪灭殆尽。文王更把屏藩中原的三大重镇，申国、邓国和息国灭掉（息、邓[1]皆河南今县，申即南阳），奠定了楚国经略中原的基础。中原的中枢是郑国。自从武王末年，郑人对楚已惴惴不安。文王的侵略的兵锋终于刺入郑国，但他没有得志于郑而死。他死后的二十年间楚国再接再厉地四次伐郑。但这时齐国已兴起做它北进的第一个敌手了。

---

[1] 邓国，在今河南邓州。——编者注

齐的兴起（附宋）

齐国原初的境土占今山东省的北部，南边以泰山山脉与鲁为界，东边除去胶东半岛。这半岛在商代已为半开化的莱夷的领域。太公初来，定都营丘（后名临淄，今仍之[1]）的时候，莱夷就给他一个迎头痛击。此后莱夷和齐国的斗争不时续起，直到前567年齐人灭莱为止。灭莱是齐国史中一大事。不独此后齐国去了一方的边患，不独此后它的境土增加了原有的一半以上，而且此后它才成为真正的海国。以前它的海疆只有莱州湾的一半而已。

但远在灭莱之前，当春秋的开始，齐已强大。前706年，郑太子忽带兵助齐抵御北戎有功，齐侯要把女儿文姜嫁给他，他便以"齐大非吾偶"的理由谢绝。原来文姜和她的大哥即后日的齐襄公，有些暧

---

[1] 今为淄博市临淄区。——编者注

昧的关系，她终于嫁了鲁桓公。有一次桓公跟她回娘家，居然看破并且说破了襄公与她之间的隐情。襄公老羞成怒，便命一个力士把桓公杀了。讲究周礼的鲁人，在齐国的积威之下，只能哀求襄公把罪名加给那奉命的凶手，拿来杀了，聊以遮羞。这时齐国的强横可以想见。此事发生后四年（公元前690年）襄公灭纪（在今山东寿光县[1]南，为周初所封与齐同姓国）。这是齐国兼并小国之始。襄公后来被公子无知所弑，无知僭位后，又被弑，齐国大乱。襄公有二弟：长的名纠，由管仲和召忽辅佐着；次的名小白，由鲍叔牙辅佐着。襄公即位，鲍叔看他的行为太不像样，知道国内迟早要闹乱子，便领着小白投奔莒国。乱起，管仲也领着公子纠逃往鲁国，纠的母亲原是鲁女。无知死后，鲁君便派兵护送公子纠回国，要扶立他。齐、鲁之间，本来没有好感，齐人对于鲁君的盛意十分怀疑，派兵挡驾。同时齐的巨室国、高二氏暗中差人去迎接小白。鲁君也虑及小白捷足先归，早就命管仲带兵截住莒、齐间的道路。小白后到，管仲瞄准他的心窝，一箭射去，正中目标，眼见他应弦仆倒。小白的死讯传到鲁国后，护送公子纠的军队在庆祝声中，越行越慢，及到齐境，则齐国已经有了新君，就是小白！原来管仲仅射中他的带钩，他灵机一动，装死躺下，安然归国。

小白即桓公，他胜利后，立即要求鲁人把公子纠杀了。召忽闻得公子纠死，便以身殉。管仲却依然活着。他同鲍叔本是知友，鲍叔向桓公力荐他。桓公听鲍叔的话，把国政付托给他，称他为"仲父"。此后桓公的事业全是管仲的谋画。桓公怎样灭谭、灭遂、灭

---

[1] 寿光县，即今寿光市。——编者注

项；怎样号召诸侯，开了十多次的冠裳盛会；怎样在尊王的题目下，操纵王室的内政，阻止惠王废置太子，而终于扶太子正位，这些现在都从略。他的救邢、救卫，以阻挡狄人的南侵，给诸夏造一大功德。现在单讲他霸业中的一大项目：南制荆楚。在前659年即当楚文王死后十八年，当齐国正忙着援救邢卫的时候，楚人第三次攻郑。接着两年中，他们又两次攻郑，非迫到它和楚"亲善"不休。郑人此时却依靠着齐国。桓公自然不肯示弱。前657年，他联络妥了在楚国东北边，而可以牵制齐兵的江、黄二国。次年便率领齐、鲁、宋、陈、卫、郑、曹、许的八国联军，首先讨伐附楚的蔡国。蔡人望风溃散。这浩荡的大军，乘胜侵入楚境。楚人竟不敢应战，差人向齐军说和。桓公等见楚方无隙可乘，亦将就答应，在召陵（楚境，在今河南郾城县[1]东）的地方和楚国立了一个盟约而退。盟约的内容不可考，大约是楚国从郑缩手，承认齐对郑的霸权，但其后不久，周王因为易储的问题，怨恨桓公，怂恿郑国背齐附楚，许以王室和晋国的援助，郑人从之。于是附齐的诸侯伐郑，楚伐许以援郑，因诸侯救许而退。但许君经蔡侯的劝诱和恐吓，终于在蔡侯的引领之下，面缚衔璧，并使大夫穿丧服，士抬棺材，跟随在后，以降于楚。次年齐以大军伐郑，郑人杀其君以求和于齐。其后桓公之终世，郑隶属齐的势力范围。在这期间楚不能得志于北方，转而东向，灭弦（都今湖北蕲水[2]西北），灭黄（都今河南潢川西）。齐人无如之何；继又讨伐附齐的徐戎，败之，齐

---

[1] 郾城县，即今漯河市郾城区。——编者注
[2] 蕲水，即今湖北浠水县，1933年改为浠水县。——编者注

与诸侯救徐，无功而退。

召陵之盟是桓公霸业的极峰。其后十二三年，管仲和桓公先后去世。管仲的功业在士大夫间留下很深的印象，他死了百余年后，孔子还赞叹道："微管仲，吾其被发左衽（做戎狄）矣！"到了战国时代，管仲竟成了政治改革的传说的箭垛；许多政治的理论和一切富国强兵的善策、奇策、谬策，都堆在他名下，这些理论和方策的总结构成现存《管子》书的主要部分。

桓公死后，五公子争位，齐国和诸夏同时失了重心。于是宋襄公摆着霸主的架子出场。他首先会合些诸侯，带兵入齐，给它立君定乱。这一着是成功了。接着，他拘执了滕君，威服了曹国，又逼令邾人把鄫君杀了祭社，希望借此服属与鄫不睦的东夷。接着他要求楚王分给他以领导诸侯霸权，楚王是口头答应了。他便兴高采烈地大会诸侯。就在这会中，楚王的伏兵一起，他从坛坫上的盟主变作阶下之囚徒。接着他的囚车追陪楚君临到宋境。幸而宋国有备，楚王姑且把他放归。从此他很可以放下霸主的架子了，可是不然。自从桓公死后，郑即附楚，郑君并且亲朝于楚。于是襄公伐郑。他的大军和楚的救兵在泓水上相遇。是时楚人涉渡未毕，宋方的大司马劝襄公正好迎击，他说不行。一会，楚人都登陆，却还没整队，大司马又劝他进击。他说，还是不行。等到楚人把阵摆好，他的良心才容许他下进攻令。结果，宋军大败；他伤了腿，后来因此致死。死前他还大发议论道："君子临阵，不在伤上加伤，不捉头发斑白的老者；古人用兵，不靠险阻。寡人虽是亡国之余，怎能向未成列的敌人鸣鼓进攻呢？"桓公死后十年间，卫灭邢；邾灭须句；秦灭芮、梁；楚灭夔。

晋楚争霸

桓公的霸业是靠本来强盛的齐国做基础的。当他称霸的时代，晋国和秦国先后又在缔构强国的规模，晋国在准备一个接替桓公的霸主降临，秦国在给未来比霸业更宏大的事业铺路。话分两头，先讲晋国。

晋始封时都于唐（今太原县[1]北），在汾水的上游；其后至迟过了三个半世纪，已迁都绛（今翼城县），在汾水的下游。晋人开拓的路径是很明显的。不过迁绛后许久他们还未曾占有汾水流域的全部，当汾水的中游还梗着一个与晋同姓的霍国，当汾水将近入河的地方还碍着一个也与晋同姓的耿国，前745年晋君把绛都西南百多里外的曲沃，分给他的兄弟，建立了一个强宗。此后晋国实际分裂为二。曲沃越来

---

[1] 太原县，今属山西省太原市晋源区。——编者注

越盛，晋国越来越衰，它们间的仇隙也越来越大。这对抗的局面终结于前679年曲沃武公灭晋并且拿所得的宝器向周王买取正式的册封。老耄的武公，受封后两年，便一瞑不视，遗下新拼合的大国给他的儿子献公去粘缀、镶补。

献公即位于齐桓公十年（公元前676年），死于桓公三十五年。他二十六年的统治给晋国换一副面目。他重新修筑了绛都的城郭；把武公的一军扩充为二军。他灭霍、灭耿、灭魏、灭虞、灭虢，使晋国的境土不独包括了整个的汾水流域，并且远蹴到大河以南。但献公最重要的事业还不止此。却说武公灭晋后，自然把他的公族尽力芟锄，免遗后患。我们可以想象晋国这番复合之后，它的氏室必定灭了许多，但在曲沃一方，自从始封以来，公子公孙们新立的氏室为数也不少。献公即位不久，便设法收拾他们。他第一步挑拨其中较穷的，使与"富子"为仇，然后利用前者去打倒后者。第二步，他让残余的宗子同住一邑，好意地给他们营宫室，筑城郭；最后更好意地派大兵去保卫他们，结果，他们的性命都不保。于是晋国的公族只剩下献公的一些儿子。及献公死，诸子争立。胜利者鉴于前车，也顾不得什么父子之情，把所有长成而没有继位资格的公子都遣派到各外国居住，此后的一长期中，公子居外，沿为定例。在这种制度之下，遇着君死而太子未定，或君死而太子幼弱的当儿，君权自然失落在异姓的卿大夫手里。失落容易，收复却难。这种制度的成立便是日后"六卿专晋""三家分晋"的预兆。话说回来，献公夷灭群宗后，晋国的力量一时集中在公室；加以他凭借"险而多马"的晋土，整军经武，兼弱攻昧，已积贮了向外争霸的潜能。可惜他晚年沉迷女色，不大振作，又废嫡立庶，酿成身后一场大乱，继他的儿孙又都是下等材料。晋国的霸业还要留待他和狄女所生的公子重耳，就是那在外漂流十九年，周历八国，备尝艰难险阻，到六十多岁才得位的晋文公。

文公即位时，宋襄公已经死了两年。宋人又与楚国"提携"起来，其他郑、鲁、卫、曹、许等国，更不用说了。当初文公漂流过宋时，仁慈的襄公曾送过他二十乘马。文公即位后，对宋国未免有情。宋人又眼见他归国两年间，内结民心，消弭反侧；外联强秦，给王室戡定叛乱，觉得他大可倚靠，便背楚从晋。楚率陈、蔡、郑、许的兵来讨，宋人向晋求救。文公和一班患难相从的文武老臣筹商了以后，便把晋国旧有的二军更扩充为三军，练兵选将，预备"报施救患，取威定霸"。他先向附楚的国曹、卫进攻，占据了他们的都城；把他们的田分给宋国；一面叫宋人赂取齐、秦的救援。虽是著名"刚而无礼"的楚帅子玉，也知道文公是不好惹的，先派人向晋军说和，情愿退出宋境，只要晋军同时也退出曹、卫。文公却一面私许恢复曹、卫，让他们宣告与楚国绝交；一面把楚国的来使拘留。这一来把子玉的怒点着了。于是前632年，即齐桓公死后十一年，楚、陈、蔡的联军与晋、宋、齐、秦的联军大战于城濮（卫地）。就在这一战中，楚人北指的兵锋初次被挫，文公成就了凌驾齐桓的威名，晋国肇始它和楚国八十多年乍断乍续的争斗。

这八十多年的国际政治史表面虽很混乱，却有它井然的条理，是一种格局的循环。起先晋楚两强，来一场大战；甲胜，则若干以前附乙的小国自动或被动地转而附甲；乙不肯干休，和它们算账；从了乙，甲又不肯干休，又和它们算账，这种账算来算去，越算越不清，终于两强作直接的总算账，又来一场大战。这可以叫作"晋、楚争霸的公式"。晋、楚争取小国的归附就是争取军事的和经济的势力范围。因为被控制的小国对于所归附的霸国大抵有两种义务：（一）是当它需要时，出定额的兵车助它征伐。此事史无明文，但我们从以下二事可以类推：（1）齐国对鲁国某次所提出的盟约道："齐师出境而不以甲车三百乘从我者，有如此盟！"（2）其后吴国称霸，鲁对它供应军赋车六百乘，邾三百乘。（二）是以纳贡或纳币的形式对霸国作经济上的供应（贡是定期的进献，币是朝会庆吊的贽礼）。此事史亦无明文，但我们从以下三事可以推知：（1）楚人灭黄的借口是它"不归楚贡"。（2）前548年晋执政赵文子令减轻诸侯的币，而加重待诸侯的礼；他就预料兵祸可以从此稍息。（3）前530年郑往晋吊丧，带去作贽礼的币用一百辆车输运，一千人押送。后来使人不得觐见的机会，那一千人的旅费就把带去的币用光！当周室全盛时，诸侯对于天王所尽的义务也不过如上说的两事。可见霸主即是有实无名的小天王，而同时正式的天王却变成有名无实了。

在晋、楚争霸的公式的复演中，战事的频数和剧烈迥非齐桓、宋襄的时代可比，而且与日俱甚。城濮之战后三十五年，晋师救郑，与楚师遇，而有邲（郑地）之战，楚胜；又二十二年，楚师救郑，与晋师遇，而有鄢陵（郑地）之战，晋胜；又十八年，晋伐楚以报楚之侵宋（先是楚侵宋以报晋之取郑），而有湛阪（楚地）之战，晋胜。但这四次的大战只是连绵的兵祸的点逗。在这八十余年间，楚灭江、六、蓼、庸、萧（萧后入于宋）及群舒；晋灭群狄，又灭偪阳以与宋；齐灭莱；秦灭滑（滑后入于晋）；鲁灭邾；莒灭鄫（鄫后入于鲁）。在这期间，郑国为自卫，为霸主的命令，及为侵略而参加的争战在七十二次以上。宋国同项的次数在四十六以上。其他小国可以类推。兵祸的惨酷，可以从两例概见：（一）前597年，正当邲战之前，楚人在讨叛的名目下，围攻郑都。被围了十七天后，郑人不支，想求和，龟兆却不赞成；只有集众在太庙哀哭，并且每巷备定一辆车，等候迁徙，这一着却是龟兆所赞成的。当民众在太庙哀哭时，守着城头的兵士也应声大哭。楚人都被哭软了，不禁暂时解围。郑人把城修好，楚兵又来，再围了三个月，终于把城攻破，郑君只得袒着身子，牵着一只象征驯服的羊去迎接楚王。（二）过了两年，恶运轮到宋人头上。楚王派人出使齐国，故意令他经过宋国时，不向宋人假道。宋华元说：经过我国而不来假道，就是把我国看作属地，把我国看作属地就是要亡我国；若杀了楚使，楚人必来侵伐，来侵伐也是要亡我国；均之是亡，宁可保全自己的尊严。于是宋杀楚使。果然不久楚国问罪的大军来到宋都城下，晋国答应的救兵只是画饼。九个月的包围弄到城内的居民"易子而食，析骸以炊"；楚人还在城外盖起房舍，表示要久留。但宋人宁可死到净尽，不肯做耻辱的屈服。幸亏华元深夜偷入楚营，乘敌帅子反的不备，挥着利刃，迫得他立誓，把楚军撤退三十里，和宋国议和，这回恶斗才得解决。

像这类悲惨事件所构成的争霸史却怎样了结？难道它就照一定的公式永远循环下去吗？难道人类共有的恻隐心竟不能推使一个有力者，稍作超国界的打算吗？前579年，尝透了战争滋味的华元开始做和平运动。这时他同晋、楚的执政者都很要好；由他的极力拉拢，两强订立了下面的盟约：

>　　凡晋、楚无相加戎，好恶同之，同恤菑危，备救凶患。若有害楚，则晋伐之；在晋，楚亦如之。交贽往来，道路无壅。谋其不协，而讨不庭（不来朝的）。有渝此盟，明神殛之；俾队（坠）其师，无克胙国。

这简直兼有现在所谓"互不侵犯条约"和"攻守同盟"了。但这"交浅言深"的盟约，才侥幸保证了三年的和平，楚国便一手把它撕破，向晋方的郑国用兵；次年便发生鄢陵的大战。

争霸的公式再循环了一次之后，和平运动又起。这回的主角向戌也是宋国的名大夫，也和晋、楚的执政者都有交情的。但他愿望和福气都比华元大。前546年，他在宋都召集了一个十四国的"弭兵"大会。兵要怎样弭法，向戌却是茫然的。这个会也许仅只成就一番趋跄揖让的虚文，若不是楚国的代表令尹子木提出一个踏实的办法：让本未附从晋或楚的国家以后对晋、楚尽同样的义务。用现在的话说，这就是"机会均等""门户开放"的办法。子木的建议经过两次的小修正后到底被采纳了。第一次的修正是在晋、楚的附从国当中把齐、秦除外，因为这时亲晋的齐和亲楚的秦都不是好惹的。第二次的修正又把邾、滕除外。因为齐要把邾、宋要把滕划入自己的势力范围。四国除外，所以参加盟约的只有楚、晋、宋、鲁、郑、卫、曹、许、陈、蔡十国。

在这次盟会中晋国是大大地让步了。不独它任由楚人自居盟主；不独它任由楚人"衷甲"赴会，没一声抗议；而那盟约的本身就是楚国的胜利；因为拿去交换门户开放的，晋方有郑、卫、曹、宋、鲁五国，而楚方则只有陈、蔡、许三国。但晋国的让步还有更大的。

十二年后，楚国又践踏着这盟约，把陈国灭了（五年后又把它复立，至前478年终灭之），晋人只装作不知。弭兵之会后不久，晋人索性从争霸场中退出了。晋国的"虎头蛇尾"是有苦衷的。此会之前，晋国已交入一个蜕变的时期。在这时期中，它的主权从公室移到越来越少的氏室，直至它裂为三国才止。在这蜕变的时期中，它只有蛰伏不动。但楚国且慢高兴，当它灭陈的时候，新近暴发的吴国已蹑在它脚后了。

吴越代兴

自泰伯君吴后,十九世而至寿梦。中间吴国的历史全是空白。寿梦时,吴国起了一大变化。这变化的起源,说来很长。前617年,即城濮之战后十五年,陈国有夏徵舒之乱。徵舒的母亲夏姬有一天同陈灵公和两位大夫在家里喝酒。灵公指着徵舒对一位大夫说道:"徵舒像你。"那位大夫答道:"也像你。"酒后徵舒从马厩里暗箭把灵公射死。陈国大乱。楚庄王率兵入陈定乱,杀了徵舒,俘了夏姬回来,打算把她收在宫里。申公巫臣说了一大番道理把他劝阻了。有一位贵族子反想要她,巫臣又说了一大番道理把他劝阻了。后来夏姬落在连尹襄老之手。邲之战,襄老战死,他的儿子又和她有染。巫臣却遣人和她通意,要娶她,并教她借故离楚;而设法把她安顿在郑。夏姬去后不久,巫臣抓着出使齐国的机会。他行到郑国,便叫从人把所赍的"币"带回去,而自己携着夏姬投奔晋国。子反失掉夏姬,怀恨巫臣。又先时另一位贵族要求赏田，为巫臣所阻，亦怀恨他。二人联合，尽杀巫臣的家族，而瓜分他的财产。巫臣由晋致书二人，誓必使他们"疲于奔命以死"。于是向晋献联吴制楚之策。他亲自出使于吴，大为寿梦所欢迎。吴以前原是服属于楚的，他教寿梦叛楚。他从晋国带来了一队兵车，教吴人射御和车战之术。吴本江湖之国，习于水战而不习于陆战。但从水道与楚争，则楚居长江的上游而吴居其下游，在当时交通技术的限制之下，逆流而进，远不如顺流而下的利便，故吴无法胜楚。但自从吴人学得车战后，形势便大变了，他们从此可以舍舟而陆，从淮南江北间捭楚之背。从此楚的东北境无宁日。楚在这一方面先后筑了钟离、巢及州来三城（皆在今安徽境，州来在寿县，巢在庐州[1]，钟离在临淮县[2]）以御吴。吴于公元前519年取州来。其后七年间以次取巢取钟离并灭徐。前506年，即向戌弭兵之会后四十年，吴王阖闾大举伐楚，吴军由蔡人引导，从现在的寿县、历光、黄，经义阳三关，进至汉水北岸，乃收军；楚军追战至麻城（时称柏举）大溃。吴师继历五战，皆胜，遂攻入郢都。楚昭王逃奔于随。这次吴人悬军深入，饱掠之后，不能不退，但楚国却受到空前的深痛巨创了。昭王复国后，把国都北迁于鄀，是为鄢郢，即今湖北宜城。

像晋联吴制楚，楚亦联越制吴。

在周代的东南诸外族中，越受诸夏化最晚。直至战国时，中国

---

[1] 庐州，今属安徽合肥市。——编者注
[2] 临淮县，清乾隆年间废临淮县，并入凤阳县。——编者注

人在寓言中提到越人，还说他们"断发文身"，说他们"徒跣"不履；又有些学者说越"民愚疾而垢"是因为"越之水重浊而洎"。此时越人的僿野可想。越人的语言与诸夏绝不相通。现在还保存着前5世纪中叶一首用华字记音的越歌和它的华译。兹并录如下，以资比较。

越歌	华译
滥兮抃草滥予昌枑泽予昌州州鍖州焉乎秦胥胥缦予乎昭澶秦逾渗惿随河湖（句读已佚）	今夕何夕兮，搴洲中流？今日何日兮，得与王子同舟？蒙羞被好兮，不訾诟耻。心几烦而不绝兮，知得王子。山有木兮，木有枝，心悦君兮，君不知。

越人在公元前537年以前的历史除了关于越王室起源的传说外，全是空白。是年越人开始随楚人伐吴。其后吴师入郢，越人即乘虚袭其后。入郢之后十年，吴王阖闾与越王句践战于檇李（今嘉兴）大败，受伤而死。其子夫差于继位后三年（公元前494年）大举报仇，句践败到只剩甲楯五千，退保会稽（今绍兴），使人向夫差卑辞乞和，情愿称臣归属。此时有人力劝夫差趁势灭越。夫差却许越和。大约一来他心软，二来他认定越再无能为，而急于北进与诸夏争霸，不愿再向南荒用兵了。在此后十二年间，夫差忙于伐陈伐鲁，筑城于邗（即今扬州），凿运河连接江淮，从陆路又从海道（吴以舟师从海道伐齐为我国航海事见于记载之始）伐齐，和朝会北方诸侯；而句践则一方面向夫差献殷勤，向他的亲信大臣送贿赂，一方面在国内奖励生育（令壮者不得娶老妇，老者不得娶壮妻；女子十七不嫁，男子二十不娶，其父母有罪），并给人民以

军事训练。前482年，夫差既两败齐国，大会诸侯于齐的黄池。他要学齐桓、晋文的先例，自居盟主。临到会盟的一天，晋人见他神色异常的不佳，料定他国内有变，坚持不肯屈居吴下，一直争执到天黑，结果他不得不把盟主的地位让给晋国。原来他已经秘密接到本国首都（吴原都句吴，在今无锡东南，至夫差始迁于姑苏，即今苏州）被越人攻陷的消息了。夫差自黄池扫兴而归后，与越人屡战屡败。前473年，吴亡于越，夫差自杀。句践踏着夫差的路径北进，大会诸侯于徐州（据顾栋高考，此徐州在今山东滕县，非江苏之徐州），周王亦使人来"致胙"。后又迁都于琅琊（越本都会稽，即今绍兴。至句践前一代迁诸暨），筑起一座周围七里的观台，以望东海。这时越已拓地至山东，与邾、鲁为界了。

句践死于前465年，又六十三年而晋国正式分裂为三，那是战国时代的开始。在这中间，越灭滕（后恢复），灭郯；楚则灭蔡、灭杞、灭莒（莒后入于齐），亦拓地至山东境。在转到战国时代之前，让我们补记两个和向戌先后并世的大人物：一个是郑公孙侨，字子产，即弭兵大会中郑国的代表之一；另一个是鲁孔丘，字仲尼，即后世尊称为孔子的。

秦的变法

秦的发祥地在渭水上游的秦川的东岸（今甘肃天水县[1]境），周孝王时，嬴姓的非子因替王室养马蕃息的功劳，受封在这里，建立了一个近畿的"附庸"。宣王时，秦庄公以讨伐犬戎有功受命为西垂大夫。及平王东迁，秦襄公带兵去扈卫，平王感念他的殷勤，才把他升在诸侯之列。这时畿内的丰岐一带已沦入犬戎，平王索性更做一个不用破费的人情，把这一带地方许给了秦，假如它能将犬戎驱逐。此后秦人渐渐地东向开拓，到了穆公的时代，更加猛进。穆公是春秋的霸主之一。他曾俘获了晋惠公，拿来换取晋国的河西地方；又灭梁、灭芮，都是黄河西岸与晋邻近的小国。他又潜师远出，希图灭郑，若不是郑商人弦高把噩耗发现得早，向祖国报讯得快，秦的铁手此时也许便

---

[1] 天水县，即今甘肃天水市。——编者注

伸入中原了。秦的东侵是晋的大忌。秦师这次由郑旋归,晋人也顾不得文公新丧,墨绖兴兵,把他们拦路截击,杀个惨败。后来穆公虽报了此仇,他东向的出路到底给晋人用全力扼住了。他只得回过头去"霸西戎",结果,"兼国十二,开地千里"。穆公死时(公元前621年),秦人已占有渭水流域的大部分,已奠定一个头等国的基础。但此后二百多年间,秦的内部停滞不进,而晋始终保持着霸国的地位,继续把秦人东出的路堵住。

当战国开场的前后,秦在"七雄"中算是最不雄的一国。自前428年以降,四十多年间,它的政治出了常轨,大权落在乱臣。在这时期中,它有一个君主被迫自杀,一个太子被拒不得继位,另一个君主和母后一同被弑,沉尸深渊。魏人乘秦内乱,屡相侵伐,并且夺回穆公所得到的河西地方。

穆公的霸图的追续是自献公始。他即位的次年(公元前383年)便把国都从雍(今陕西凤翔县)东迁到栎阳(今陕西临潼县[1]东北)。他恢复君权,整饬军旅,两败魏师。但秦国更基本的改革,更长足的进展,还要等待继他位的少年新君孝公和一个来自卫国的贵族少年公孙鞅。

公孙鞅原先游仕在魏。传说魏相公叔痤病到要死时,魏君(即日后的惠王)请他举荐继任的人,他便以卫鞅对。魏君默然不语。公叔痤更嘱咐道:若不用这人,必得设法把他杀掉,勿令出境。魏君答应去后,公叔痤立即唤叫卫鞅前来,把刚才的谈话告诉了他,劝他快走。他不慌不忙答道:魏君不能听你的话用我,又怎能听你的话杀我

---

[1] 临潼县,今陕西西安市临潼区。——编者注

呢？后来闻得孝公即位，下令求贤，他才挟着李悝的《法经》，走去秦国。

前359年（孝公三年），孝公用卫鞅计颁布第一次的变法令。这令的内容包括两方面：（一）是刑法的加严加密。人民以十家或五家为一组，若一家犯法，其他同组诸家得连同告发，知情不举的腰斩；告发本组以外奸恶的与斩敌首同赏，藏匿奸人的与降敌同罚。（二）是富强的新策。凡不做耕织的游民收为公家的奴隶，努力耕织多致粟帛的人民免除徭役；家有两男以上不分居的纳加倍的人口税，私相殴斗的分轻重惩罚；非有军功的人不得受爵；服饰、居室和私有的田土奴婢的限度，按爵级区别，因此没有军功的人虽富也不得享受。这新法施行十年后，秦国家给人足，盗贼绝踪，百姓从诅咒转而歌颂。这新法的成效更表现在卫鞅的武功，前352年，他亲自领兵征魏，把魏的旧都安邑也攻破了。此役后二年，卫鞅又发动第二步的改革。把国都迁到渭水边的咸阳，在那里重新筑起宏伟的城阙和宫殿；统一全国的度量衡；把全国的城邑和村落归并为三十一县，每县设县令、丞（正副县长）；把旧日封区的疆界一概铲平，让人民自由占耕未垦辟的土地，让国家对人民直接计田征税。第二步改革完成后，卫鞅于前340年又领兵征魏，把魏将公子卬也虏了回来。于是孝公封卫鞅于商，为商君，后人因此称他为商鞅，但他的末日也快到了。先时第一次变法令公布后，人人观望怀疑。适值太子犯法。卫鞅便拿他做一个榜样，把他的师傅公子虔黥了。后来公子虔自己犯法，又给卫鞅劓了。前338年孝公死，太子继位后的第一件大事便是把商鞅族诛。但商鞅的政策却继续被采用。

秦地本是戎狄之区。西周的京畿虽建在其上，文明的透入始终不深，好比一件锦衣覆着褴褛。周室东迁后，锦衣一去，便褴褛依然。直至孝公变法时，秦人还不脱戎狄之俗，例如他们还父兄子弟和姑媳妯娌同寝一室，这大约是沿着游牧时代以一个帐幕为一家的经济办法。这种陋俗经商鞅的严禁才消灭。又例如秦国道地的音乐，直至战国晚年，还是"击瓮叩缶，弹筝搏髀，而歌呼呜呜"。没有受文明的雅化，也就没有受文明的软化。在六国中秦人是最犷野矫健的。商鞅的严刑峻法给他们养成循规蹈矩的习惯，商鞅的特殊爵赏制度使得对外战争，成了他们唯一的出路。以最强悍、最有纪律的民族，用全力向外发展，秦人遂无敌于天下。

商鞅死后约莫七八十年，赵国的大儒荀卿游秦。据他所记，这时商鞅变法的成绩还历历可见。荀卿说：

〔秦之〕国塞险，形势便，山林川谷美，天材之利多，是形胜也。入境观其风俗：其百姓朴，其声乐不流（淫荡）汙（猥亵），其服不挑（佻），甚畏有司而顺。……及都邑官府：其百吏肃然，莫不恭俭、敦敬、忠信。……入其国（首都），观其士大夫，……不比周，不朋党，偶然莫不明通而公也。……观其朝廷，其朝（早）间听决，百事不留，恬然如无治者。

荀卿的弟子韩非也说：

今……〔六国〕言赏则不与，言罚则不行。赏罚不信，故士民不死也。今秦出号令而行赏罚，有功无功，相事也。……是故秦战未尝不克，攻未尝不取，所当未尝不破。

信赏必罚正是商鞅的政术。

荀卿又曾比较齐、魏和秦的强兵政策道：

  齐人隆技击。……得一首者则赐赎锱（八两）金，无本赏矣（本赏大约是指战胜攻取之赏）。是事小，敌毳（脆），则偷可用也；事大，敌坚，则涣然离耳。……是亡国之兵也。……魏氏之武卒，以度取之（按一定标准挑选）：衣三属（层）之甲，操十二石之弩，负服矢五十个，置戈其上，冠軸（冑）带剑，赢（背）三日之粮，日中而趋百里。中试则复其户（免除赋役），利其田宅（给以好田宅）。是数年而衰，而未可夺也（合格的武卒，几年后便衰弱不可用。但其特权却不能剥夺）。……是故地虽大，其税必寡，是危国之兵也。秦人，其生民也狭厄（给人民的生路狭隘），其使民也酷烈。……忸（狃）之以庆赏，鳍（蹈）之以刑罚，使……民所以要利于上者，非斗无由也。厄（压迫）而用之，得而后功之（胜利才算功，不但计首级），功赏相长也。……故齐之技击，不可以遇魏氏之武卒；魏氏之武卒，不可以遇秦之锐士。

所说齐、魏的兵制，不知创行于何时，所说秦国的兵制正是商鞅所创的。

〈第二章〉张荫麟论秦、汉

六国混一

秦皇扫六合，虎视何雄哉！
飞剑决浮云，诸侯尽西来。
明断自天启，大略驾群才。
收兵铸金人，函谷正东开。
铭功会稽岭，骋望琅琊台。
刑徒七十万，起土骊山隈。
尚采不死药，茫然使心哀！
连弩射海鱼，长鲸正崔嵬。
额鼻像五岳，扬波喷云雷。
鬐鬣蔽青天，何由睹蓬莱？
徐市载秦女，楼船几时回？

但见三泉下,金棺葬寒灰!

(李白《古风》之一)

这首壮丽的诗是一个掀天揭地的巨灵的最好速写。这巨灵的来历,说来话长。

当长平之战前不久,有一个秦国王孙,名子楚的,被"质"在赵。他是太子安国君所生,却非嫡出,他的母亲又不得宠。因此赵人待他很冷薄,他连王孙的排场也苦于维持不住。但是阳翟(韩地)大贾吕不韦在邯郸做买卖,一看见他,便认为是"奇货可居"。

不韦见子楚,说道:"我能光大你的门庭。"子楚笑道:"你还是去光大自己的门庭罢!却来光大我的!"不韦说:"你有所不知,我的门庭要等你的来光大。"子楚明白,便和他商量两家光大门庭的办法。原来安国君最爱幸的华阳夫人没有生育的希望,安国君还没有立嗣。不韦一面献上巨款,给子楚结交宾客,沽钓声名;一面辇了巨款,亲到秦国,替他运动。不久华阳夫人便收到许多子楚孝敬的珍宝,不久她便时常听到人称赞子楚的贤能,不久她的姊姊便走来替她的前途忧虑,大意说道:"妹妹现在是得意极了。但可曾想到色衰爱弛的一天?到时有谁可倚靠!就算太子爱你到老,他百岁之后,继位的儿子,要和自己母亲吐气,你的日子就不好过。子楚对你的孝顺,却是少有的。何不趁如今在太子跟前能够说话的时候,把他提拔,将来他感恩图报,还不是同自己的儿子一般?"华阳夫人一点头,子楚的幸运便决定。

不韦回到邯郸时,子楚已成了正式的王太孙。不韦也被任为他的师傅。他们成功之后,不免用美人醇酒来庆祝一番。邯郸在战国以美女著名。不韦的爱姬，尤其是邯郸美女的上选，妙擅歌舞。有次她也出来奉酒，子楚一见倾心，便要不韦把她相让。不韦气得要死，但一想过去的破费和将来的利益，只得忍气答应。赵姬既归子楚，不到一年（正当长平之战后一年），产了一子，即是后来做秦王和秦始皇帝的嬴政。当时传说，赵姬离吕家之时，已经孕了嬴政。但看后来不韦所受嬴政的待遇，这传说多半是谣言。

嬴政于前246年即王位，才十三岁。这时不韦是食邑十万户的文信侯，位居相国；他从前的爱妾，已做了太后，并且和他私续旧欢。不韦的权势可以想象。他的政治野心不小，他招贤礼士，养客三千，打算在自己手中完成统一的大业。但嬴政却不是甘心做傀儡的。他即位第九年，太后的姘夫嫪毐在咸阳反叛，他用神速的手段戡定了乱事以后，乘机把太后的政权完全褫夺；并且株连到吕不韦，将他免职，逐归本封的洛阳，过了两年，又把他贬到蜀郡。在忧忿夹攻之下，不韦服毒自杀。

不韦以韩人而执秦政，他所客养和援用的又多三晋人，和他结交的太后又是赵女。这种"非我族类"的势力是秦人所嫉忌的。不韦罢相的一年（秦王政十年），适值"郑国渠"事件发生，更增加秦人对外客的疑惧。郑国也是韩人，为有名的水利工程师。韩廷见亡国的大祸迫在眉睫，派他往秦，劝秦廷开凿一条沟通泾水和洛水的大渠，借此消磨秦的民力，延缓它的对外侵略。这渠才凿了一半，郑国的阴谋泄露。其后嬴政虽然听了郑国的话，知道这渠也是秦国的大利，把它完成，结果溉田四万多顷，秦国更加富强；但郑国阴谋的发现，使秦宗室对于游宦的外客振振有词。嬴政于是下了有名的"逐客令"，厉行搜索，要把外籍的游士统统赶走。这命令因为李斯的劝谏而取消。但不韦自杀后，嬴政到底把所有送他丧的三晋门客驱逐出境。可见逐客令是和不韦有关的，也可见不韦的坍台是和种族之见有关的。

嬴政既打倒了吕不韦，收揽了秦国的大权，便开始图谋六国。这时，六国早已各自消失了单独抗秦的力量。不过它们的合从还足以祸秦。嬴政即位的第六年，秦国还吃了三晋和卫、楚的联军一次亏，当时大梁人尉缭也看到的，假如六国的君主稍有智慧，嬴政一不小心，会遭遇智伯、夫差和齐湣王的命运也未可知。但尉缭不见用于祖国，走到咸阳，劝嬴政道："愿大王不要爱惜财物，派人贿赂列国的大臣，来破坏他们本国的计谋，不过花三十万金，六王可以尽虏。"嬴政果然采纳了这策略。此后六国果然再不费一矢相助而静待嬴政逐个解决。

首先对秦屈服，希望以屈服代替牺牲，而首先受牺牲的是韩。秦王政十四年，韩王安为李斯所诱，对秦献玺称臣，并献南阳地。十七年秦的南阳守将举兵入新郑，虏韩王，灭其国。李斯赴韩之前，韩王派了著名的公子韩非入秦，谋纾国难，嬴政留非，想重用他。但不久听了李斯和另一位大臣的谗言，又把他下狱。口吃的韩非有冤没处诉，终于给李斯毒死在狱中。

韩亡后九年之间，嬴政以迅雷烈风的力量，一意东征，先后把其余的五国灭了。这五国的君主，连够得上说抵抗的招架也没有，鸡犬似的一一被缚到咸阳。只有侠士荆轲，曾替燕国演过一出壮烈的悲剧。

秦王政十九年，赵国既灭，他亲到邯郸，活埋了所有旧时母家的仇人；次年回到咸阳，有燕国使臣荆轲卑辞求觐，说要进献秦国逃将樊於期的首级和燕国最膏腴的地域督亢的地图。献图的意思就是要纳地。秦王大喜，穿上朝服，排起仪仗，立即传见。荆轲捧着头函，副使秦舞阳捧着地图匣以次上殿。秦舞阳忽然股栗色变，廷臣惊怪，荆轲笑瞧了舞阳，上前解释道："北番蛮夷的鄙人，未曾见过天子，所以惶恐失措，伏望大王包容，俾得完成使事。"秦王索阅地图，荆轲取了呈上。地图展到尽处，匕首出现！荆轲左手把着秦王的袖，右手抢过匕首，就猛力刺去，但没有刺到身上，秦王已断袖走开。秦王拔剑，但剑长鞘紧，急猝拔不出，荆轲追他，两人绕柱而走。秦廷的规矩，殿上侍从的人，不许带兵器，殿下的卫士，非奉旨不许上殿。秦王忙乱中没有想到殿下的卫士，殿上的文臣哪里是荆轲的敌手。秦王失了魂似的只是绕着柱走。最后，侍臣们大声提醒了他，把剑从背后顺力拔出，砍断了荆轲的左腿。荆轲便将匕首向他掷去，不中，中铜柱。这匕首是用毒药炼过的，微伤可以致命。荆轲受了八创，已知绝望，倚柱狂笑，笑了又骂，结果被肢解了。

风萧萧兮易水寒，壮士一去兮不复还！

这是荆轲离开燕国之前，在易水边的别筵上，当着满座白衣冠的送客，最后唱的歌，也可以做他的挽歌。

荆轲死后六年（公元前221年）当秦王政在位的第二十六年而六国尽灭。于是秦王政以一道冠冕堂皇的诏令，收结五个半世纪的混战局面，同时宣告新帝国的成立。那诏书道：

……异日韩王纳地效玺，请为藩臣。寡人以为善，庶几息兵革。已而倍约，与赵、魏合从畔秦，故兴兵诛之，虏其王。赵王使其相李牧来约盟，故归其质子。已而倍盟，反我太原，故兴兵诛之，得其王。赵公子嘉乃自立为代王，故举兵击灭之。魏王始约服入秦，已而与韩、赵谋袭秦，秦兵吏诛，遂破之。荆王献青阳以西，已而畔约，击我南郡，故发兵诛，得其王，遂定其荆地。燕王昏乱，其太子丹乃阴令荆轲为贼，兵吏诛，灭其国。齐王用后胜计，绝秦使，欲为乱，兵吏诛，虏其王，平齐地。

所有六国的罪状，除燕国的外，都是制造的。诏书继续说道：

> 寡人以眇眇之身，兴兵诛暴乱，赖宗庙之灵，六王咸伏其辜，天下大定。今名号不更，无以称成功，传后世。其议帝号。……

在睥睨古今、踌躇满志之余，嬴政觉得一切旧有的君主称号都不适用了。

战国以前，人主最高的尊号是王，天神最高的尊号是帝。自从诸侯称王后，王已失了最高的地位，于是把帝拉下来代替，而别以本有光大之义的"皇"字称最高的天神。但自从东西帝之议起，帝在人间，又失去最高的地位了。很自然的办法，是把皇字挪下来。秦国的神话里有天皇、地皇、泰皇，而泰皇为最贵。于是李斯等上尊号作泰皇。但嬴政不喜欢这旧套，把泰字除去，添上帝字，合成"皇帝"；又废除周代通行的谥法（于君主死后，按其行为，追加名号，有褒有贬的），自称为"始皇帝"，预定后世计数为二世皇帝，三世皇帝，"至于万世，传之无穷"。

同时始皇又接受了邹衍的学说，以为周属火德，秦代周，应当属克火的水德；因为五色中和水相配的是黑色，于是把礼服和旌旗皆用黑色；又因为四时中和水相配的是冬季，而冬季始自十月，于是改以十月为岁首。邹衍是相信政治的精神也随着五德而转移的。他的一些信徒认为与水德相配的政治应当是猛烈苛刻的政治，这正中始皇的心怀。

新帝国的经营

秦自变法以来，侵略所得的土地，大抵直隶君主，大的置郡，小的置县，郡县的长官都非世职，也无世禄。始皇沿着成例，每灭一国，便分置若干郡。而秦变法以来新设的少数封区，自从嫪毒和吕不韦的诛窜已完全消灭。既吞并了六国，秦遂成为一个纯粹郡县式的大帝国。当这帝国成立之初，丞相绾主张仿周朝的办法于燕、齐、楚等僻远的地方，分封皇子，以便镇慑，但他的提议给李斯打消了。于是始皇分全国为三十六郡，每郡置守，掌民政；置尉，掌兵事；置监御史，掌监察。这种制度是仿效中央政府的。当时朝里掌民政的最高官吏有丞相，掌兵事的最高官吏有太尉，掌监察的最高官吏有御史大夫。

这三十六郡的名称和地位是现今史家还没有完全解决的问题。大概地说，秦在开国初的境域，北边包括今辽宁的南部，河北、山西及绥远[1]、宁夏两省的南部；西边包括甘肃和四川两省的大部分，南边包括湖南、江西和福建；东以福建至辽东的海岸为界。从前臣服于燕的朝鲜，也成为秦的藩属。此外西北和西南边外的蛮夷君长称臣于秦的还不少。我们试回想姬周帝国初建时，西则邦畿之外，便是边陲，南则巴蜀、吴、楚皆属化外，沿海则有徐戎、淮夷、莱夷盘踞，北则燕、晋已与戎狄杂处；而在这范围里，除了"邦畿千里"外，至少分立了一百三十以上的小国。我们拿这种情形和三十六郡一统的嬴秦帝国比较，便知道过去八九百年间，诸夏民族地盘的扩张和政治组织的进步了。峄山的始皇纪功石刻里说：

　　追念乱世，分土建邦，以开争理。攻战日作，流血于野。自泰古始，世无万数，陁及五帝，莫能禁止。乃今皇帝，壹家天下，兵不复起。灾害灭除，黔首康定，利泽长久。

这些话一点也没有过火。

　　在这幅员和组织都是空前的大帝国里，怎样永久维持皇室的统治权力，这是始皇灭六国后面对着的空前大问题，且看他如何解答。

　　帝国成立之初，始皇令全国"大酺"来庆祝（秦法平时是禁三人以上聚饮的）。当众人还在醉梦的时候，他突然宣布没收民间一切的兵器。没收所得，运到咸阳，铸成无数大钟和十二个各重一千石以上的"金人"，放在宫廷里。接着他又把全国最豪富的家族共十二万户强迫迁到咸阳，放在中央的监视之下。没有兵器，又没有钱财，人民怎能够作得起大乱来？

---

[1] 绥远，旧省级行政区，1954年撤销并入内蒙古自治区。——编者注

次年，始皇开始一件空前的大工程：建筑脉通全国的"驰道"，分两条干线，皆从咸阳出来，其一东达燕、齐，其一南达吴、楚。道宽五十步，道旁每隔三丈种一株青松，路身筑得坚而且厚，遇着容易崩坏的地段，并且打下铜桩。这宏大的工程，乃是始皇的军事计划的一部分。他灭六国后防死灰复燃，当然不让各国余剩的军队留存。但偌大的疆土若把秦国原有的军队处处分派驻守，则分不胜分。而且若分得薄，一旦事变猝起，还是不够应付；若分得厚，寝假会造成外重内轻的局面。始皇不但不肯采用重兵驻防的政策，并且把旧有六国的边城，除燕、赵北边的外，统统拆毁了。他让秦国原有的军队，依旧集中在秦国的本部，少数的地方兵只是警察的性质。驰道的建筑，为的是任何地方若有叛乱，中央军可以迅速赶到去平定。历来创业之主的军事布置没有比始皇更精明的了。（1896年李鸿章聘使欧洲，过德国，问军事于俾斯麦，他的劝告有云："练兵更有一事须知：一国的军队不必分驻，宜驻中枢，扼要地，无论何时何地，有需兵力，闻令即行，但行军的道路，当首先筹及。"这正是秦始皇所采的政策。）

  武力的统治不够，还要加上文化的统治；物质的缴械不够，还要加上思想的缴械。始皇三十四年（始皇即帝位后不改元，其纪年通即王位以来计），韩非的愚民政策终于实现。先是始皇的朝廷里，养了七十多个儒生和学者，叫作博士。有一次某博士奉承了始皇一篇颂赞的大文章，始皇读了甚为高兴，另一位博士却上书责备作者的阿谀，并且是古非今地对于郡县制度有所批评。始皇征问李斯的意见。李斯覆奏道：

  古者天下散乱，莫之能一，是以诸侯并作，语皆道古以害今，饰虚言以乱实，人善其所私学，以非上之所建立。今陛下并有天下，别白黑而定一尊。而私学乃相与非法教之制，闻令下，即各以其私学议之，入则心非，出则巷议，非主以为名，异趣以为高，率群下以造谤。如此不禁，则主势降乎上，党与成乎下。禁之便。臣请诸有文学《诗》《书》百家语者，蠲除去之。令到，满三十日弗去，黥为城旦（城旦者，旦起行治城，四岁刑），所不去者，医药、卜筮、种树之书。若有欲学，以吏为师。

始皇轻轻地在奏牍上批了一个"可"字，便造成了千古叹恨的文化浩劫。

以上讲的是始皇内防反侧的办法。现在再看他外除边患的努力。

自从战国中期以来，为燕、赵、秦三国北方边患的有两个游牧民族，东胡和匈奴——总名为胡。东胡出没于今河北的北边和辽宁、热河一带，受它寇略的是燕、赵。匈奴出没于今察哈尔[1]、绥远和山西、陕、甘的北边一带，燕、赵、秦并受它寇略。这两个民族，各包涵若干散漫的部落，还没有统一的政治组织。它们在战国中期以前的历史十分茫昧。它们和春秋时代各种名色的戎狄似是同一族类，但是否这些戎狄中某些部分的后身，否则和各种戎狄间的亲谊是怎样，现在都无从稽考了。现在所知道秦以前的胡夏的关系史只有三个攘胡的人物的活动。第一个是和楚怀王同时的赵武灵王。他首先采用胡人的特长，来制胡人；首先脱却长裙拖地的国装，而穿上短衣露袴的胡服，以便学习骑战。他领着新练的劲旅，向沿边的匈奴部落进攻，

---

[1] 察哈尔，旧省级行政区，1952年撤销并入山西省和河北省。——编者注

把国土向西北拓展；在新边界上，筑了一道长城，从察哈尔的蔚县东北（代）至河套的西北角外（高阙）；并且沿边设了代、雁门和云中三郡。第二个攘胡的英雄是秦舞阳（随荆轲入秦的副使）的祖父秦开。他曾被"质"在东胡，甚得胡人的信任。归燕国后，他率兵袭击东胡，把他们驱逐到一千多里外。这时大约是乐毅破齐前后。接着燕国也在新边界上筑一道长城，从察哈尔宣化[1]东北（造阳）至辽宁辽阳县北（襄平）；并且沿边设了上谷、渔阳、右北平、辽西和辽东五郡。秦开破东胡后，约莫三四十年，赵有名将李牧，戍雁门、代郡以备胡。他经了长期敛兵坚守，养精蓄锐，然后乘着匈奴的骄气，突然出战，斩了匈奴十多万骑，此后十几年间，匈奴不敢走近赵边。

当燕、赵对秦做最后挣扎时，无暇顾及塞外。始皇初并六国，忙着辑绥内部，也暂把边事抛开。因此胡人得到复兴的机会。旧时赵武灵王取自匈奴的河套一带，复归于匈奴。始皇三十二年，甚至听到"亡秦者胡"的谶语。于是始皇派蒙恬领兵三十万北征。不久把河套收复，并且进展至套外，始皇将新得的土地，设了九原郡。为谋北边的一劳永逸，始皇于三十三、四年间，又经始两件宏大的工程：其一是从河套外的九原郡治，筑了一条"直道"达到关内的云阳（今陕西淳化县西北，从此至咸阳有泾、渭可通），长一千八百里；其二是把燕、赵北界的长城，和秦国旧有的西北边城，大加修葺，并且把它们连接起来，傍山险，填溪谷，西起陇西郡的临洮（今甘肃岷县境），东迄辽东郡的碣石（在渤海岸朝鲜境），成功了有名的"万里长城"。

---

[1] 察哈尔宣化，即今河北省张家口市宣化区。——编者注

始皇的经营北边有一半是防守性质，但他的开辟南徼，则是纯粹的侵略。

现在的两广和安南[1]，在秦时是"百越"（越与粤通）种族所居。这些种族和浙江的於越，大约是同出一系的，但文化则较於越远为落后。他们在秦以前的历史完全是空白。在秦时，他们还过着半渔猎、半耕稼的生活；他们还仰赖中国的铜铁器，尤其是田器。他们还要从中国输入马、牛、羊，可见牧畜业在他们中间还没发达。不像北方游牧民族的犷悍，也没有胡地生活的艰难，他们绝不致成为秦帝国的边患。但始皇却不肯放过他们。灭六国后不久（二十六年？）即派尉屠睢领着五十万大军去征百越，并派监禄凿渠通湘、漓二水（漓水是珠江的上游），以便输运。秦军所向无敌，越人逃匿于深山丛林中。秦军久戍，粮食不继，士卒疲饿。越人乘机半夜出击，大败秦军，杀屠睢。但始皇续派援兵，终于在三十三年，把百越平定，将他们的土地，分置南海郡、桂林郡和象郡（南海郡略当今广东省，桂林郡略当广西省，象郡略当安南中北部）。百越置郡之后，当时中国人所知道的世界差不多完全归到始皇统治之下了。琅琊台的始皇纪功石刻里说：

> 六合之内，皇帝之土。西涉流沙，南尽北户，东有东海，北过大夏。人迹所至，无不臣者。

至是竟去事实不远了。

以上所述一切对外对内的大事业，使全国瞪眼咋舌的大事业，是始皇在十年左右完成的。

---

[1] 安南，越南的古称。——编者注

帝国的发展与民生

像始皇的励精刻苦，在历代君主中，确是罕见，国事无论大小，他都要亲自裁决。有一个时期，他每日用衡石秤出一定分量的文牍，非批阅完了不肯休息。他在帝位的十二年中，有五年巡行在外；北边去到长城的尽头——碣石，南边去到衡山和会稽岭。他觉得自己的劳碌，无非是为着百姓的康宁。他对自己的期待，不仅是一个英君，而且是一个圣主。他唯恐自己的功德给时间掩没。他二十八年东巡时，登峄山，和邹鲁的儒生商议立石刻词，给自己表扬；此后，所到的胜地，大抵置有同类的纪念物。我们从这些铭文（现存的有峄山、泰山、之罘、琅琊、碣石、会稽六处的刻石文；原石唯琅琊的存一断片）可以看见始皇的抱负，他"夙兴夜寐，建设长利，专隆教诲"。他"忧恤黔首（秦称庶民为黔首），朝夕不懈"。他"功盖五帝，泽及牛马"。而且他对于礼教，也尽了不少的力量。他明立法："饰省宣义；有子而嫁，倍死不贞；防隔内外，禁止淫泆，男女絜诚；夫为寄豭，杀之无罪，男秉义程；妻为逃嫁，子不得母，咸化廉清；大治濯俗，天下承风，蒙被休经。"在他自己看来，人力所能做的好事，他都做了，而且他要做的事，从没有做不到的。他从没有一道命令，不成为事实。从没有一个抗逆他意旨的人，保得住首领。他唯一的缺憾就是志愿无尽，而生命有穷。但这也许有补救的办法。海上不据说有仙人所居的蓬莱、方丈、瀛洲三岛么？仙人不有长生不死的药么？他即帝位的第三年，就派方士徐福（一作市，音同）带着童男女数千人，乘着楼船，入海去探求这种仙药，可惜他们一去渺无消息（后来传说徐福到了日本，为日本人的祖先，那是不可靠的）。续派的方士回来说，海上有大鲛鱼困住船只，所以到不得蓬莱。始皇便派弓箭手跟他们入海，遇着这类可恶的动物便用连弩去射。但蓬莱还是找寻不着。

始皇只管忙着去求长生，他所"忧恤"的黔首却似乎不识好歹，只盼望他速死！始皇三十六年，东郡（河北、山东毗连的一带）落了一块陨石，就有人在上面刻了"始皇帝死而地分"七个大字。

始皇能焚去一切《诗》《书》和历史的记录，却不能焚去记忆中的六国亡国史；他能缴去六国遗民的兵器，却不能缴去六国遗民（特别是一班遗老遗少）的亡国恨；他能把一部分六国的贵族迁到辇毂之下加以严密的监视，却不能把全部的六国遗民同样处置。在旧楚国境内就流行着"楚虽三户，亡秦必楚"的谚语。当他二十九年东巡行到旧韩境的博浪沙（在今河南阳武县[1]东南）中时，就有人拿着大铁椎向他

---

[1] 阳武县，今属河南新乡，1949年与原武县合并，改称原阳。——编者注

狙击，中了副车，差一点儿没把他击死。他大索凶手，竟不能得。

而且始皇只管"忧恤黔首"，他的一切丰功烈绩，乃是黔首的血泪造成的！谁给他去筑"驰道"，筑"直道"，凿运渠？是不用工资去雇的黔首！谁给他去冰山雪海的北边伐匈奴，修长城，守长城？谁给他去毒瘴严暑的南荒，平百越，戍新郡？谁给他运粮转饷，供给这两方的远征军？都是被鞭扑迫促着就道的黔首！赴北边的人，据说，死的十有六七；至于赴南越的，因为不服水土，情形只有更惨，人民被征发出行不论去从军，或去输运，就好像被牵去杀头一般，有的半途不堪虐待，自缢在路边的树上。这样的死尸沿路不断地陈列着。最初征发的是犯罪的官吏、"赘婿"和商贾；后来推广到曾经做过商贾的人；最后又推广到"闾左"——居住在里闾左边的人（赘婿大概是一种自己卖身的奴隶，即汉朝的赘子。商人尽先被征发是始皇压抑商人的手段之一。战国时代，法家和儒家的荀子，都认商人为不事生产而剥削农民的大蠹，主张重农抑商，这政策为始皇采用。琅琊刻石有"上农除末"之语。"闾左"在先征之列者，盖春秋战国以来，除楚国外习俗忌左，居住在闾左的，大抵是下等人家）。征发的不仅是男子，妇女也被用去运输。有一次南越方面请求三万个"无夫家"的女子去替军士缝补，始皇就批准了一万五千。计蒙恬带去北征的有三十万人，屠睢带去南征的有五十万人，后来添派的援兵和戍卒，及前后担任运输和其他力役的工人，当在两军的总数以上。为这两方面的军事，始皇至少摧残了二百万家。

这还不够。始皇生平有一种不可多得的嗜好——建筑的欣赏。他东征以来，每灭一国，便把它的宫殿图写下来，在咸阳渭水边的北阪照样起造。后来又嫌秦国旧有的朝宫（朝会群臣的大礼堂）太过狭陋，要在渭南的上林苑里另造一所，于三十五年动工。先在阿房山上作朝宫的前殿：东西广五百步，南北长五十丈，上层可以坐一万人，下层可以树五丈的大旗。从殿前筑一条大道，达到南山的极峰，在上面树立华表，当作朝宫的阙门；从殿后又筑一条大道，渡过渭水，通到咸阳。先时始皇即王位后，便开始在骊山建筑自己的陵墓，灭六国后拨了刑徒七十余万加入工作；到这时陵墓大半完成，乃分一部分工人到阿房去。这两处工程先后共用七十余万人。此外运送工粮和材料（材料的取给远至巴蜀荆楚）的伕役还不知数。这些却多半是无罪的黔首。

这还不够。上说种种空前的兵役和工程所需的粮饷和别项用费，除了向黔首身上出，还有什么来源？据说始皇时代的赋税，要取去人民收入的三分之二。这也许言之过甚，但秦人经济负担的酷重，却是可想见的了。

这还不够。苦役重税之上，又加以严酷而且滥用的刑罚。秦的刑法，自商鞅以后，在列国当中，已是最苛的了。像连坐、夷三族等花样，已是六国的人民所受不惯的。始皇更挟着虓虎的威势，去驭下临民。且看几件他杀人的故事。有一回他从山上望见丞相李斯随从的车骑太多，不高兴。李斯得知以后便把车骑减少，始皇追究走漏消息的人不得，便把当时在跟前的人统统杀了。又东郡陨石上刻的字被发现后，始皇派御史去查办，不得罪人，便命把旁边的居民统统杀了。又一回，有两个方士不满意于始皇所为，暗地讪谤了他一顿逃去。始皇闻之大怒，又刺探得别的儒生对他也有不敬的话，便派御史去把咸阳的儒生都召来案问。他们互相指攀，希图免罪，结果牵涉了四百六十余人，始皇命统统地活埋了。这便是有名的"坑儒"事件。

始皇的执法如此，经过他的选择和范示，郡县的官吏就很少不是酷吏了。

始皇的长子扶苏，却是一个蔼然仁者，对于始皇的暴行，大不谓然。当坑儒命令下时，曾替诸儒缓颊，说他们都是诵法孔子的善士，若绳以重法，恐天下不安。始皇大怒，把他派去北边监蒙恬的军。但二世皇帝的位，始皇还是留给他的。及三十七年七月，始皇巡行至沙丘（今河北平乡县东北）病笃，便写定遗书，召他回咸阳会葬，并嗣位。书未发而始皇死。书和玺印都在宦官赵高手。而始皇的死只有赵高、李斯和别几个宦官知道。赵高和蒙恬有仇隙，而蒙恬是太子的亲信，李斯也恐怕蒙恬夺去他的相位。于是赵李合谋，秘不发丧，一面把遗书毁了，另造两封伪诏，一传位给公子胡亥（当时从行而素与赵高亲昵的），一赐扶苏、蒙恬死。后一封诏书到达时，扶苏便要自杀，蒙恬却疑心它是假的，劝扶苏再去请示一遍，然后自杀不迟。扶苏说："父亲要赐儿子死，还再请示什么？"立即自杀。

胡亥即二世皇帝位时，才二十一岁，他别的都远逊始皇，只有在残暴上是"跨灶"的。赵高以拥戴的首功最受宠信；他处处要营私，只有在残暴上是胡亥的真正助手。在始皇时代本已思乱的人民，此时便开始摩拳擦掌了。

楚汉之争始末

陈胜之起灭

二世皇帝元年七月,在旧楚境的蕲县大泽乡停留着附近被征发去防守渔阳的闾左兵九百人。适值大雨,道路不通。这队伍已无法如期达到指定的处所。照当时的法律,将校误期,要被处斩。有两位下级将校陈胜和吴广,便秘密图谋免死的办法。他们想当今的二世皇帝并不是依法当立的,当立的乃是公子扶苏,百姓多称赞他的贤惠,却不知道他已死;又从前楚国最后抗秦而死的名将项燕,亲爱士卒,很得民心,民间传说他还活着,假如冒称扶苏项燕起兵,响应的必定很多。他们去问卜,卜者猜到来意,连称大利;最后并说道:"你们何不再向鬼神占卜一下?"二人会意。

不几天,兵士买鱼,忽然在鱼肚里得着一小卷绢帛,上面写着朱字道："陈胜王。"晚间兵士又忽然发现附近树林中的神祠有了火光，同时怪声从那里传来，像狐狸作人语道："大楚兴，陈胜王。"这种怪声每每把兵士们从梦中惊醒。从此他们遇到陈胜每每指目着他窃窃私语。

有一天统领官喝醉了酒，吴广在旁，出言特别不逊。统领官大怒，鞭了他一顿，又把剑拔出。吴广素来很得兵士心，在旁的兵士都替他不平。他抢过了剑，把统领官杀掉。陈胜帮着他，把另外两个将官也结果了。陈、吴号召军中，大意说道："你们因为大雨，已误了期，误了期就要处斩。即使不处斩，去戍守长城，也是十有六七要死的。大丈夫不死便了，死就要成个大名。王侯将相难道是有种的吗？"在全军喧哤应和之下，陈、吴二人以扶苏和项燕的名义树起革命的旗帜。军士袒着右臂，自号大楚。陈胜自立为将军，吴广为都尉。

旬日之间大泽乡、蕲县、陈城和附近若干县城，皆落在革命军之手。而革命军在进攻陈城之时已有车六七百乘，骑千余，步卒数万人了。陈城在战国末年曾一度为楚国都，革命军即以此为根据地。先是魏遗民大梁名士张耳、陈余为秦廷悬赏缉捕，变姓名隐居于陈。陈胜既入陈，二人进谒。是时陈中父老豪杰正议推陈胜为王。二人却劝陈胜暂勿称王，而立即领兵西进，同时派人立六国王室之后，以广树秦敌，使秦的兵力因敌多而分散，因分散而薄弱，然后乘虚入据咸阳，以号令诸侯，诸侯感再造之德，必然归服，如此则帝业可成。陈胜不听，遂受推戴为张楚王，都于陈，以吴广为"假王"（假有副贰之意）。

自陈胜发难后，素日痛恨秦吏的郡县，随着事变消息的传到，纷纷戕杀守长，起兵响应。特别是在旧楚境内，几千人成一伙的不可胜数。陈胜遣将招抚略地，分途进取。举其要者，计有六路：（1）符离人葛婴略蕲以东；（2）陈人武臣及张耳、陈余略赵地；（3）魏人周市略魏地；（4）吴广西击荥阳；（5）陈人周文（为卜者，故项燕僚属）西进，向函谷关；（6）铚人宋留取道南阳向武关。

　　葛婴至东城，立襄强为楚王，后来闻得陈胜已立为张楚王，乃杀襄强，归陈覆命，陈胜诛之。

　　武臣到邯郸即自立为赵王，分命张耳、陈余为将相。陈胜闻讯大怒，把三人的家属拘捕，将加诛戮，继而听了谋士的劝谏，又把他们迁到宫中，而派人去给武臣等道贺，并请他们速即进兵关中。他们哪里肯听，却派韩广去略取燕地。韩广至燕，旋即自立为燕王。

　　周市定了魏地，东进至齐，时齐王室之后田儋已自立为齐王，以兵拒之，市军败散，还归魏，魏人推戴他为王，他不肯，却要立魏王室之后魏咎，时咎在陈胜军中，市派人迎之，往返五次，陈胜才答应放他赴魏。

　　武臣之立在八月，韩广、田儋之立在九月。周文军越过函谷关到达戏亦在九月。戏离咸阳不到一百里，而此时周文的军队已增加到兵卒数十万、车千余乘了。东方变乱的真情，赵高一直瞒着二世，到这时已瞒不住了。可是秦廷有什么办法呢？帝国的军队几乎尽在北边和南越，急猝间调不回来，咸阳直是一座空城，只得赦免在骊山工作的刑徒，并解放奴隶所生的男子，派章邯带去应战。周文军来势虽盛，却经不起章邯一击便败走出关，章邯追至渑池，又大破之。周文自刎死，其军瓦解，这是二世二年十一月的事（秦以十月为岁首，二年十一月在是年正月之前，下仿此）。

章邯乘胜东下。先是吴广围荥阳不下，其部将田臧等私计，秦兵早晚要到，那时前后受敌，必无幸理，不如留少数军队看守住荥阳，而用全部精兵去迎击章邯；他们认为吴广骄不知兵，不足与谋，假托陈王的命令把他杀掉，并把他的首级传送至陈。陈王拜田臧为上将，并赐以楚令尹的印信。田臧迎击章邯于敖仓，一战败死。章邯进击至陈西，陈王出监战，军败遁走，他的御者某把他杀掉，拿他的首级去投降。这是十二月的事。

陈胜，字涉，少时在田间做工。有一次放下锄头叹气痴想了许久，却对一个同伴说道："有一天我富贵了，定不会忘记你。"那位同伴笑道："你做长工，怎样富贵法？"后来陈胜做了张楚王，这位同伴便去叩阍求见，阍人几乎要把他缚起来，凭他怎样解释总不肯给他传达。他等陈胜驾出，拦路叫喊，陈胜认得他，把他载归宫里。他看见殿堂深邃，帷帐重叠，不禁嚷道："夥颐！涉大哥为王！沉沉的！"楚人叫多为夥颐。由此"夥涉为王"，传为话柄。这客人出入王宫，洋洋自得，谈起陈胜的旧事，如数家珍。有人对陈胜说：这客人无知妄言，轻损王威，陈胜便把他杀掉。由此陈胜的故旧尽皆退避。

宋留已定南阳。南阳人闻陈胜死，复叛归于秦。宋留既无法入武关，东还至新蔡与秦军遇，解甲投降，秦又把他解到咸阳，车裂示众。

章邯既破陈胜，进击魏王咎于临济，围其城。六月，齐王田儋救临济，败死。同月魏咎自杀，临济降于秦。其后儋子市继立为齐王，咎弟豹继立为魏王。

项羽与巨鹿之战

项燕的先人累世做楚将,封于项,因以项为氏,而家于下相。项燕有子名项梁,梁有侄名项籍,字羽。项羽少时学书写,不成,弃去;学剑,又不成。项梁怒责他。他说:"书写只可以记姓名罢了,剑是一人敌,也不值得学,要学万人敌!"项梁于是教他兵法。他略通大意,再不深求。项梁曾因事杀人,带着项羽,逃匿于吴(今吴县[1],秦会稽郡治),吴中名士大夫都奉他为领袖,遇着地方有大徭役或大丧事,每请项梁主办,项梁暗中用兵法部勒宾客子弟,因此他的干才为人所知。项羽长成,身材魁岸,力能扛鼎,尤为吴中子弟所敬畏。

二世元年九月,会稽郡守和项梁商议起兵响应陈涉,打算派项梁和某人为将,是时某人逃匿山泽中。项梁说,只有他的侄子知道某人所在。说完,离座外出,对项羽嘱咐了一番,又走进来,请郡守传见项羽,使召某人。项羽进见后,项梁向他使个眼色,说道:"可以了!"项羽拔剑,砍下郡守的头。项梁拿着郡守的首级,佩了他的印绶。项羽连杀了好几十人,阖署慑伏听命,共奉项梁为会稽守。项梁收召徒众,得八千人。项羽为裨将,时年二十四。

二世二年二月项梁叔侄率兵渡江而西。先是广陵人召平为陈胜取广陵不下,闻陈胜败走,秦兵将到。渡江至吴,假传陈胜之命,拜项梁为上柱国。项梁一路收纳豪杰,到了下邳(今江苏邳县[2])已有了

---

[1] 吴县,今已并入苏州市。——编者注
[2] 邳县,1992年撤县设邳州市。——编者注

六七万人。离下邳不远，在彭城之东，有秦嘉所领的一支义军，奉景驹（旧楚贵族景氏之后）为楚王。是时陈胜的下落，众尚不知。项梁声言秦嘉背叛陈王擅立景驹大逆不道，即进击之。秦嘉败死，军降，景驹走死。

既而项梁得知陈胜确实已死，乃从居巢老人范增之策，访得楚怀王之孙（名心）于牧场中，立以为王，仍号楚怀王，都于盱眙（安徽今县[1]），项梁自号武信君。这是六月的事。

自四月至八月间，项梁军叔侄与秦军转战于今苏北、鲁南及豫东一带，连获大捷。项梁由此轻视秦军，时露骄色，部下宋义劝谏他道："战胜而将骄卒惰乃是败征；现在士卒已渐形怠懈，而秦兵日增，大可忧虑。"项梁不以为意。九月章邯得到关中派来众盛的援兵之后，还击楚军，大破之于定陶，项梁战死。

章邯破项梁军，认为楚地无足忧虑，乃渡河击赵。先是赵地内乱，武臣被杀，张耳、陈余访得赵王室之后赵歇，继立为赵王，居信都。章邯入邯郸，迁其民于河内，夷其城郭。张耳与赵王走入巨鹿城，章邯使王离围之，而自军于巨鹿南。陈余北收兵于常山得数万人，军于巨鹿北。巨鹿城被围数月，粮乏兵单，危在旦夕，求援于陈余，而陈自以力薄非秦敌，按兵不肯动。

项梁死后，楚军集中于彭城附近，怀王亦移节于彭城。巨鹿围急，求救于诸侯，怀王拟派兵赴之。宋义自预言项梁之败而中，以知兵名于楚军。怀王召他来筹商，听了他的议论，大为赞赏，派他为援赵军的统帅，称上将军，以长安侯项羽为次将军，范增为末将。宋义

---

[1] 1955年划归江苏。——编者注

行至安阳（河南今县[1]），逗留四十六日不进，项羽主张急速渡河，与赵军内外夹击秦军。宋义却主张先让赵、秦决战；然后秦胜则乘其疲敝而击之，秦败则引兵西行，乘虚袭取咸阳。于是严申军令，禁止异动。宋义派其子某为齐相，大排筵席为其饯行。是时岁荒粮绌，又适值天寒大雨，士卒饥冻。项羽昌言军中，责备宋义但顾私图，不恤士卒，不忠楚王。一天早晨，项羽朝见宋义，就在帐中把他的头砍下，号令军中；说他通齐反楚，奉怀王令把他诛戮。诸将尽皆慑服，共推他为"假上将军"。项羽使人报告怀王，怀王就派他代为上将军。自杀了宋义之后，项羽威震楚国，名闻诸侯。

项羽既受了援赵军统帅之任，立即派二万人渡河救巨鹿，先锋连获小胜，陈余又请添兵。项羽于是率全军渡河。既渡，凿沉船只，破毁釜甑，焚烧房舍，令士卒每人只带三日粮，示以决死无归还之心。既至巨鹿，反围王离，九战秦军，绝其粮道，大破之，王离被虏，其部下要将或战死或自杀。这是二世三年十二月的事。先是诸侯援军营于巨鹿城外的，不下十几个壁垒，都不敢出战。及楚军开始进攻，诸侯军将领皆从壁上观看。楚兵无不以一当十，呐喊声动天地，诸侯军士卒无不心惊胆震。项羽既破秦军，召见诸侯军将领，他们将入辕门，个个膝行而前，不敢抬头瞻望。于是项羽成了联军的统帅，诸侯军将领皆隶他麾下。

是时章邯尚军于巨鹿南，外见迫于项羽，内受二世的责备，又见疾于赵高，陷入进退维谷之境。陈余乘机投书给他，说道：

---

[1] 今属河南安阳市。——编者注

白起为秦将，南征鄢郢，北阬马服（马服谓赵将马服君赵奢之子括，此指长平之战），攻城略地，不可胜计，而竟赐死。蒙恬为秦将，北逐戎人，开榆中地数千里，竟斩阳周。何者？功多，秦不能尽封，因以法诛之。今将军为秦将三岁矣，所亡失以十万数，而诸侯并起，滋益多。彼赵高素谀日久，今事急，亦恐二世诛之，故欲以法诛将军以塞责，使人更代将军，以脱其祸。夫将军居外久，多内隙，有功亦诛，无功亦诛。且天之亡秦，无愚智皆知之。令将军内不能直谏，外为亡国将，孤特独立，而欲常存，岂不哀哉！将军何不还兵，与诸侯为纵，约共攻秦，分王其地，南面称孤，此孰与身伏铁质、妻子为戮乎？

章邯得书，心中更加狐疑，秘密派人和项羽议降。议未成，项羽连接进击章邯军，大破之。章邯遂决意投降。项羽以军中粮绌，许之。二世三年七月，章邯与项羽相会于洹水南殷墟上（即今安阳殷墟），立盟定约。章邯与项羽言及赵高事，为之泪下。

刘邦之起与关中之陷

当怀王派定了宋义等北上援赵之际，又派砀郡长武安侯刘邦西行略地，向关中进发。

刘邦，字季，泗川郡沛县（江苏今县）人。家世寒微。从少即不肯学习生产技艺。壮年做了本县的泗水亭长（秦制若干户为一里，十里为一亭，十亭为一乡）。他使酒好色，却和易近人，疏财乐施，县署的属吏，常给他嘻嘻哈哈地大开玩笑。有一次县长的旧友吕公来沛县做客，县中属吏都去拜贺，萧何替他收礼，声明贺礼不满千钱的坐在堂下。刘季骗阍人道："贺礼万钱！"实在不名一钱。阍人领了他进来，吕公一见，看了他的相貌大为惊讶，特加敬重。萧何笑道："刘季只会吹牛，本领有限。"刘季满不在乎地据了上位，嘲弄座客，言语之间，一点也没有屈服。酒罢，吕公暗中使眼色留他。客散之后，吕公对他说，生平喜欢看相，看过的相也不少，从未见过他这样好的相貌，望他自爱。就在这一次叙会中，吕公把女儿许嫁了给他，后来吕婆虽严重抗议也无效。

秦朝初年征各地刑徒赴骊山工作。沛县的刑徒，由泗水亭长押去。这些刑徒半路逃脱了许多。刘季预计到得骊山时，他们势必跑个精光。行至丰县西泽中，停下痛饮；半夜，把剩下的刑徒通通放了，自己也准备逃亡。刑徒中有十几个壮汉要跟随他。刘季于是领了这班人匿在芒、砀两县的山泽岩石之间。他们所以维持生活的方法似乎是不很名誉的，所以历史上没有交代。

陈胜发难后，沛县令打算响应。县吏萧何和曹参替他计议道，他以秦吏背秦，恐怕沛中子弟不服，不如把本县逃亡在外壮士召来，可得几百人，有他们相助，众人就不敢不听命了。于是派樊哙去招刘季。这樊哙是刘季的党羽，以屠狗为业。刘季率领着部下约莫一百人，跟着樊哙回来，沛令反悔，闭城不纳，并打算把萧、曹二人杀掉。二人跳城投奔刘季。刘季射书城上，劝县人诛沛令起事，否则城破之后，以屠城对付，县人遂共杀沛令，开城相迎。刘季受父老的推戴为沛公，收县中子弟得二三千人。这是二世元年九月的事。此后七个月内刘季转战于今独山湖以西苏、鲁两省相接之境，先后取沛、丰、砀[1]（皆江苏今县）做根据地。替刘季守丰的部将叛而附魏，刘季攻他不下，走去留县求助于景驹。他始终没有得景驹的帮助，却在留县遇到了张良。张良原是韩国的贵公子，其先人五世相韩，亡国后散家财谋报国仇。秦始皇在博浪沙遇刺，那凶手就是他所买的。这时他领了一百多个少年，想投景驹，遇了刘季，情投意合，便以众相从。后来楚怀王既立，张良说动了项梁，更立故韩公子韩成为韩王，只得辞别刘季，往佐韩王。

景驹败死后，刘季往见项梁，项梁给他补充五千人。他得了这援助，才于二世二年四月把丰县攻下。从此刘季归附了项梁。他和项羽似乎很相得，两人总是共领一军出战或同当一面，像是形影不离的。据说当怀王派刘季西行时项羽也请求同往，只是怀王左右的老将们极力反对，以为项羽僄悍残暴，是屠城的能手，关中人民，久苦苛政，可以德服，他一去，反失人心；唯有刘季，忠厚长者，可胜宣抚之任；怀王因此不许项羽和刘季偕行。

宋义、项羽等北上救赵之军和刘季西进之军，同于二世二年闰九月（当时称后九月）分途出发。刘季转战于今豫东豫南，取道南阳以向武关。这时秦军的主力被吸在河北，这一路的楚军并未遇着劲敌。刘季从洛阳南下，复与张良相会。先是，张良同了韩王领兵千余，西略韩地，取了数城，又被秦军夺回，只得在颍川一带做游击战。至是，领兵与刘季合，占领了韩地十余城。刘季令韩王留守阳翟，而同了张良前进，略南阳郡。郡守兵败，退守宛城。刘季便越过宛城而

---

[1] 1955年划归安徽。——编者注

西。张良谏道：现在虽急于入关，但关中兵尚众，且凭险相拒，若不攻下宛城，腹背受敌，这是危道。刘季便半夜隐匿旗帜，绕道回军，黎明，围宛城三匝。南阳守以城降，刘季封他为殷侯。由此西至武关，一路所经城邑纷纷迎降。二世三年八月武关陷。是月，赵高弑二世，使人来约降，刘季等以为诈，继进。九月峣关陷。刘季初欲急攻峣关。张良以为守将乃屠户之子，可以利动。于是楚军一面派人先行，预备五万人的餐食，并在山上多树旗帜为疑兵；一面派人拿重宝去说守将，守将果然变志，愿和楚军同入咸阳。刘季将要答应他，张良以为只是守将要反，怕士卒不从，不从可危，不如乘其怠懈进击。刘季依计遂破峣关。是月秦军再战于蓝田南，复大败。次月刘季入咸阳。先是赵高既弑二世，继立其侄子婴，贬去帝号，称秦王，子婴又袭杀赵高。至是，子婴以绳系颈，乘素车白马，捧着皇帝的玺印，迎接刘季于霸上（长安东十三里）的轵道旁。

秦历以九月为岁终，而秦历可说是终于二世三年九月。后此五十四个月，即四年半，刘季乃即皇帝位，汉朝乃开始。中间纪事，系年系月，甚成问题。若用公元，年次固可约略相附，但月份则尚无正确的对照。汉人以二世三年之后为汉元年；汉初沿秦历法，以十月为岁首，故以汉元年十月接秦二世三年九月。但此时尚无汉朝，何有汉年？今别无善法，只得依之。

项羽在关中

刘季到了咸阳，看着堂皇的宫殿，缛丽的帷帐和无数的美女、狗马、珍宝，便住下不肯出。奈不得樊哙和张良苦劝婉谏，才把宫中的财宝和府库封起，退驻霸上，以等待各方的领袖来共同处分。他又把父老召来，宣布废除秦朝的苛法，只约法三章："杀人者死，伤人及盗抵罪。"人民大喜，纷纷送上牛羊来犒军，刘季一概辞谢不受。

项羽既定河北，率楚军诸侯军及秦降军西向关中，行至新安，闻秦降卒有怨声，虑其为变，尽坑之。

当初怀王曾与诸将约，谁先入关中，即以其地封他为王。刘邦因此以关中的主人自居。而项羽西进之前已封了章邯为雍王（秦地古称雍州），大有否认怀王初约之意。刘季闻讯，派兵守函谷关，拒外军入境，同时征关中人民入伍，以扩充实力。

项羽至函谷关，不得入，大怒，攻破之。进驻鸿门，与刘季军相距只四十里。是时外军四十万，号百万；内军十万，号二十万。项羽大飨军士预备进攻。项羽的叔父项伯曾受张良救命之恩，半夜去给张良通消息，劝张良快跟他走。张良却替他和刘季拉拢。刘季会项伯一见如故，杯酒交欢，约为婚姻。刘季道："我入关以来，秋毫不敢有所沾染，簿籍吏民，封闭府库，以等待项将军。派人守关，只是警备盗贼。日夜盼望项将军到，哪里敢反？"恳求项伯代为解释。项伯答应，并约他次早亲到鸿门营中来。

项羽听了项伯的话，芥蒂已消，又见刘邦亲到，反而高兴起来，留他宴饮。项羽、项伯坐西，范增坐北，刘季坐南，张良坐东。范增主张剪除刘季最力，席间屡次递眼色给项羽，同时举起所佩的玉玦。项羽默然不应。范增出去，一会又入来。随后不久，项庄入来奉酒祝寿。奉毕说道："君王和沛公饮酒，军营里没有什么可以助兴的，让我来舞剑！"项羽说："好！"他便舞起剑来。项伯亦拔剑起舞。项庄屡屡逼近刘季,项伯屡屡掩护着刘季。正对舞间,张良出去,一会又入来。随后,门外喧嚷声起,一人带剑持盾闯进来,鼓起眼睛盯着项羽。项羽按剑翘身(时席地坐)问:"做什么?"张良说:"那是沛公的骖乘樊哙。"项羽说:"壮士!赏他酒!"是一大杯。樊哙拜谢了,一口喝干。项羽说:"赏他一个猪肩!"那是生的。樊哙把盾覆在地上,把猪肩放在盾上,拔剑切肉便啖。项羽问他可还能饮不,他说:"臣死也不避,何况杯酒?"接着他痛陈刘季的功劳,力数项羽的不是。项羽无话可答,只请他坐,他便挨张良坐下。自从樊哙闯入,舞剑停止。樊哙坐下不久,刘季说要如厕走开,张良跟着他。过了许久,张良单独回来,带好些玉器。张良作礼道:"沛公很抱歉,因饮酒过多,不能亲来告辞。托下臣带了白璧一对献与大王(项羽),玉斗(酒器)一对献与大将军(范增)。"项羽问沛公在哪里,张良说:"他听说大王有意责难他,已回营去了。"项羽收下白璧,放在几上。范增把玉斗放在地下,拔剑撞个粉碎。

随后项羽入咸阳,屠城,杀子婴,烧秦宫室,收财宝妇女,然后发号施令,分割天下。他尊怀王为义帝,却只给他湘江上游弹丸之地,都于郴(今县)。自立为西楚霸王,占旧楚、魏地九郡,都于彭城;此外他封立了十八个王国,列表如下:

王号	姓名	原来地位	国都	领地	附注
汉王	刘季		南郑	汉中、巴蜀	
雍王	章邯	秦降将	废丘	咸阳以西	三人共分关中地,三国合称三秦。
塞王	司马欣	章邯部下长史	栎阳	咸阳以东至河	
翟王	董翳	章邯部下都尉	高奴	上郡	

续表

王号	姓名	原来地位	国都	领地	附注
西魏王	魏豹	魏王	平阳	河东	
河南王	申阳	张耳部将，先定河南	洛阳	河南郡	
韩王	韩成	韩王	阳翟	韩地若干郡	
殷王	司马卬	赵将，先定河内	朝歌	河内	
代王	赵歇	赵王		代郡	
常山王	张耳	赵相，从项羽入关	襄国	赵地大部分	
九江王	英布	项羽部将	六	九江郡一带	后降刘季，封淮南王。
衡山王	吴芮	百越君长，从入关	邾	楚地一部分	
临江王	共敖	怀王柱国	江陵	楚地一部分	死于汉三年；子尉嗣，四年十二月为汉所虏。
辽东王	韩广	燕王		辽东	后拒臧荼，为所杀。
燕王	臧荼	燕将，从项羽入关	蓟	燕地大部分	
胶东王	田市	齐王	即墨	齐地一部分	
齐王	田都	齐将	临淄	齐地大部分	
济北王	田安	齐王室后，项羽部将	博阳	齐地一部分	

我们看这表便可知道，其中哪些是不会悦服项羽的宰割的人。刘季指望割据关中而只得到僻远的汉中、巴蜀，不用说了。魏豹由魏王而缩为西魏王，赵歇由赵王而缩为代王，田市由齐王而缩为胶东王，韩广由燕王而缩为辽东王，都是受了黜降。此外项羽在瓜分天下时所树的敌人，不见于表中的还有故齐相田荣和故赵将陈余。当初田儋战死后，齐人立田假为王，田荣（田儋弟）逐田假更立儋子田市而专齐政。田假走依项梁，由此田荣与项氏有隙。项羽以齐地分王田市、田都、田安，而田荣无分。田荣怎肯甘心？陈余本与张耳为"刎颈交"。巨

鹿之围，张求援于陈，而陈竟以利害的计较，按兵不动。两人从此成仇。但两人的"革命功绩"，实不相上下。项羽因张耳相从入关以赵地的大部分封他为常山王，而仅以南皮等三县之地封陈余为侯。陈余由此深怨项羽。

楚汉之战及其结局

汉元年四月，在咸阳新受封的诸王分别就国。张良辞别刘季，往佐韩王，却送刘季到褒中，临别，劝他烧绝所过栈道，示无北还之心，刘季依计。

五月，田荣发兵拒田都，击走之。田荣留田市，不让他赴胶东。田市惧怕项羽，逃亡就国。田荣追杀之，而自立为齐王。是时昌邑人彭越（以盗贼起）聚众万余人于巨野，无所属。田荣给他将军印，使攻济北。越击杀济北王。于是田荣尽有全齐之地。彭越又进击楚军，大破之。陈余请得田荣的助兵，并尽发南皮三县兵，共袭常山，张耳败逃。二年十月陈余迎故赵王歇于代，复立为赵王。于是齐赵地尽反楚。是月义帝在就国途次，为项羽命人袭杀于江中。

刘季乘齐变于元年八月突入关中。章邯兵败，被围于废丘（二年六月废丘始陷，章邯自杀）。塞王、翟王皆降汉。先是项羽挟韩王成归彭城，不使就国，继废之为侯，继又杀之。于是张良逃就刘季于关中。刘季以故韩襄王（战国时）孙信为韩太尉，使共张良将兵取韩地。二年十一月，韩地既定，刘季立信为韩王。先是河南王申阳亦降汉。

项羽权衡西北两方敌人的轻重，决定首先击齐。二年正月，大败田荣于城阳。田荣遁逃，为人民所杀。项羽坑田荣降卒。提兵北进,一路毁城放火,掳掠妇女。齐人怨叛。荣弟田横,收散兵,得数万人,复反城阳。项羽还战,竟相持不下。刘季乘齐楚相斗之际东进,降西魏王豹,虏殷王卬,为义帝发丧,率诸侯兵五十六万伐楚,遂入彭城。项羽以精兵三万人还战,汉军大溃,被挤落谷水和泗水死的据说有十余万人。再战灵璧东,汉军又溃,被挤落睢水死的据说也有十余万人,睢水几乎被死尸填塞了。楚军围了刘季三匝。适值大风从西北起,折树发屋,飞沙走石,阴霾蔽天,白昼昏黑。楚军逆着飓风,顿时散乱,刘季才得带了几十骑遁走。但项羽一去齐,田横复定齐地,立田荣子田广为王。刘季收聚散卒,又得萧何征调关中壮丁转运关中粮食来援,固守荥阳、成皋(并在今河南成皋县[1]境,荥阳在东,成皋在西),军势复振。先是魏王豹于汉军败后,复叛归楚。汉使淮阴人韩信击之。九月,韩信俘魏王豹,定魏地。

此后战争的发展,可分为三个阶段。

第一阶段尽汉三年九月。在这一阶段,汉正面大败,而侧面猛进。在正面,汉失荥阳、成皋。刘季先后从荥阳、成皋突围先遁。其出荥阳时,将军纪信假扮着他,从东门出,以诳楚军,他才得从西门逃走,纪信因此被烧杀。在侧面,韩信取赵。先是,张耳败走,投奔汉。刘季微时曾为张耳客,因善待之。及会诸侯兵伐楚,求助于赵,陈余以汉杀张耳为条件。刘季把一个貌似张耳的人杀了,拿首级送去,陈余才派兵相助。后来陈余闻得张耳未死,便绝汉。汉使韩信击赵,杀陈余。在这阶段,还有两件大事可记。其一,楚将九江王英布

---

[1] 成皋县,今河南荥阳市汜水镇西。——编者注

先已离心，又受了汉所遣辩士的诱说，遂举九江降汉。英布旋被项羽击败，只身逃入汉，但项羽已失去一有力的臂助了。其二，项羽中了汉的反间计，对一向最得力的谋臣范增起了猜疑，范增愤而告退，归近彭城，疽发背死。

第二阶段尽汉四年九月。在这一阶段，韩信南下取齐，楚军援齐大败，韩信遂定齐地；而彭越（于田荣死后归汉）为汉守魏地，时出游兵断楚粮道，荥阳、成皋的楚军大窘；项羽抽军自领回击彭越，汉乘机收复成皋，并进围荥阳。项羽引兵还广武（在荥阳附近，荥泽与汜水之间），与汉相持数月。项羽以前方粮绌后方又受韩信的抄袭，想和汉决一死战，而汉按兵不出，只得与汉约和。约定楚汉平分天下，以鸿沟（在广武荥泽间）为界准，其东属楚，其西属汉；楚放还前所掳汉王之父及妻。约成，项羽便罢兵东归。

以下入最后阶段。初时刘季也打算罢兵西归，张良等力劝乘势灭楚。五年十月，汉追击项羽军于固陵（今河南淮阳县[1]西北），大败之。刘季约韩信、彭越会师，而二人不至。先是韩信既定齐，自请立为齐王，刘季忍怒许之；彭越只拜魏相国。至是张良献计：韩信故乡在楚，指望做楚王；彭越据魏地亦指望做魏王；若能牺牲楚、魏地的一部分，许与他们，他们必然效命。刘季依计，二人立即会师。十一月，汉遣别将渡淮围寿春，又诱降楚舒城守将，使以舒屠六。十二月，项羽至垓下（今安徽灵璧县东南），兵少食尽，汉军围之数重。项羽率八百余骑溃围而出，所当辟易：到了长江西岸的乌江（今安徽和县东

---

[1] 淮阳县，即今河南周口市淮阳区。——编者注

北乌江浦）只剩下二十六骑。乌江渡口单摆着一只小船。乌江亭长请他立即下渡。说道："江东虽小，也有几千里地，几十万人；现在只有这一只船，汉兵即使追来，也无法飞渡。"项羽说："我当初领江东子弟八千，渡江西去，如今无一人归还，即使江东父老怜恤我，奉我为王，我也有何面目再见他们？他们即使不说话，难道我不问心有愧？"于是把所乘的骓马赏给了亭长，令他先走。自与从人步行，持短兵接战。他连接杀了几百人，身上受了十几伤，然后拔剑自刎。

五年正月，汉王立韩信为楚王，领淮北，都下邳；立彭越为梁王，领魏地，都定陶。随后，诸侯向汉王上了一封献进书如下：

> 楚王韩信，韩王信，淮南王英布，梁王彭越，故衡山王吴芮（项羽所立，旋废之），赵王张敖（汉立张耳为赵王，先是已死，其子敖嗣），燕王臧荼昧死再拜言：大王陛下，先时秦为无道，天下诛之，大王先得秦王，定关中，于天下功最多。存亡定危，救败继绝，以安万民，功盛德厚，又加惠于诸侯王，有功者使得立社稷。地分已定，而位号比拟无上下之分，大王功德之著于后世不宣。昧死再拜上皇帝尊号。

刘季经过一番逊让之后，于二月即皇帝位于定陶附近的汜水之北。是月封吴芮为长沙王，领长沙、象郡、桂林、南海四郡；又封故粤王无诸（秦所废，后从诸侯伐秦）为闽粤王，领闽中地。初定都洛阳，五月迁都于长安。

刘季做了七年皇帝（前202—前195）而死，庙号太祖高皇帝（《广阳杂记》卷二："考得高祖起沛年四十八，崩时年六十三。"不知何据）。

纯郡县制的重建

刘邦即帝位之初，除封了七个异姓的"诸侯王"外，又陆续封了一百三十多个功臣为"列侯"，汉朝的封君，主要的就是这诸侯王和列侯两级。在汉初，这两级的差异是很大的。第一，王国的境土"多者百余城，少者乃三四十县"；这七个王国合起来就占了"天下"的一大半。但侯国却很少有大过一县的。刘邦序次功臣，以萧何为首，而萧何初受封为酂侯时，只食邑八千户；后来刘邦想起从前徭役咸阳时，萧何多送了二百钱的赆，又加封给他二千户；后来萧何做到相国，又加封五千户；合共才一万五千户。终汉之世，也绝少有超过四万户的列侯。第二，诸侯王除享受本国的租税和徭役外，又握着本国政权的大部分。王国的官制是和中央一样的。汉代的官制大抵抄袭秦朝。中央有丞相，王国也有之；中央有御史大夫，王国也有之；中央有太尉，王国则有中尉。王国的官吏，除丞相外，皆由诸侯王任免。但列侯在本"国",只享受额定若干户的租税和徭役（譬如某列侯食五千户,而该国的民户超过此数,则余户的租税仍归中央）,并没有统治权。他们有的住长安,有的在别处做官,多不在本国。侯国的"相"实际是中央所派地方官,和非封区里的县令或县长相等（汉制万户以上的县置令,万户以下的县置长）。他替列侯征收租税,却不臣属于列侯。在封君当中,朝廷所须防备的只有诸侯王,列侯在政治上是无足轻重的。

最初,诸侯王都是异姓的。异姓诸侯王的存在,并非刘邦所甘愿。不过他们在新朝成立之前都早已据地为王。假如刘邦灭项之后,不肯承认他们既得的地位,他们在自危之下,联合起来,和刘邦对抗,刘邦能否做得成皇帝,还未可知。所以当刘邦向群臣询问自己所以成功的原因,就有人答道:

> 陛下慢而侮人,项羽仁而爱人。然陛下使人攻城略地,所降下者,因以予之,与天下同利也。项羽妒贤嫉能,有功者害之,贤者疑之,战胜而不予人功,得地而不予人利,此所以失天下也。

不过刘邦在未做皇帝之前,固能"与天下同利";做了皇帝之后,就不然了。他在帝位未坐稳之前,不能把残余的割据势力一网打尽;在帝位既坐稳之后,却可以把他们各个击破。他最初所封诸王,除了仅有众二万五千户的长沙王外,后来都被他解决了。假如刘邦有意重振前朝的纯郡县制度,他很可以把异姓诸侯王的国土陆续收归中央。此时纯郡县制度恢复的主要障碍似乎只是心理的。秦行纯郡县制十五年而亡,周行"封建"享祀八百,这个当头的历史教训,使得刘邦和他的谋臣认"封建"制为天经地义。异姓的"诸侯王"逐渐为刘邦的兄弟子侄所替代，到后来，他立誓："非刘氏而王者天下共击之。"不过汉初的"封建"制和周代的"封建"制，名目虽同，实则大异。在周代，邦畿和藩国都包涵着无数政长而兼地主的小封君；但在汉初，邦畿和藩国已郡县化了。而且后来朝廷对藩国的控制也严得多：藩国的兵符掌在朝廷所派的丞相手，诸王侯非得他的同意不能发兵。

在高帝看来，清一色的刘家天下比之宗室和异姓杂封的周朝，应当稳固得多了。但事实却不然。他死后不到二十年，中央对诸侯王国的驾驭，已成为问题。文帝初即位的六年间，济北王和淮南王先后叛变，虽然他们旋即被灭，但拥有五十余城的吴王濞又露出不臣的形迹。他收容中央和别国的逃犯，用为爪牙；又倚恃自己镕山为钱、煮海为盐的富力，把国内的赋税免掉，以收买人心。适值吴太子入朝，和皇太子（即后日的景帝）赌博，争吵起来，给皇太子当场用博局格杀了。从此吴王濞称病不朝，一面加紧地"积金钱，修兵革，聚谷食"。文帝六年，聪明盖世的洛阳少年贾谊（时为梁王太傅）上了有名的《治安策》，认为时事有"可为痛哭者一，可为流涕者一（今本作可为流涕者二，据夏炘《贾谊政事疏考补》改），可为长太息者六。"其"可为痛哭者一"便是诸侯王的强大难制。他比喻道："天下之势，方病大瘇，一胫之大几如腰，一指之大几如股。"他开的医方是"众建诸侯而少其力"，那就是说，分诸侯王的土地，以封他们的兄弟或子孙，这一来诸侯王的数目增多，势力却减少。后来文帝分齐国为六，淮南国为三，就是这政策一部分的实现。齐和淮南被分之前，颍川人晁错提出了一个更强硬的办法，就是把诸侯王土地的大部分削归中央。这个提议，宽仁的文帝没有理会，但他的儿子景帝继位后，便立即采用了。临到削及吴国，吴王濞便勾结胶东、胶西、济南、菑川（四国皆从齐分出）、楚、赵等，和吴共七国，举兵作反。这一反却是汉朝政制的大转机。中央军在三个月内把乱事平定。景帝乘着战胜的余威，把藩国一切官吏的任免权收归朝廷，同时把藩国的官吏大加裁减，把它的丞相改名为相。经过这次的改革后，诸侯王名虽封君，实为食禄的闲员；藩国虽名封区，实则中央直辖的郡县了。往后二千余年中，所行的"封建制"多是如此。

景帝死，武帝继位，更双管齐下地去强干弱枝。他把贾谊的分化政策，极力推行。从此诸侯王剩余的经济特权也大大减缩，他们的食邑最多不过十余城，卜全最尔的侯国，武帝也不肯放过，每借微罪把它们废掉。汉制，皇帝以八月在宗庙举行大祭，叫作"饮酎"，届时王侯要献金助祭，叫作"酎金"。武帝一朝，列侯因为酎金成色恶劣或斤两不够而失去爵位的，就有一百多人。

景、武之际是汉代统治权集中到极的时期，也是国家的富力发展到极的时期。

秦代十五年间空前的工役和远征已弄到民穷财尽。接着八年的苦战（光算楚汉之争，就有"大战七十，小战四十"），好比在赢瘵的身上更加剡戕。这还不够。高帝还定三秦的次年，关中闹了一场大饥荒，人民相食，死去大半。及至天下平定，回顾从前的名都大邑，多已半付蒿莱。它们的户口往往什去七八。高帝即位后二年，行过曲逆，登城眺望，极赞这县的壮伟，以为在所历的都邑中，只有洛阳可与相比，但一问户数，则秦时本有三万，乱后只余五千。这时不独一般人民无蓄积可言，连将相有的也得坐牛车，皇帝也无力置备纯一色的驷马。

好在此后六七十年间，国家大部分享着不断的和平，而当权的又大都是"黄老"的信徒，守着省事息民的政策。经这长期的培养，社会又从苏复而趋于繁荣。当武帝即位的初年，据同时史家司马迁的观察，"非遇水旱之灾，民则人给家足。都鄙廪庾皆满，而府库余货财。京师之钱累巨万，贯朽而不可校（计算）。太仓之粟，陈陈相因，充溢露积于外，至腐败不可食。众庶街巷有马，阡陌之间〔马聚〕成群"。

政权集中，内患完全消灭；民力绰裕，财政又不成问题，这正是大有为之时。恰好武帝是个大有为之主。

武帝的新经济政策

武帝的开拓事业，论范围，论时间，都比秦始皇的加倍；费用自然也加倍。军需和边事有关的种种工程费，募民实边费（徙民衣食仰给县官数年，政府假与产业），犒赏和给养降胡费，使节所携和来朝蛮夷所受的遗赂——这些不用说了。光是在元朔五、六年（前124—前123）间对匈奴的两次胜利，"斩捕首虏"的酬赏就用去黄金二十余万斤。武帝又厉行水利的建设，先后在关中凿渠六系：其中重要的是从长安引渭水傍南山下至黄河，长三百余里的运渠；为郑国渠支派的"六辅渠"和连接泾渭长二百余里的白公渠。又尝凿渠通褒水和斜水，长五百余里，以联络关中和汉中；可惜渠成而水多湍石，不能供漕运之用。这些和其他不可胜述的水利工程，又是财政上一大例外的支出。加以武帝笃信幽冥，有神必祭，大礼盛典，几无虚岁。又学始皇，喜出外巡行，却比始皇使用更豪爽。元封元年第一次出巡，并登封泰山，所过赏赐，就用去帛百余万匹，钱以"巨万"计。可是武帝时代的人民，除商贾外，并不曾感觉赋税负担的重增。这真仿佛是一件奇迹。

汉朝的赋税是例外地轻的，在武帝以前只有四项。一是田租：自景帝以后确定为三十税一。二是算赋和口赋：每人从十五岁至五十六岁年纳百二十钱，商人与奴婢加倍，这叫作算赋；每人从三岁至十四岁的，年纳二十钱，这叫作口赋。三是郡国收来贡给皇帝的献费：每人年纳六十三钱。四是市租：专为工商人而设的。这些赋税当中，只有口赋武帝加增了三钱，其余的他不曾加增过分文。此外他只添了两种新税，一是舟车税：民有的轺（小车）车纳一算（百二十钱），商人加倍；船五丈以上一算。二是工商的货物税：商家的货品，抽价值的百分之六（缗钱二千而一算），工业的出品减半，这叫作"算缗钱"（货物的价值听纳税者自己报告，报不实或匿不报的，罚戍边一年，财产没收，告发的赏给没收财产的一半，这叫作"告缗"）。无论当时悭吝的商人怎样叫苦连天（据说当时中产以上的商人大抵因"告缗"破家），这两种新税总不能算什么"横征暴敛"。

那么武帝开边的巨费大部分从何而出呢？除了增税，除了鬻爵（民买爵可以免役除罪，武帝前已然。武帝更设"武功爵"，买至五级的可以补官），除了募民入财为"郎"，入奴婢免役，除了没收违犯新税法的商人的财产（据说政府因"告缗"所得，财产以亿计，奴婢以万计；田，大县数百顷，小县百多顷，宅亦如之）外，武帝的生财大道有二：新货币政策的施行和国营工商业的创立。

（1）武帝最初的货币政策，是发行成本低而定价高的新币。以白鹿皮方尺，边加绘绣，为皮币，当四十万钱，限王侯宗室朝觐聘享必须用作礼物。又创铸银锡合金的货币大小凡三种：龙文，图形，重八两三的当三千；马文，方形的当五百；龟文，椭圆形的当三百。又把钱改轻，令县官镕销"半两钱"，更铸"三铢钱"；后因三铢钱轻小易假，令更铸"五铢钱"。又由中央发行一种"赤仄钱"（赤铜做边），以一当五，限赋税非赤仄钱不收。但银币和赤仄钱，因为抵折太甚，终于废弃。而其他的钱币，因为盗铸者众，量增价贱。于是武帝实行币制的彻底改革。一方面集中货币发行权，禁各地方政府铸钱；一方面统一法币，由中央另铸新钱，把从前各地方所造质量参差的旧钱收回镕销。因为新钱的质量均高，小规模的盗铸无利可图，盗铸之风亦息。汉朝的币制到这时才达到健全的地步。集中货币发行权和统一法币的主张是贾谊首先提出的。

（2）武帝一朝所创的国家企业可分为两类：一、国营专利的实业；二、国营非专利的商业。

国营专利的实业，包括盐铁和酒。酒的专利办法是由政府开店制造出售，这叫作"榷酤"。盐的专利办法是由"盐官"备"牢盆"等类煮盐器具，给盐商使用，而抽很重的税，同时严禁民间私造煮盐器具。铁的专利办法是由政府在各地设"铁官"主办铁矿的采冶及铁器的铸造和售卖。盐铁官多用旧日的盐铁大贾充当。

国营非专利的商业有两种：其一是行于各地方的。以前郡国每年对皇帝各要贡献若干土产。这些贡品有的因为道路遥远，还不够抵偿运费，有的半途坏损了。有人给武帝出了一条妙计：让这些贡品不要直运京师，就拿来做货本，设官经理，运去行市最高的地方卖了，得钱归公。这叫作"均输"。其二是行于京师的。武帝在长安设了一所可以叫作"国立贸易局",网罗天下货物,"贱则买,贵则卖"。这叫作"平准"。当时许多商人之被这贸易局打倒是可想见的。

均输、平准和盐铁专利终西汉之世不变。唯榷酤罢于武帝死后六年(公元前81年)。是年郡国所举的"贤良文学"议并罢盐铁专卖。主持这些国营实业的桑弘羊和他们作了一次大辩论。这辩论的记录便是现存的《盐铁论》。

武帝开拓事业的四时期

武帝一朝对待外族的经过，可分为四期。

（一）第一期包括他初即位的六年（前141—前136），这是承袭文、景以来保境安民政策的时期。武帝即位，才十六岁，太皇太后窦氏掌握着朝政。这位老太太是一个坚决的"黄老"信徒。有她和一班持重老臣的掣肘，武帝只得把勃勃的雄心暂时按捺下去。当建元三年（公元前138年）闽越围攻东瓯（今浙江东南部），武帝就对严助说："太尉不足与计，吾新即位，不欲出虎符发兵郡国。"结果，派严助持"节"去向会稽太守请兵，"节"并不是发兵的正式徽识，严助几乎碰了钉子。在这一期里，汉对匈奴不但继续和亲，而且馈赠格外丰富，关市的贸易也格外起劲；可是武帝报仇雪耻的计划早已决定了。他派张骞去通使西域就在即位的初二年间。

（二）第二期从建元六年窦太后之死至元狩四年大将军霍去病

之兵临瀚海，凡十六年（前135—前119），这是专力排击匈奴的时期。

窦氏之死，给汉朝历史划一新阶段。她所镇抑着的几支历史暗流，等她死后，便一齐迸涌，构成卷括时代的新潮。自她死后，在学术界里，黄老退位，儒家的正统确立；政府从率旧无为变而发奋兴作，从对人民消极放任变而为积极干涉。这些暂且按下不表。现在要注意的是汉廷的对外政策从软弱变而为强硬。她死后的次年，武帝便派重兵去屯北边；是年考试公卿荐举"贤良"，所发的问题之一，便是"周之成、康……德及鸟兽，教通四海，海外肃慎，……氐、羌徕服。……呜呼，何施而臻此欤？"次年，便向匈奴寻衅，使人诈降诱单于入塞，同时在马邑伏兵三十万骑，要把单于和他的主力一举聚歼。这阴谋没有成功，但一场狠斗从此开始。

晁错的估量是不错的。只要汉廷把决心立定，把力量集中，匈奴绝不是中国的敌手。计在这一期内，汉兵凡九次出塞挞伐匈奴，前后斩虏总在十五万人以上，只最后元狩四年（公元前119年）的一次，也是最猛烈的一次，就斩虏了八九万人。先是元狩二年（公元前121年），匈奴左地的昆邪王惨败于霍去病将军之手，单于大怒，要加诛戮，他便投降汉朝，带领去的军士号称十万，实数也有四万多。光在人口方面，匈奴在这一期内，已受了致命的打击（匈奴比不得中国，中国便遭受同数目的耗折也不算一回事。计汉初匈奴有控弦之士三十万，后来纵有增加，在此期内壮丁的耗折总在全数一半以上）。在土地方面，匈奴在这一期内所受的损失也同样的大。秦末再度沦陷于匈奴的河套一带（当时称为"河南"）给将军卫青恢复了。武帝用《诗经》中赞美周宣王征伐猃狁"出车彭彭，城彼朔方"的典故，把新得的河套地置为朔方郡；以厚酬召募人民十万,移去充实它;又扩大前时蒙恬所筑凭黄河为天险的边塞。从此畿辅才不受匈奴的威吓。后昆邪王降汉,又献上今甘肃西北的"走廊地带"(中包括月氏旧地,为匈奴国中最肥美的一片地),武帝把这片地设为武威、酒泉两郡(后来又从中分出张掖、敦煌两郡,募民充实之)。从此匈奴和氐羌(在今青海境)隔绝,从此中国和西域乃得直接交通,从此中国自北地郡以西的戍卒减去一半。后来匈奴有一首歌谣,纪念这一次的损失道(依汉人所译):

亡我祁连山,使我六畜不蕃息!

失我焉支(燕支)山,使我妇女无颜色!

最后在元狩四年的一役,匈奴远遁至瀚海以北,汉把自朔方渡河以西至武威一带地(今宁夏南部,介于绥远和甘肃间地)也占领了,并且在这里开渠屯田,驻吏卒五六万人(唯未置为郡县),更渐渐地向北蚕食。是年武帝募民七十余万充实朔方以南一带的边境。

(三)元狩五年至太初三年,凡十七年(前118—前102)间,是武帝对外的第三期。在这一期内,匈奴既受重创,需要休息,不常来侵寇;武帝也把开拓事业转向别方:先后征服了南越、西南夷、朝鲜,皆收为郡县;从巴蜀开道通西南夷,役数万人;戡定闽越,迁其种族的一大部分于江淮之间,并且首次把国威播入西域。

西域在战国时是一神话的境地,屈原在《招魂》里描写道:

西方之害,流沙千里些!

旋入雷渊,靡散而不可止些!

幸而得脱,其外旷宇些!

赤蚁若象,玄蜂若壶些!

第二章 张荫麟论秦、汉 111

> 五谷不生，丛菅是食些！
>
> 其土烂人，求水无所得些！

一直到张骞出使之时，汉人还相信那里的昆仑山，为日月隐藏之所，其上有仙人西王母的宫殿和苑囿。对这神话的境界武帝首先做有计划的开拓。武帝在即位之初，早已留意西域。先时月氏国给匈奴灭了以后，一部分的人众逃入西域，占据了塞国（今伊犁一带），驱逐了塞王，另建一新国，是为大月氏（余众留敦煌、祁连间为匈奴役属的叫作小月氏），对于匈奴，时图报复。武帝从匈奴降者的口中得到这消息，便想联络月氏，募人去和它通使。汉中人张骞应募。这使事是一件很大的冒险。是时汉与西域间的交通孔道还是在匈奴掌握中，而西域诸国多受匈奴的命令。张骞未入西域，便为匈奴所获，拘留了十多年；他苦心保存着所持的使"节"，终于率众逃脱。这十多年中，西域起了一大变化。先前有一个游牧民族，叫作乌孙的，在故月氏国东，给月氏灭了。他们投奔匈奴，被收容着，至是，受了匈奴的资助，向新月氏国猛攻。月氏人被迫做第二次的逃亡，又找到一个富厚而文弱的国家——大夏（今阿富汗斯坦），把它鸠居雀巢地占据了；遗下塞国的旧境为乌孙所有。张骞到大夏时，月氏人已给舒服的日子软化了，再不想报仇；张骞留居年余，不得要领而返，复为匈奴所获，幸而过了年余，单于死，匈奴内乱，得间逃归。骞为人坚忍、宽大、诚信，甚为蛮夷所爱服。他出国时同行的有一百多人，去了十三年，仅他和一个胡奴堂邑父得还。这胡奴在路上给他射鸟兽充饥，否则他已经绝粮死了。

张骞自西域归还，是轰动朝野的大事。他给汉人的政治、商业和文化开了一道大门；后来印度佛教的输入，就是取道西域的。这我国史上空前的大探险，不久成了许多神话的挂钉。《张骞出关志》《海外异物记》等类夸诞的书，纷纷地堆到他名下。这些可惜现在都失传了。

张骞第二次出使是在元狩四年，匈奴新败后。这回的目的是乌孙。原来乌孙自居塞地，国势陡强，再不肯朝事匈奴，匈奴派兵讨它，不胜，从此结下仇隙。张骞向武帝献计：用厚赂诱乌孙来归旧地（敦煌、祁连间），并嫁给公主，结为同盟，以断"匈奴右臂"；乌孙既归附，则在它西边大夏（即新月氏）等国皆可收为外藩。武帝以为然，因派张骞再度出使。这回的场面比前次阔绰得多。受张骞统率的副使和将士共有三百多人，每人马二匹，带去牛羊以万数，金币价值巨万（万万）。骞至乌孙，未达目的，于元鼎二年（公元前115年）归还，过了年余便死。但乌孙也派了一行数十人跟他往汉朝报谢。这是西域人第一次来到汉朝的京都，窥见汉朝的伟大。骞死后不久，他派往别些国的副使也陆续领了报聘的夷人回来；而武帝继续派往西域的使者也相望于道，每年多的十几趟，少的也五六趟，每一行大的几百人，小的也百多人；携带的礼物也大致同张骞时一般。于是请求出使西域，或应募前往西域，成了郡国英豪或市井无赖的一条新辟的出路。西域的土产，如葡萄、苜蓿、石榴等植物；音乐如摩诃、兜勒等曲调，成了一时的风尚。乌孙的使人归去，宣传所见所闻，乌孙由此重汉；匈奴闻它通汉，要讨伐它。乌孙恐惧，乃于元封中（前110—前105）实行和汉室联婚，结为兄弟。但匈奴闻讯，也把一个女儿送来，乌孙王也不敢拒却，也就一箭贯双雕地做了两个敌国的女婿。中国在西域占优势乃是元封三年至太初三年（前108—前102）间对西域的两次用兵以后的事。第一次用兵是因为当路的楼兰、姑师两小国，受不了经过汉使的需索和骚扰，勾通匈奴，攻劫汉使；结果，楼兰王被擒，国为藩属；姑师兵败国破，虽尚崛强，其后十八年（公元前90年）终被武帝征服。第二次用兵因为大宛国隐匿着良马，不肯奉献；结果在四年苦战之后，汉兵包围大宛的都城，迫得大宛贵人把国王杀了投降。楼兰、姑师尚近汉边，大宛则深入西域的中心。大宛服，而汉的声威振撼西域，大宛以东的小国纷纷遣派子弟，随着凯旋军入汉朝贡，并留以为质。于是汉自敦煌至罗布泊之间沿路设"亭"（驿站）；又在渠犁国驻屯田兵数百人，以供给使者。

自汉结乌孙，破楼兰，降大宛，匈奴渐渐感到西顾之忧。初时东胡为匈奴所灭后，其余众分为两部：一部分退保鲜卑山，因号为鲜卑；一部分退保乌桓山，因号乌桓（二山所在，不能确指，总在辽东塞外远北之地）。汉灭朝鲜后，又招来乌桓，让它们居住在辽东、辽西、右北平、渔阳、上谷五郡的塞外。从此匈奴又有东顾之忧。元封六年（公元前105年）左右，匈奴大约因为避与乌桓冲突，向西退缩；右部从前和朝鲜、辽东相接的，变成和云中郡相当对；定襄以东，无复烽警，汉对匈奴的防线减短了一半。

武帝开拓事业，也即汉朝的开拓事业，在这第三期，已登峰造极。计在前一期和这一期里，他先后辟置了二十五新郡；此外他征服而未列郡的土地尚有闽越、西域的一部分，和朔方以西、武威以东一带的故匈奴地。最后一批的新郡，即由朝鲜所分的乐浪、临屯、玄菟、真番四郡（四郡占朝鲜半岛偏北的大部分及辽宁省的一部分。此外在半岛的南部尚有马韩、弁韩、辰韩三族谓之三韩，包涵七十八国，皆臣属于汉），置于元封三年（公元前108年）。越二年，武帝把手自扩张了一倍有余的大帝国，重加调整，除畿辅及外藩，分为十三州；每州设一个督察专员，叫作"刺史"。这是我国政治制度史上一个重要的转变。

刺史的制度，渊源于秦朝各郡的监御史。汉初，这一官废了；有时丞相遣使巡察郡国，那不是常置的职官。刺史的性质略同监御史，而所监察的区域扩大了。秦时监御史的职权不可得而详。西汉刺史的职权是以"六条"察事，举劾郡国的守相。那"六条"是：

1. 强宗豪右田宅逾制，以强凌弱，以众暴寡。

2. 二千石（即食禄"二千石"的官，指郡国的守相）不奉诏书，遵承典制，倍公向私，旁诎牟利，侵渔百姓，聚敛为奸。

3. 二千石不恤疑狱，风厉杀人，怒则任刑，喜则淫赏，烦扰刻暴，剥截黎元，为百姓所疾；山崩石裂，妖祥讹言。

4. 二千石选署不平，苟阿所爱，蔽贤宠顽。

5. 二千石子弟恃怙荣势，请托所监。

6. 二千石违公下比，阿附豪强，通行货赂，割损政令。

第一和第六条的对象都是"强宗豪右"——即横行乡曲的地主。这一流人在当时社会上的重要和武帝对他们的注意可以想见了。

（四）武帝对外的第四期——包括他最后的十五年（前101—前87）。在这一期，匈奴巨创稍愈，又来寇边。而中国经了三四十年的征战，国力已稍疲竭，屡次出师报复，屡次失利。最后，在征和三年（公元前90年）的一役，竟全军尽覆，主帅也投降了。祸不单行，是年武帝又遭家庭的惨变，太子冤死。次年，有人请求在西域轮台国添设一个屯田区，武帝在心灰意冷之余，便以一道忏悔的诏书结束他一生的开拓事业，略谓：

> 前有司奏，欲益民赋三十（每口三十钱）助边用。是重困老弱孤独也。而今又请遣卒田轮台！……乃者贰师（李广利）败，军士死略离散，悲痛常在朕心。今请远田轮台，欲起亭隧，是扰劳天下，非所以优民也。今朕不忍闻。……当今务在禁苛暴，止擅赋，力本农，修马复令（马复令谓许民因养马以免徭役之令），以补缺，毋乏武备而已。

又二年，武帝死。

不过这一期中匈奴的猖獗只是"回光返照"的开始。在武帝死后三十四年内（前86—前53），匈奴天灾人祸，外患内忧，纷至沓来，弄成它向汉稽首称臣为止。其间重要的打击凡三次。第一次（公元前72年），匈奴受汉和乌孙夹攻，人畜的丧亡已到了损及元气的程度；单于怨乌孙，自将数万骑去报复，值天大雪，一日深丈余，全军几尽冻死；于是乌孙从西面，乌桓从东面，丁零又从北面，同时交侵，人民死去什三，畜产死去什五；诸属国一时瓦解。又一次（公元前68年）闹大饥荒，据说人畜死去什六七。最后一次，国内大乱，始则五单于争立，终则呼韩邪与郅支两单于对抗；两单于争着款塞纳降，为汉属国，并遣子入侍。后来郅支为汉西域都护所杀，匈奴重复统一，但终西汉之世，臣服中国不改。跟着匈奴的独立而丧失的是它在西域的一切宗主权。它的"僮仆都尉"给汉朝的西域都护替代了。都护驻乌垒国都（今新疆库车），其下有都尉分驻三十余国。

东汉的建立及其开国规模

新朝倒塌后,革命势力的分化和冲突,乘时割据者的起仆和一切大规模和小规模的屠杀、破坏,这里都不暇陈述。总之,分裂和内战,继续了十四年,然后全中国统一于刘秀之手。

刘秀成就帝业的经过,大致如下。他起兵初年追随其兄刘縯之后。昆阳之战后不久,刘縯为更始所杀。时秀统兵在外。闻讯立即驰往宛城,向更始谢罪,沿途有人吊唁,他只自引咎,不交一句私语。他没有为刘縯服丧,饮食言笑,一如平常。更始于是拜他为破虏大将军,封武信侯。是年,更始入驻洛阳,即派他"行大司马事",去安抚黄河以北的州郡。当他渡河时,除了手持的麾节外,几乎什么实力也没有。他收纳了归服的州郡,利用他们的兵力去平定拒命的州郡。在两年之间,他不独成黄河以北的主人,并且把势力伸到以南。在这期间,更始定都于长安,封他为萧王;他的势力一天天膨胀;更始开始怀疑他，召他还京了；他开始抗拒更始的命令了，他开始向更始旗下的将帅进攻了。最后，在更始三年六月，当赤眉迫近长安，更始危在旦夕的时候，他即皇帝位于鄗南，改元建武，仍以汉为国号（史家称刘秀以后的汉朝为后汉或东汉，而别称刘秀以前的汉朝为前汉或西汉）。先是，有一位儒生从关中带交他一卷"天书"，上面写着：

> 刘秀发兵捕不道，四夷云集龙斗野；四七之际火为主。

是年，赤眉入长安，更始降。接着，刘秀定都于洛阳。十二月，更始为赤眉所杀。赤眉到了建武三年春完全为刘秀所平定。至是，前汉疆域未归他统治的，只相当于今甘肃、四川的全部和河北、山东、江苏的各一小部分而已。这些版图缺角的补足，是他以后十年间从容绰裕的事业。

刘秀本是一个没有多大梦想的人。他少年虽曾游学京师，稍习经典，但他公开的愿望只是：

> 作官当作执金吾，娶妻当娶阴丽华。

执金吾仿佛京城的警察厅长，是朝中的第三四等的官吏。阴丽华是南阳富家女，著名的美人，在刘秀起兵的次年，便成了他的妻室。他的起兵并不是抱着什么政治的理想。做了皇帝以后，心目中最大的政治问题似乎只是怎样巩固自己和子孙的权位而已。他在制度上的少数变革都是朝着这方向的。第一是中央官制的变革。在西汉初期，中央最高的官吏是辅佐君主总理庶政的丞相和掌军政的太尉、掌监察的御史大夫，共为三公。武帝废太尉设大司马，例由最高的统兵官"大将军"兼之。成帝把御史大夫改名为大司空，哀帝又把丞相改名为大司徒。在西汉末期，专政的外戚例居大司马、大将军之位，而大司徒遂形同虚设了。刘秀把大司徒、大司空的大字去掉，把大司马复称太尉，不让大将军兼领。同时他"愠数世之失权，忿强臣之窃命，矫枉过直，政不任下，虽置三公，备员而已"（东汉人仲长统语）。他把三公的主要职事移到本来替皇帝掌管文书出纳的尚书台。在官职的等级上，尚书台的地位是很低的。它的长官尚书令禄只千石，而三公禄各万石。他以为如此则有位的无权，有权的无位，可以杜绝臣下作威作福了。第二是地方官制的变革。西汉末年，把刺史改称为州牧，把他的秩禄从六百石增到二千石，但他的职权并没有改变。州牧没有一定的治所，每年周行所属郡国，年终亲赴京师陈奏。他若有所参劾，奏上之后，皇帝把案情发下三公，由三公派员去按验，然后决定黜罚。刘秀定制，州牧复称刺史，有固定治所，年终遣吏入奏，不用亲赴京师，他的参劾，不再经三公按验，而直接听候皇帝定夺。这一来三公的权减削而刺史的权提高了。第三是兵制的变革。刘秀在建武七年三月下了一道重要的诏令道：

> 今国有众军，并多精勇。宜且罢轻车、骑士、材官、楼船士……

这道诏令的意义，东汉末名儒应劭（曾任泰山太守）解释道：

> （西汉）高祖命天下郡国选能引关蹶张、材力武猛者，以为轻车、骑士、材官、楼船。常以立秋后，讲肄课试，各有员数。平地用（轻）车、骑（士），山阻用材官，水泉用楼船。……今悉罢之。

这道诏令使得此后东汉的人民虽有服兵役的义务，却没有受军事训练的机会了。应劭又论及这变革的影响道：

第二章　张荫麟论秦、汉　119

  自郡国罢材官、骑士之后，官无警备，实启寇心。一方有难，三面救之。发兴雷震……黔首嚣然。不及讲其射御……一旦驱之以即强敌，犹鸠鹊捕鹰鹯，豚羊弋豺虎。是以每战常负。……尔乃远征三边，殊俗之兵，非我族类，恣鸷纵横，多僵良善，以为己功，财货粪土。哀夫！民氓迁流之咎，见出在兹。"不教民战，是为弃之。"迹其祸败，岂虚也哉！

末段是说因为郡国兵不中用，边疆有事，每倚靠雇佣的外籍兵即所谓胡兵；而胡兵凶暴，蹂躏边民，又需索犒赏，费用浩繁。应劭还没有说到他所及见的一事：后来推翻汉朝的董卓，就是胡兵的领袖，凭借胡兵而起的。

  郡国材官、骑士等之罢，刘秀在诏书里明说的理由是中央军队已够强众，用不着他们。这显然不是真正的理由。在征兵制度之下，为国家的安全计，精强的兵士是岂会嫌多的？刘秀的变革无非以强干弱枝，预防反侧罢了。郡国练兵之可以为叛乱的资藉，他是亲自体验到的。他和刘縯当初起兵，本想借着立秋后本郡"都试"——即壮丁齐集受训的机会，以便号召，但因计谋泄露而提早发难。当他作上说的诏令时，这件故事岂能不在他心头？

〈第三章〉
雷海宗讲魏、晋、南北朝

曹操与三国

自董卓以下,中央成为大军阀的傀儡。地方则由大小的军阀割据。董卓没有远大的计划,失败之后,曹操取代他的地位。

曹操(155—220),字孟德,沛国谯县(今安徽亳州)人。其父曹嵩是大宦官曹腾的养子,官至太尉。曹操少机警,有权术,20岁时举孝廉为郎。灵帝中平五年(公元188年)组建西园新军,他任典军校尉。董卓专权后,曹操到陈留聚兵五千人,参加讨董联军。初平三年(公元192年),青州黄巾军攻杀兖州刺史,曹操入据兖州,击败黄巾军,收降卒三十余万,男女百余万口。他改编其中精锐者,号称"青州兵",从此势力大振。后曹操迎汉献帝入许昌,取得了"挟天子以令诸侯"的政治优势。当曹操大体上平定黄河以南时,袁绍也平定了黄河以北。建安五年（公元200年），双方决战于官渡（今河南中平[1]境内）。曹军在官渡以少胜多，歼灭袁军主力，取得了统一北方的决定性胜利。官渡战后，袁绍病死，其子袁谭、袁尚自相攻击，曹操乘机挥师北上，消灭了袁氏残余势力。此后，曹操集团成了当时势力最大、军事实力最强，同时拥有着很大政治号召力的割据势力。

割据的局面渐渐分明，形成鼎足之势，赤壁之战可说是决定三国局势的战争。曹操平定北方后，欲借胜利之余威扫荡南方，攻灭荆州、江东以统一天下。不过志满意得的曹操由于轻敌和出兵过于迅速而没有考虑到其他的复杂因素，终于被一心抗曹的孙权和刘备在赤壁击败。曹操退回北方后，刘备以荆州地区为根据地，又占领了益州、汉中等地，巩固了自己的势力。三国鼎立局面实际形成。后来曹丕篡汉，吴、蜀称尊，不过是正式宣布一件既成事实。

此后五六十年间，天下处在不断的战乱中。在这种混战中，挟持天子的曹氏实力最为雄厚，所以最后仍是魏与它的继承者晋占了胜利。长期大乱之后，社会生活又返回到原始的状态，交易方面甚至又退化到以货易货的地步。

---

[1] 河南中平，即今河南中牟县。——编者注

西晋与中原之沦丧

经过汉末的大乱与三国的扰攘之后,天下一并于晋,大局似乎又安定下来。但这只是片时的安定,不过是大崩溃前的回光返照。自殷商以下两千年来建功立业的华夏民族至此已颓废堕落到可惊的程度,无人再能真正振作,大家好似不约而同地走向自杀之路。政治腐败,目的不在治民而在吃民,贿赂公行,钱能通神。

晋武帝是开国之君,却是平庸之主,无经国远图,宽纵大臣,信用佞臣。朝中权贵结党营私,政出多门。他贪婪成性,公然卖官鬻爵,以为私财。自灭吴之后,更加志得意满,以为江山一统,天下太平,"骄奢之心,因斯而起"(《晋书·八王传序》)。他的后宫原有宫女五千,又选取吴宫女五千,终日耽于嬉戏。君主如此,臣僚更甚。西晋权贵大多是曹魏权贵的子孙,生于富贵,安于逸乐,以奢靡相高,纵情于声色。为维持奢侈的生活方式,他们千方百计地聚敛财富，广占园田土地，收受贿赂。如鬲令袁毅行贿遍朝中，以求升迁。当时求官买职成风，王沈在《释时论》中说："京邑翼翼，群士千亿，奔走势门，求官买职"（《晋书·文苑·王沈传》）。连荆州都督杜预也不得不给朝中权贵送礼以求平安。更有甚者，石崇在荆州任上竟然派人抢劫过往的使者、客商。对此，时人鲁褒讽刺说："凡今之人，唯钱而已"（《晋书·隐逸·鲁褒传》）。西晋统治集团腐败到这个地步，它的灭亡已经不远。

大乱之后政治破裂，豪右遂得操纵地方。这最少是晋又行"封建"制的一个原因。但封建并不足挽回颓局，反致促进崩乱的来临。地方都督，都是由皇帝任命的。建立都督制的目的也是为了巩固皇权捍卫统一。但都督坐镇一方，手握一方军政大权，可以成为维护皇权的力量，也可以成为地方割据的势力。晋因惩魏氏孤立之弊而建立的宗室诸侯王的特权，由于缺乏必要的法度和统治集团内部矛盾的发展，宗室诸侯王恰好成为分割皇权的势力。

社会的委靡与政治的腐败同时并进。有能力的人都采取及时行乐主义而癫狂般地享用。内部腐化破裂到不可收拾的时候，杂居中国边地甚至内地的夷狄就乘机喧宾夺主，人民的颠沛流离达到一个难以想象的地步。汉末以下的扰乱至此可说收到了最后的恶果。永兴元年（公元304年），匈奴族首领刘渊在离石（今属山西）起兵反晋，自称匈奴大单于，后建国号汉，改称汉王。刘渊子刘聪继立，派兵消灭西晋。其后，匈奴、羯、氐、羌、鲜卑等各族纷纷在北方建立政权，各政权之间此起彼伏、互相攻杀，昔日中原胜地，沦为炼狱，百姓或被杀，或携家带口、流离失所，在流亡的道路上，尸骨成堆、哀号满路。这就是所谓的"五胡乱华"和"永嘉之乱"。

最可怜的就是少数的明眼人,在晋武帝的盛期他们已知自己是处在衰乱的末世。但他们的大声疾呼并没有发生效力。一般的人似乎都抱着一种"日暮途远倒行逆施"的宗旨度日;人心既死,一切在理论上可行的办法都无济于事。

五胡乱华

背　景

　　土著开化的富裕地带对于游牧民族有不可抵御的诱惑。除非土著人民有能力把他们完全歼灭或驱逐到绝远的地方，这些逐水草而居的人终究要冲破文明区域的壁垒。中国北边及西北的民族，只有北匈奴曾被驱逐远窜，但一大半是靠南匈奴与西北羌胡的助力。至于任何异族的完全歼灭，在漫无涯际的沙漠旷野中全谈不到。中国因此感到只有容他们进到边地居住，给他们一种享受文明社会生活的机会，才能满足他们的欲望，减少他们不断扰边的麻烦。同时中国自己也相信夷狄移近内地易于监视控制。所以两汉、魏、晋数百年来中国就一贯地实行这种双方尚可满意的政策。这是中国对于外族不能捕灭、不能逐远，最多只能战胜，而往往被战败的局面之下不可避免的政策。

但中国既把夷狄迁近内地，却无通盘的计划，一任地方官摆布。地方官对他们不知牢笼，往往欺压掳掠，不只时常引起叛乱，并且使他们对中国发生恶感，时刻怨恨，因而阻止了他们华化的趋向。数十年以至数百年与中国人杂处而不同化，这是后代所绝无的例子。夷狄中最著名的被中国人欺侮的例子恐怕就是石勒。

石勒是上党武乡（今山西榆社北）人，其祖父和父亲当过部落小帅，但社会地位并不高。石勒从小在家务农，因家境贫寒，没有机会读书，目不识丁，14岁便出外谋生，曾随同族人在洛阳当小商贩，后来又当过雇工。石勒在当小贩时异常贫苦，甚至为争一块麻地与邻居李阳数次殴斗。其后并州刺史东瀛公司马腾，令将军郭阳、张隆等，虏捉诸胡，两人共锁于一枷，驱向山东（太行山以东一带）出卖。二十多岁的石勒，也在被掠卖者之中。到山东后，石勒被卖与茌平（山东茌平县[1]）人师懽家为奴。石勒的青少年时代，就是在不断被汉人豪强驱赶、贩卖中度过的。

除以上种种因缘之外，东汉建都洛阳的失策也与五胡乱华有关系。若都长安，西北或者不致大半成为羌胡的居地；由长安方面看，并州，最少并州南部，是后方内地，或者也不致由匈奴任意蔓延占据。所以建都洛阳无论本意如何，结果等于向夷狄表示退缩，把西北与正北的国防要地拱手让人。明朝永乐皇帝为防备蒙古南侵，将国都迁到离蒙古人比较近的北京，就是出于此种考虑。建都长安不见得能永久防止胡人内侵，但建都洛阳的确给外族一个内侵的莫大便利。刘

---

[1] 茌平县，今山东聊城市茌平区。——编者注

渊起事是中原正式沦丧的开始，但实际上中原的一部分，并且是国防上最重要的部分，早已成了胡人的势力。

上列种种原因虽很重要，但可说都是可轻可重的外因。根本讲来，五胡乱华还是由于政治瓦解、民气消沉的严重内因。

中原沦丧

由刘渊起事到元魏统一中原，中国经过一百三十六年的大乱，就是所谓五胡十六国的时代，最早发动的就是自汉宣帝以下蔓延内地的并州匈奴。所谓大晋一统的虚伪局面被立刻揭开，真正抵抗的能力全告缺乏。

怀帝永嘉三年（公元309年），刘渊派儿子刘聪两次进攻洛阳。永嘉四年（公元310年），刘渊死，刘聪继位。这时洛阳周围地区或遭破坏，或为刘聪、石勒占领，洛阳饥困日甚。掌权的东海王越，眼看洛阳难守，遂以出讨石勒为名，率领仅有的一些军队和满朝文武公卿离开洛阳，东屯项。永嘉五年（公元311年）三月，司马越病死。石勒率骑追司马越军，在苦县宁平城（今安徽鹿南郸城[1]东）大败晋兵，"从骑围而射之，将士十余万人相践如山，无一人得免者"（《资治通鉴》卷八七晋怀帝永嘉五年）。同年五月，刘聪攻陷洛阳，晋王公百官及百姓死者三万多人。怀帝被掳到平阳。

但这些外族大半都受过中国文化的影响，占领中原之后就极力汉化，甚至忌讳"胡"字。后赵王朝的建立者石勒，本是入塞的羯族

---

[1] 郸城，今属河南周口市，位于豫皖两省交界处。——编者注

人。他在襄国（今河北邢台）登基做皇帝后，对自己国家的人称呼羯族人为胡人大为恼火。石勒制定了一条法令：无论说话写文章，一律严禁出现"胡"字，违者问斩不赦。可见此前中国对他们的虐待是防止他们汉化的最大原因。但"非我族类"，种族间的冲突难免。外族多年的怨气至此方得任意发泄。胡人对汉人往往故意侮辱或大规模的屠杀，汉人只好忍受。史书记载羯族军队行军作战从不携带粮草，而是掳掠汉族女子作为军粮，羯族称之为"双脚羊"，意思是用两只脚走路像绵羊一样驱赶的奴隶和牲畜。

但胡人[1]最少有一次得了临时报复的机会。公元349年，羯赵皇帝石虎死后，其子十余人互相残杀。公元350年正月，冉闵杀死羯赵皇帝石鉴，同时杀死石虎的三十八个孙子，尽灭石氏。其后冉闵即皇帝位，年号永兴，国号魏，史称冉魏。冉闵建魏后，便颁下《杀胡令》："凡内外六夷胡人，敢持兵仗者斩，汉人斩一胡人首级送凤阳门者，文官进位三等，武职悉拜东门。"冉闵亲自带兵击杀邺城周围的胡人，三日内斩首二十余万，尸横遍野，同时冉闵还扬言要六胡退出中原，"各还本土"，否则就将其统统杀绝。

汉族南迁

五胡乱华时的丧乱情形恐怕是前此内乱时所未有。许多地方的人（除一部分绝对运命论的信徒）都觉得不能再继续支持，只有另寻乐土。巧逢晋室有人见到这一层，在江东已立了新的根据地，于是中原

---

[1] 根据上下文，"汉人"似更符文意。——编者注

的人士就大批地渡江避乱。

当时，琅琊王司马睿为镇东大将军，都督扬、江、湘、交、广五州诸军事，驻建邺（因避愍帝司马邺讳，改称建康，今江苏南京）。因为江南比较稳定，当权的官僚们极力设法把自己的子弟、亲属安插到江南任地方官吏，以为将来自保之地。如宰相王衍就任命其弟王澄为荆州刺史，族弟王敦为扬州刺史。在永嘉南渡时，北方的许多士族、大地主携眷南逃，随同南逃的还有他们的宗族、部曲、宾客等，同乡同里的人也往往随着大户南逃。随从一户大地主南逃的往往有千余家，人口达到数万之多。有的逃到广陵（今江苏扬州），有的逃到京口（今镇江）以南。（《晋书·王导传》曰："洛阳倾覆，中州士女避乱江左者十六七。"）

当时流亡的情景，我们只能想象，不能详知。但由丧礼的成为问题就可知骨肉离散是如何的普遍。

方才过江的时候，一般的人还以为这不过是暂时的避难，并不是长久的迁移，但不久都渐渐觉得中原的故乡永无归还的希望。敌国外患似乎不是兴国的绝对良药，南渡之后政治的腐败、人心的麻木仍与先前一样。东晋孝武帝和司马道子，一君一相，耽于享受，官以贿迁。道子又好做长夜之宴，政事多阙。腐败的政治，加深了人民的痛苦。当时有人就曾上疏，指出："时谷贱人饥，流殣不绝，由百姓单贫，役调深刻。"（《晋书·简文三子·会稽王道子传》）

南北分局

汉人渡江是出于不得已，野心较大的人总希望不久能恢复中原。东晋初年，在门阀士族忙于建立江南小朝廷的时候，著名将领祖逖毅然率军北伐。他率领旧部数百人过江。他中流击楫而誓说："祖逖不能清中原而复济者，有如大江！"其辞色壮烈，众皆慨叹。

同时统治集团内的人实际上没有真正收复失地的能力，即或收复也没有继续保持的把握，并且一般的人也没有再回中原的意志。正当祖逖抓紧练兵，准备进军河北时，朝廷反而派戴渊为都督指挥祖逖，并扼制祖逖后路。祖逖眼见北伐功亏一篑，忧愤成疾，病死军中。

同时北方外族中的野心家却希望能克服长江的天险而吞并整个中国，但这也是时势所不许。从太元三年（公元378年）起，前秦开始发动对东晋的进攻，占领了梁、益二州。尽管当时前秦国内民族矛盾仍然很严重，但苻坚企图一举统一全国。苻坚自认为兵强马壮，企图"投鞭断流"。不过，他没有充分估计到前秦内部尖锐的民族矛盾和东晋的军事实力，结果在淝水之战后换得个"风声鹤唳"的下场。苻坚退回北方后，北方重新分裂。

自此，南北分立的局面渐渐确定，在很长时段内无从打破。

江南虽未受胡蹄践踏，但两千年来以中原为政治文化重心的古典中国至此已成过去。然而在此后二百年间的南北分裂、胡华对立、梵汉合流的黑暗中，却孕育着一个新的中国。

南北朝

南北互诋

南北并立的二百余年间,双方都以正统自居。北朝的根据是地理的线索,认为中原旧地足以代表中国文化的正统,所以就呼南朝为岛夷。南朝的根据是历史的与种族的线索,认为自己是纯粹的汉人与汉人的正统政府,所以就呼北朝为索虏。

南　朝

南朝篡乱相继,二百年间政治始终未上轨道,政治社会一般的情形也非常混乱。东晋将领刘裕灭亡东晋建立刘宋,刘裕、刘义隆在位期间,刘宋尚有生气,不过刘宋末期,皇室兄弟间相互残杀,政治一度混乱。在此期间,南兖州刺史萧道成趁乱灭宋,建立齐。南齐的命运与刘宋相若,开国之主尚能控制局面,此后南齐皇室间的相互残杀更甚于宋末。

永元三年(公元501年),宗室雍州刺史萧衍自襄阳起兵攻占建康,次年称帝,建立梁朝。梁武帝萧衍在位四十八年,他统治的晚期迷信佛教,大兴寺庙,甚至以皇帝之身出家为僧,而让大臣们花巨资赎他还俗。糊涂的萧衍妄想北朝叛将侯景能够助他北伐中原,结果反被侯景乘机围困于台城活活饿死。待到陈霸先建立陈朝,南朝与北朝的差距进一步拉大,陈朝的疆域是南朝中最小的。

当时,只有商业似乎还有相当的发展。南方商业发展的一个重要表现,是非官方的草市的出现。当时,建康城除了城内官立的大市、北市、东市、宫市等以外,沿着秦淮河东北岸一线,又有备置官市征税的大市及十余所小市。这些小市也就是草市,是一种因商业发展而自然兴起的交易市场。随着商业的发展,长途贩运趋于活跃。江南江河纵横,水运也随之发达。

但南朝有它历史上的作为,就是将长江流域完全汉化。南迁侨人中的士大夫,代表一种特殊的势力,可说是南方的征服者,正如胡人是中原的征服者一样。南土虽从春秋时代以后就开始与中国同化,但这种同化的过程直到魏晋时代仍未完成。历代中原移殖的人与南土汉化的人虽已占多数,生熟的蛮人仍有他们自己的地盘,风俗习惯仍保留原始的状态。南迁的中原人士带有殖民的性质,与本地的汉人恐怕已不免冲突,与族类不同文化幼稚的蛮夷当然势不两立,蛮人因而时常暴动反抗。汉人虽然衰弱,但对付蛮人还无大的困难。到南北朝的末期,虽然江汉一带的蛮夷问题尚未完全解决,但一部分的蛮人却已汉化，蛮人的部分土地也被汉人占领。

北　朝

北朝最大的特点就是有种族的分别，最少在初期胡主汉奴的情形很明显，到末期也没有完全消灭。至于政治，虽较南朝或者略为健全，然而大致也未上轨道，如北魏前期实际上实行的是一种"胡汉杂糅"的政治制度，有"胡汉分治"的色彩。政治社会一般的情形也与南朝同样的混乱。淝水之战后，鲜卑拓跋部酋长拓跋珪重新纠集部众，于公元389年[1]恢复代国，不久，改国号魏，史称北魏。北魏比较有作为的皇帝孝文帝死后，北魏日趋衰落。朝政混乱之时，大将尔朱荣率军攻占洛阳，掌控朝政，史称河阴事变。他在河阴将北魏幼主和胡太后沉入黄河溺毙，杀死大臣两千余人。后北魏分裂为东魏、西魏，而东、西魏的命运与南朝各政权有很大相似性，经过一个个的宫廷剧变和兄弟相残，东、西魏又相继被北齐、北周等取代。但北朝对农业社会土地分配的基本问题有比较周密的计划，不似南朝的自由放任。北魏开始所实行的均田制，为北朝各代所沿袭和发展。直到隋唐，其与土地有关的制度设计都与均田制有很大关系。

胡主汉奴的北朝也有它的作为，就是使胡人汉化。当时中原——最少中原的一部分——恐怕已退化到半野蛮的状态，以致连孔子都变成巫人求福的工具。胡人汉化的初步工作就是由代北迁都洛中。中原文化退步，数百年来受胡蹄蹂躏最烈的并州边地恐怕更退化到难以

---

[1]　应为公元386年。——编者注

设想的地步。所以北朝若要完全汉化，非向南迁都不可。但保守派的旧族故老极力反对，最后迁都的计划也不得不略为缓和妥协。迁都之外，官制、姓氏、宗教典礼、婚制，也都汉化。孝文帝鼓励胡汉联婚，禁绝北语，废除胡服。孝文帝本人几乎变成一个儒生式的皇帝，而最能说明胡人汉化的就是两族的通谱连宗。

门　阀

自三国时代建立了九品中正的制度，富贵贫贱的分别渐渐形成望族寒门的阶级。乱世的流浪人多投身到富贵之家以求保护，自由平民通过投靠、赐予等途径降为大族豪强的依附民；奴隶解放，一般也不是直接解放为自由平民，而是解放为依附民，通常被称做客。依附民代替了自由平民和奴隶，成为突出的社会阶层。阶级的分别因而越发显著。到南北朝时代门阀的制度可说完全成立。门阀的一种表现就是士庶不通婚姻，并且不只南朝如此，北朝也有同样的制度。第二种表现就是望族的谱学发达。第三种表现就是风水的信仰大盛，这可说是保障士族永为士族的方法。第四种表现就是士族阶级中出现"诔墓文"的时髦。

南北消长与混一

南北对立的二百余年间，大致南朝比较衰弱，有时甚至遭北朝的轻视嘲笑。刘宋虽有所谓的"元嘉北伐"，不过换得了"仓皇北顾"的结果。梁武帝妄想借侯景之力收复失地，更是被侯景困死。北朝除称南朝为"岛夷"外，由于北朝兵力比南朝强大，因此北朝诸政权的皇帝都没有将南朝放在眼里。

北朝的劲敌却在远北的塞外。现在北朝反成了中国文化的保护者，抵抗外边的北族不使内侵。经过汉以后外族的陆续南徙与西晋以下的大批南闯，长城必已破烂不堪。长此以往，中原必将循环不已地受新外族的蹂躏，最后的结果甚至可使中原完全野蛮化。为使中原安定，容已经进来的外族一个休息与汉化的机会，北朝非重修长城不可。北魏初期，大军南下作战时，柔然的骑兵经常侵入北魏境内。为防备柔然等北方民族的入侵，太平真君七年（公元446年）六月北魏太武帝拓跋焘调发司、幽、定、冀四州十万人在东起上谷（今北京延庆），西至今山西河曲一带大规模修筑边防工程，后在北方边界成立六大边防军镇，史称"六镇"。

在二百年的南北消长中，南朝的领土大致日渐缩小。时机成熟之后，北朝把南朝吞并，天下又归一统。

新宗教之酝酿与成熟

新宗教之酝酿

南北朝二百余年间是佛教渐渐酝酿成为中国的新宗教的时期。西僧开始有系统地介绍佛经，中国僧人也开始远往印度去研究佛理，并大批地运回佛经。

来自西域的鸠摩罗什是当时闻名遐迩的高僧，影响很大。他译出约三百卷佛经，"辞义通明，至今沙门共所祖习"（《魏书·释老志》）。法显是中国僧人西行的代表。后秦时，法显从长安出发，经敦煌，渡流沙，逾葱岭，长途跋涉，终于到达天竺。他克服种种困难，学习梵语梵文，抄写佛教经律，又到师子国（今斯里兰卡）求经。历时十五年，他才从海路回到祖国，译出所获经典百余万言，并且把自己的见闻写成《佛国记》一书。

中印文化交流最盛的时期，除佛教之外，各种所谓外道也间或流传到中国。

佛教地位日高，因而时常与政治势力发生冲突。但政治的势力并不能阻止佛教的发展，释子中也不乏不顾性命而护法的人。

辩　教

在佛教发展的过程中，总有一个鬼影紧紧随着它，这就是道教。道教对佛教一方面模仿，一方面攻击，它自己始终没有一个真正独立的灵魂。

这个怪现象可说是中国对外来文化势力所起的一种自然反应。佛教当初势力微弱，中国的态度几乎完全是放任的。但到南北朝时佛教已发展到一个不可侮的程度，至此传统文化方才感到威胁，因而开始反攻。反攻最厉的就是道家，同时自王充以后大盛的怀疑主义与自然主义也加入排外的阵营。

生活在魏晋时期的杨泉用他的元气说去解释人的形神关系，他说："人含气而生，精尽而死。死犹澌也，灭也。譬如火焉，薪尽而火灭，则无光矣。故灭火之余无遗炎矣，人死之后无余魂矣。"刘宋时，范晔也认为死者神灭，天下绝无佛鬼。数学家何承天针对宗炳所写的，指出"生必有死，形毙神散，犹春荣秋落，四时代换，奚有于更受形哉？"（《弘明集》卷四）

中国传统文化的势力在江南较大，因而这种冲突也比较热烈；但在北朝也有相当的接触。

佛教对一切的攻击都针锋相对地抗战，并且到南北朝末年可说已得了最后的胜利。

佛教之成熟

南北朝时中国对佛教已超过模仿盲从的阶段,少数人已能自悟新理,创造中国本位的佛教。如慧远传布佛教宣扬佛法,他的思想就和玄学家"以无为本"的思想是接近的。慧远早年曾研究过儒学和老庄玄学。他在庐山讲过儒家的经典。他讲《丧服经》,也讲《诗经》。他在讲《般若经》时,为了使听众容易听懂并接受,常引用《庄子》的话来作说明,使听众晓然。慧远讲儒家经典,用玄学比附佛经,解释佛教教义,使得佛教在上层知识界得以广泛传布。南北朝末年天台宗的成立与《大乘起信论》的产生可以象征这种新宗教的完全成熟。

〈第四章〉
陈寅恪讲唐代政治制度

李唐先祖来源

《朱子语类》一三六《历代类》三云：

> 唐源流出于夷狄，故闺门失礼之事不以为异。

朱子之语颇为简略，其意未能详知。然即此简略之语句亦含有种族及文化二问题，而此二问题实李唐一代史事关键之所在，治唐史者不可忽视者也。兹请先论唐代三百年统治阶级中心皇室之氏族问题，然后再推及其他统治阶级之种族及文化问题。

若以女系母统言之，唐代创业及初期君主，如高祖之母为独孤氏，太宗之母为窦氏，即纥豆陵氏，高宗之母为长孙氏，皆是胡种，而非汉族。故李唐皇室之女系母统杂有胡族血胤，世所共知。不待阐述，兹所论者专以男系父统之氏族为范围也。

唐之皇室本有自撰之谱牒，原书今不可见。然如《册府元龟》及两唐书等唐皇室先世渊源之记载固出自李唐皇室自撰之谱牒，即唐太宗御撰之《晋书》亦唐皇室自述其氏族渊源之要籍。故兹依据此类唐室自叙其家世之著述,复取其他史料互相参证,以讨论此问题焉。

李唐世系之纪述,其见于《册府元龟》一《帝王部·帝系门》、《旧唐书》一《高祖纪》、《新唐书》一《高祖纪》、《北史》一〇〇《序传》及《晋书》八七《凉武昭王传》等书者,皆不及《新唐书》七〇上《宗室世系表》所载之详备,今即依此表与其他史料讨论之。表云:

〔李〕歆字士业,西凉后主。八子:勖、绍、重耳、弘之、崇明、崇产、崇庸、崇祐。重耳字景顺,以国亡奔宋,为汝南太守。后魏克豫州,以地归之,拜恒农太守,复为宋将薛安都所陷。后魏安南将军豫州刺史,生献祖宣皇帝讳熙,字孟良,后魏金门镇将(《旧唐书》一《高祖纪》云:"率豪杰镇武川,因家焉。"《新唐书》一《高祖纪》同)。生懿祖光皇帝,讳天赐,字德真。三子:长曰起头,长安侯。生达摩,后周羽林监太子洗马长安县伯。次曰太祖(虎),次曰乞豆。

此表所载必出唐室自述其宗系之旧文。兹就其所纪李重耳、李熙父子事实,分析其内容,除去其为西凉李暠之正支后裔一事以外,尚有七事,条列于下:

(一)其氏为李。

(二)父为宋汝南太守。

(三)后魏克豫州,父以地归之。

(四)父为后魏恒农太守。

(五)父为宋将薛安都所陷,即所擒。

（六）父为后魏安南将军豫州刺史。

（七）子为后魏金门镇将。

考《宋书》五《文帝纪》云：

〔元嘉〕二十七年二月辛巳索虏寇汝南诸郡，陈、南顿二郡太守郑琨，汝阳、颍川二郡太守郭道隐委守走。索虏攻悬瓠城，行汝南郡事陈宪拒之。

又同书七二《南平穆王铄传》云：

索虏大帅拓拔焘南侵陈颍，遂围悬瓠城，太守陈宪保城自固。

又同书七七《柳元景传》略云：

〔元嘉〕二十七年八月〔随王〕诞遣振威将军尹显祖出货谷，奋武将军鲁方平、建武将军薛安都、略阳太守庞法起入卢氏。（中略）。〔闰〕十月法起、安都、方平诸军入卢氏。（中略）。法起诸军进次方伯自，去弘农城五里。（中略）。诸军造攻具，进兵城下。伪弘农太守李初古拔婴城自固，法起、安都、方平诸军鼓噪以陵城。（中略）。安都军副谭金、薛系孝率众先登，生禽李初古拔父子二人。（中略）。殿中将军邓盛、幢主刘骏乱使人入荒田，招宜阳人刘宽纠，率合义徒二千余人，共攻金门坞，屠之。杀戍主李买得，古拔子也，为虏永昌王长史，勇冠戎类。永昌闻其死，若失左右手。

又同书九五《索虏传》略云：

〔元嘉〕二十七年，焘自率步骑十万寇汝南。（中略）。宣威将军陈、南顿二郡太守郑绲（《文帝纪》作琨），绥远将军汝南、颍川二郡太守郭道隐并弃城奔走。虏掠抄淮西六郡，杀戮甚多。攻围悬瓠城，城内战士不满千人。先是，汝南、新蔡二郡太守徐遵之去郡，南平王遣左军行参军陈宪行郡事，宪婴城固守。（中略）。焘遣从弟永昌王库仁真步骑万余将所略六郡口北屯汝阳。（中略）。太祖嘉宪固守，诏曰："右军行参军行汝南、新蔡二郡军事陈宪尽力捍卫，全城摧寇，忠敢之效宜加显擢，可龙骧将军汝南、新蔡二郡太守！"

又《魏书》六一《薛安都传》云：

> 后自卢氏入寇弘农，执太守李拔等，遂逼陕城。时秦州刺史杜道生讨安都，仍执拔等南遁。及世祖（拓拔焘）临江，拔乃得还。

据上引史实，则父称李初古拔，子称李买得，名虽类胡名，姓则为汉姓，其氏既为李，是与上列第一条适合。李初古拔为弘农太守，弘农即恒农，后魏以避讳故改称恒农，是与第四条适合。李初古拔为宋将薛安都所擒，是与第五条适合。《宋书·柳元景传》言："生擒李初古拔父子。"《魏书·薛安都传》言："执李拔等，仍执拔等南遁。及世祖临江，拔乃得还。"则李初古拔当不止一子，殆买得死难，以弟或兄代领其职，今不能确知。但《册府元龟》一《帝王部·帝系门》及两唐书一《高祖纪》等书李熙率豪杰镇武川因而留居之记载，乃后来宇文泰所改造，并非事实，俟后详论之。总之，李熙为金门镇将，李买得亦为金门坞戍主，地理专名如是巧同，亦可认为与第七条适合，至于北魏诸镇设置之时代及其地望等问题则别为一事，非兹所讨论者也。又第二条李重耳为宋汝南太守一事，征诸上引史实，绝不可能。盖既言："为宋将薛安都所陷。"其时必在元嘉二十七年。当时前后宋之汝南太守其姓名皆可考知，郭道隐则弃城走，徐遵之则去郡，陈宪则先行郡事，后以守城功擢补实官。故依据时日先后，排比推计，实无李重耳可为宋汝南太守之余地。据《宋书·柳元景传》言："李买得为永昌王长史，永昌闻其死，若失左右手。"则李氏父子与永昌王关系密切可以推知。《宋书·索虏传》又言："永昌王北屯汝阳。"考《资治通鉴》系永昌王屯汝阳事于元嘉二十七年三月，系李初古拔被擒事于元嘉二十七年闰十月，而汝阳县本属汝南郡，后别分为汝阳郡者，故以时日先后、地理接近及人事关系论，李初古拔殆于未被擒以前曾随永昌王屯兵豫州之境，因有汝南太守之授。然则此唐室谱牒所言之汝南太守实非宋之汝南太守，乃由魏之汝南太守所修改而成者也。第六条之安南将军豫州刺史当即与第二条有关，检《册府元龟》一《帝王部·帝系门》之文，豫州刺史之上有"赠"字，是豫州刺史乃后来追赠之官，故于此不成问题，可不讨论矣。《魏书·薛安都传》言："〔安都〕仍执〔李〕拔等南遁。及世祖临江，拔乃得还。"是李初古拔原有自北至南复自南还北一段因缘，李唐自述先世故实，竟或因此加以修改，以傅会李重耳之由北奔南，又由南归北耶？幸赖其与他种记载符合及矛盾，留一罅隙，千载而后遂得以发其覆也。

　　复次，《魏书·薛安都传》之李拔即《宋书·柳元景传》李初古拔之省称及雅名。《梁书》五六《侯景传》载景之祖名周，而《南史》八〇《侯景传》作羽乙周，正与此同例。盖胡人名字原是对音，故成繁鄙，异于华夏之雅称，后代史官属文，因施删略。夫侯景称帝，七世庙讳父祖之外皆王伟追造（见《梁书》《南史》侯景传[1]），天下后世传为笑谈。岂知李唐皇室先世之名字亦有与此略相类似者乎？又据《魏书》四二《薛辩传》附《长子初古拔传》（《北史》三六《薛辩传》同）云：

> 长子初古拔，一曰车辂拔（《北史》辂作毂），本名洪祚，世祖赐名。

同书三二《高湖传》亦附载高各拔之名。然则初古拔或车辂拔乃当日通常胡名，颇疑李初古拔如其同时薛洪祚之例，亦本有汉名，特以胡名著称于史耳。

总而言之，前所列之七条，第一、第四、第五、第七四条之中，李重耳父子事实皆与李初古拔父子事实适合。第六条乃第二条之附属，无独立性质，可不别论。第二条、第三条实互相关联，第五条既言："为宋将薛安都所陷。"则元嘉二十七年南北交兵之际李氏父子必属于北，而不属于南，否则何得谓为宋将所擒？故今易原文之刘宋为后魏，则第二、第三条之事实不独不与其他诸条相反，而且与之相成。况其他诸条中涵有"元嘉二十七年"一定之时间、"李氏""薛安都"之姓名专名、"弘农""金门"之地理专名，而竟能两相符应，天地之间似无如此偶然巧值之事。故今假定李唐为李初古拔之后裔，或不至甚穿凿武断也。

抑更有可论者，据《唐会要》一"帝号"条上云：

> 献祖宣皇帝讳熙（凉武昭王暠曾孙、嗣凉王歆孙、弘农太守重耳之子

---

[1] 指《梁书·侯景传》和《南史·侯景传》。——编者注

也)。武德元年六月二十二日追尊为宣简公,咸亨五年八月十五日追尊宣皇帝,庙号献祖,葬建初陵〔在赵州昭庆县界,仪凤二年五(?)月一日追封为建昌陵,开元二十八年七月十八日诏改为建初陵〕。

懿祖光皇帝讳天赐(宣皇帝长子)。武德元年六月十二日追尊懿王,咸亨五年八月十五日追尊光皇帝,庙号懿祖,葬启运陵〔在赵州昭庆县界,仪凤二年三(?)月一日追封为延光陵,开元二十八年七月十八日诏改为启运陵〕。

《元和郡县图志》一七(参阅《旧唐书》三九《地理志》,及《新唐书》三九《地理志》赵州昭庆县条):

赵州。

昭庆县,本汉广阿县,属巨鹿郡。

皇十三代祖宣皇帝建初陵。高四丈,周回八十丈。

皇十二代祖光皇帝启运陵。高四丈,周回六十步。二陵共茔,周回一百五十六步。在县西南二十里。

《册府元龟》一《帝王部·帝系门》略云:

唐高祖神尧皇帝姓李氏,陇西狄道人。其先出自李暠,是为凉武昭王,薨,子歆嗣位,为沮渠蒙逊所灭。歆子重耳奔于江南,仕宋为汝南郡守,复归于魏,拜弘农太守,赠豫州刺史。生熙,起家金门镇将。后以良家子镇于武川,都督军戎百姓之务,终于位,因家焉。生天赐,仕魏为幢主,大统时赠司空。生太祖景皇帝虎,封赵郡公,徙封陇西公;周受魏禅,录佐命功,居第一,追封唐国公。生世祖元皇帝昞,在位十七年,封汝阳县伯,袭封陇西公;周受禅,袭封唐国公。高祖即元皇帝之世子，母曰元贞皇后，七岁袭封唐国公，义宁二年受隋禅。

今河北省隆平县[1]尚存唐光业寺碑，碑文为开元十三年宣义郎前行象城县尉杨晋所撰，中央研究院历史语言研究所藏有拓本，颇残阙不可读。兹取与黄彭年等修《畿辅通志》一七四《古迹略》所载碑文相参校，而节录其最有关之数语于下：

（上略）。皇祖瀛州刺史宣简公谨追上尊号，谥宣皇帝，皇祖妣夫人张氏追上尊号，谥宣庄皇后。皇祖懿王谨追上尊号，谥光皇帝，皇祖妣妃贾氏谨追上尊号，谥光懿皇后。（中略）。
词曰：维王桑梓，本际城池。（下略）。

按：李熙、天赐父子共茔而葬，即族葬之一证。光业寺碑颂词复有"维王桑梓"之语，则李氏累代所葬之地即其家世居住之地，绝无疑义，而唐皇室自称其祖留居武川之说可不攻自破矣。又据《魏书》一〇六上《地形志》南赵郡广阿县条、《隋书》三〇《地理志》赵郡大陆县条及《元和郡县图志》一七赵州昭庆县条等，知李氏父子葬地旧属巨鹿郡，与山东著姓赵郡李氏居住之旧常山郡壤地邻接，李虎之封赵郡公当即由于此也。又《汉书》二八《地理志》载中山国唐县有尧山，《魏书》一〇六上《地形志》载南赵郡广阿县即李氏父子葬地复有尧台。李虎死后，追封唐国公，盖止取义于中山、巨鹿等地所流传之放勋遗迹，并非如通常广义兼该太原而言也。至《大唐创业起居注》所云：

---

[1] 1947年，隆平县与尧山县合并为隆尧县。——编者注

> 初，帝奉诏为太原道安抚大使，帝以太原黎庶陶唐旧民，奉使安抚不逾本封，因私喜此行以为天意。

则为后来依附通常广义之解释，殊与周初追封李虎为唐国公时暗示其与赵郡相关之本旨不同也。然则李唐岂真出于赵郡耶？若果为赵郡李氏，是亦华夏名家，又何必假称出于陇西耶？考《元和郡县图志》一五云：

> 邢州。
>
> 尧山县，本曰柏人，春秋时晋邑，战国时属赵，秦灭赵，属巨鹿郡，后魏改"人"为"仁"，天宝元年改为尧山县。

又同书一七云：

> 赵州。
>
> 平棘县，本春秋时晋棘蒲邑，汉初为棘蒲，后改为平棘也，属常山郡。
>
> 李左车墓在县西南七里。
>
> 赵郡李氏旧宅在县南二十里，即后魏以来山东旧族也，亦谓之三巷李家云。东祖居巷之东，南祖居巷之南，西祖居巷之西，亦曰三祖宅巷也。三祖李氏亦有地属高邑县。
>
> 元氏县，本赵公子元之封邑，汉于此置元氏县，属常山郡，西汉常山太守皆理于元氏。
>
> 开业寺，在县西北十五里，即后魏车骑大将军陕定二州刺史尚书令司徒公赵郡李徽伯之旧宅也。
>
> 柏乡县，本春秋时晋鄗邑之地，汉以为县，属常山郡，后汉改曰高邑，属常山国，齐天保七年移高邑县于汉房子县东北

界，今高邑县是也。

高邑县故城在县北二十一里，本汉鄗县地也。

高邑县，本六国时赵房子之地，汉以为县，属常山郡。

赞皇县，本汉鄗邑县之地，属常山郡。

百陵岗，在县东十里，即赵郡李氏之别业于此岗下也，岗上亦有李氏茔冢甚多。

昭庆县，本汉广阿县，属巨鹿郡。

皇十三代祖宣皇帝建初陵。

皇十二代祖光皇帝启运陵，二陵共茔，在县西南二十里。

（昭庆县条前已引及，为便于解说起见，特重出其概略于此。）

《元和郡县图志》著者李吉甫出于赵郡李氏，故关于其宗族之先茔旧宅皆详载之，若一取其分布之地域核之，则赵郡李氏其显著支派所遗留之故迹，俱不出旧常山郡之范围。据此，则赵郡李氏显著支派当时之居地可以推知也。但其衰微支派则亦有居旧巨鹿郡故疆者，考《北史》三三《李孝伯传》末附载赵郡李氏世系一节（《新唐书》七二《宰相世系表》赵郡李氏条及邓名世《古今姓氏书辨证》二一同）云：

楷避赵王伦之难，徙居常山。楷子辑，辑子慎、敦，居柏仁，子孙甚微。

按：柏仁、广阿二县，后魏时俱属南赵郡，土壤邻接，实可视为一地域。赵郡李氏子孙甚微之一支，其徙居柏仁之时代虽未能确定，然李楷避西晋赵王伦之难，下数至其孙慎及敦，仅有二代，则李慎、李敦徙居柏仁，约在江左东晋之时。李熙父子俱葬于广阿，计其生时亦约当南朝宋齐之世，故以地域邻接及时代先后二者之关系综合推论，颇疑李唐先世本为赵郡李氏柏仁一支之子孙，或者虽不与赵郡李氏之居柏仁者同族，但以同姓一姓同居一地之故，遂因缘攀附，自托于赵郡之高门，衡以南北朝庶姓冒称士族之惯例，殊为可能之事。总而言之，据可信之材料，依常识之判断，李唐先世若非赵郡李氏之"破落户"，即是赵郡李氏之"假冒牌"。至于有唐一代之官书，其纪述皇室渊源间亦保存原来真实之事迹，但其大部尽属后人讳饰夸诞之语，治史者自不应漫无辨别，遽尔全部信从也。

又《魏书》九九《私署凉王李暠传》本不载重耳南奔始末，传世之《十六国春秋纂录》六《西凉录》亦无其事。而汤球之《十六国春秋辑补》转取唐修《晋书》之《凉武昭王传》添此一段蛇足（见汤书叙例），殊为无议。今敦煌本之《十六国春秋》残卷惜未得见，不知与此有关否？至于伪本《十六国春秋》载重耳事采自唐修《晋书》更不足辨论矣。

复次，《周书》四《明帝纪》（《北史》九《明帝纪》同）云：

> 二年三月庚申诏曰："三十六国九十九姓，自魏氏南徙，咸称河南之民。今周室既都关中，宜改称京兆人。"

《隋书》三三《经籍志》史部谱序篇序云：

> 后魏迁洛，有八氏十姓，咸出帝族；又有三十六族，则诸国之从魏者，九十二（九？）姓世为部落大人者，并为河南洛阳人。其中国士人则第其门阀，有四海大姓、郡姓、州姓、县姓；及周太祖入关，诸姓子孙有功者，并令为其宗长，仍撰谱录，纪其所承，又以关内诸州为其本望。

据上引史文，严格解释，则《隋志》之文自"后魏迁洛"至

"并为河南洛阳人"止一节，专指胡人而言，其本末见于《魏书》一一三《官氏志》等即魏孝文帝改胡姓为汉姓之事也。《周书》《北史》周明帝二年（公元558年）三月庚申诏书亦指胡人而言，明帝二年在魏孝武帝入关之年（公元534年）后二十四年，在西魏恭帝元年（公元554年）改有功诸将姓为胡姓（事见《周书》二《文帝纪》下、《北史》九《周本纪》上）后亦四年，故从入关之迁洛诸胡族其改京兆郡望当在有功诸汉将改关内郡望之后也。

又《隋志》之文自"其中国士人"至"又以关内诸州为其本望"止一节，实专指汉人而言。然则李唐之称西凉嫡裔，即所谓"并令为其宗长，仍撰谱牒，纪其所承"，其改赵郡郡望为陇西郡望，即所谓"又以关内诸州为其本望"，岂非寅恪之假说得此史文而益证实耶？所不解者，昔人于此何以未尝留意？抑别有其他较胜之说耶？此则深愿求教于博识通人也。

复次，《唐会要》三皇后条（开元十三年光业寺碑文及巴黎图书馆藏敦煌写本伯希和号第二五○四唐代祖宗忌日表等均同）云：

宣皇帝（熙）皇后张氏。

光皇帝（天赐）皇后贾氏。

景皇帝（虎）皇后梁氏。

元皇帝（昞）皇后独孤氏。

据此，张、贾皆是汉姓，其为汉族，当无可疑。梁氏如梁御之例，虽有出自胡族之嫌疑（见《周书》一九、《北史》五九《梁御传》，又《魏书》一一三《官氏志》云："拔列氏后改为梁氏。"），但梁氏本为汉姓，大部分皆是汉族，未可以其中有极少数出自胡族之故，遽概括推定凡以梁为氏者皆属胡族也。故李虎妻梁氏在未能确切证明其氏族所出以前，仍目之为汉族，似较妥慎。然则李唐血统其初本是华夏，其与胡夷混杂，乃一较晚之事实也。

兹依据上述资料，做一李唐皇室血统世系表，起自李熙，迄于世民，以备参考。至李重耳则疑本无其人，或是李初古拔之化身，故不列入，以示阙疑之意。凡女统确知为汉族者，标以□符号；确知为胡族者，标以___符号；虽有胡族嫌疑，但在未发见确证，仍可认为汉族者，则标以___符号。

李熙　　天赐　　虎　　昞　　渊　　世民

张氏　　贾氏　　梁氏　　独孤氏　　窦氏　　长孙氏

兹依据上引资料及其解释，再将李唐世系先后改易之历程及胡汉文化问题加以说明。此世系改易之历程，实不限于李唐皇室一族，凡多数北朝、隋唐统治阶级之家，亦莫不如是，斯实中国中古史上一大问题，亦史学中千载待发而未发之覆也。

自鲜卑拓拔部落侵入中国统治北部之后，即开始施行汉化政策，如解散部落同于编户之类（见《北史》八〇、《魏书》八三上《外戚传·贺讷传》，《北史》九八、《魏书》一〇三《高车传》及《魏书》一一三《官氏志》等），其尤显著之例也。此汉化政策其子孙遵行不替，及魏孝文帝迁都洛阳，其汉化程度更为增高，至宣武、孝明之世，则已达顶点，而逐渐腐化矣。然同时边塞六镇之鲜卑及胡化之汉族，则仍保留其本来之胡化，而不为洛都汉化之所浸染。故中央政权所在之洛阳其汉化愈深，则边塞六镇胡化民族对于汉化之反动亦愈甚，卒酿成六镇之叛乱，尔朱部落乘机而起。至武泰元年（公元528年）四月十三日河阴之大屠杀,遂为胡人及胡化民族反对汉化之公开表示,亦中古史划分时期之重要事变也。六镇鲜卑及胡化汉族既保持胡部特性,而不渐染汉化,则为一善战之民族,自不待言。此民族以饥馑及虐政之故激成叛乱,南向迁徙,其大部分辗转移入高欢统治之下(见《北齐书》一《神武纪》上、《北史》六《齐本纪》上、《隋书》二四《食货志》)。故欢之武力遂无敌于中原,终借此以成其霸业。其他之小部分,由贺拔岳、宇文泰率领西徙,割据关陇,亦能抗衡高氏,分得中国西北部之地,成一北朝东西并峙之局,此治史者所习知也。然宇文氏只分有少数之六镇民族,复局促于关陇一隅之地,终能并吞分有多数六镇民族及雄据山东富饶区域之高齐,其故自非仅由一二君主之贤愚及诸臣材不材之所致,盖必别有一全部系统之政策,为此东西并立之二帝国即周、齐两朝胜败兴亡决定之主因,可以断言也。

关中本位政策

　　宇文泰率领少数西迁之胡人及胡化汉族割据关陇一隅之地，欲与财富兵强之山东高氏及神州正朔所在之江左萧氏共成一鼎峙之局，而其物质及精神二者力量之凭借，俱远不如其东南二敌，故必别觅一途径，融合其所割据关陇区域内之鲜卑六镇民族，及其他胡汉土著之人为一不可分离之集团，匪独物质上应处同一利害之环境，即精神上亦必具同出一渊源之信仰，同受一文化之薰习，始能内安反侧，外御强邻。而精神文化方面尤为融合复杂民族之要道。在此以前，秦苻坚、魏孝文皆知此意者，但秦、魏俱欲以魏、晋以来之汉化笼罩全部复杂民族，故不得不亟于南侵，非取得神州文化正统所在之江东而代之不可，其事既不能成，仅余一宇文泰之新途径而已。此新途径即就其割据之土依附古昔，称为汉化发源之地（魏孝文之迁都洛阳，意亦如此，唯不及宇文泰之彻底，故仍不忘南侵也），不复以山东江左为汉化之中心也，其详具于拙著《隋唐制度渊源略论稿》，兹不赘论。此宇文泰之新途径今姑假名之为"关中本位政策"，即凡属于兵制之府兵制及属于官制之周官皆是其事。其改易随贺拔岳等西迁有功汉将之山东郡望为关内郡望，别撰谱牒，纪其所承（见前引《隋书》三三《经籍志》谱序篇序），又以诸将功高者继塞外鲜卑部落之后（见《周书》二《文帝纪》下及《北史》九《周本纪》上西魏恭帝元年条等），亦是施行"关中本位政策"之例证，如欲解决李唐氏族问题当于此中求之也。

概括言之，宇文泰改易氏族之举，可分先后二阶段：第一阶段则改易西迁关陇汉人中之山东郡望为关内郡望，以断绝其乡土之思（初止改易汉人之山东郡望，其改易胡人之河南郡望为京兆郡望，则恐尚在其后，见前引《周书》四《明帝纪》及《北史》九《周本纪》上明帝二年三月庚申诏书），并附会其家世与六镇有关，即李熙留家武川之例，以巩固其六镇团体之情感。此阶段当在西魏恭帝元年（公元554年）复魏孝文帝所改鲜卑人之胡姓及赐诸汉将有功者以胡姓之前，凡李唐改其赵郡郡望为陇西，伪托西凉李暠之嫡裔及称家于武川等，均是此阶段中所为也。第二阶段即西魏恭帝元年诏以诸将之有功者继承鲜卑三十六大部落及九十九小部落之后，凡改胡姓诸将所统之兵卒亦从其主将之胡姓，径取鲜卑部落之制以治军，此即府兵制初期之主旨（详见拙著《隋唐制度渊源略论稿》兵制章，兹不赘论）。李唐之得赐姓大野，即在此阶段中所为也。至周末隋文帝专周政，于大象二年（公元580年）十二月癸亥回改胡姓复为汉姓，其结果只做到回复宇文氏第二阶段之所改，而多数氏族仍停留于第一阶段之中，此李唐所以虽去大野之胡姓，但仍称陇西郡望及冒托西凉嫡裔也。职是之故，北朝、隋唐史料中诸人之籍贯往往纷歧，如与李唐先世同列八大柱国之李弼一族，《周书》一五《李弼传》、《旧唐书》五三《李密传》（密为弼之曾孙）、一三〇《李泌传》（泌为弼之六代孙），及《新唐书》七二上《宰相世系表》俱以为辽东襄平人，而《北史》六〇《李弼及曾孙密传》、《文苑英华》九四八魏征撰李密墓志铭则以为陇西成纪人。盖公私著述叙及籍贯或仅据回复至第一阶段立言，或径依本来未改者为说，斯其所以彼此差异也。但隋唐两朝继承宇文氏之遗业，仍旧施行"关中本位政策"，其统治阶级自不改其歧视山东人之观念（见《旧唐书》七八、《新唐书》一〇四《张行成传》）。故隋唐皇室亦依旧自称弘农杨震、陇西李暠之嫡裔，伪冒相传，迄于今日，治史者竟无一不为其所欺，诚可叹也（据《新唐书》七一下《宰相世系表》杨氏条，隋皇室自称为弘农杨震长子牧之后。此即《隋书·经籍志》所谓"令为其宗长，仍撰谱牒，纪其所承，又以关内诸州为其本望"者。以非本篇范围，故不详论，读者可以依据有关史料类推也）。

复次，汉人与胡人之分别，在北朝时代文化较血统尤为重要。凡汉化之人即目为汉人，胡化之人即目为胡人，其血统如何，在所不论。兹举二例以证明之：

《北齐书》二四《杜弼传》（《北史》五五《杜弼传》同）云：

显祖（高洋）尝问弼云："治国当用何人？"对曰："鲜卑车马客，会须用中国人。"显祖以为讥己。

夫高齐无论其母系血统属于何种，但其自称及同时之人均以为其家世出自渤海蓨县，固当日华夏之高门也。至于其所渐染者则为胡化，而非汉化。杜弼斥鲜卑，而高洋以为讥己，是汉人之受胡化者，即自命为胡人也。

又《北史》二八《源贺传》(参考《魏书》四一《源贺传》、《北齐书》五〇《恩幸传·高阿那肱传》,至《隋书》六六《源师传》删去"汉儿"二字,殊失当时语意矣)略云:

源贺,西平乐都人,私署河西王秃发傉檀之子也。傉檀为乞伏炽盘所灭,贺自乐都奔魏,太武素闻其名,谓曰:"卿与朕同源,因事分姓,今可为源氏。"(寅恪按:鲜卑秃发部即拓跋部,一语异译,故拓拔焘谓之同源也。)

〔玄孙〕师仕齐为尚书左外兵郎中,又摄祠部。后属孟夏,以龙见请雩。时高阿那肱为录尚书事,谓为真龙出见,大惊喜,问龙所在,云作何颜色。师整容云:"此是龙星初见,依礼当雩祭郊坛,非谓真龙别有所降。"阿那肱忿然作色曰:"汉儿多事,强知星宿。"祭事不行。

夫源师乃鲜卑秃发氏之后裔,明是胡人无疑,而高阿那肱竟目之为汉儿,此为北朝汉人、胡人之分别,不论其血统,只视其所受之教化为汉抑为胡而定之确证,诚可谓"有教无类"矣。

又此点为治吾国中古史最要关键,若不明乎此,必致无谓之纠纷。《资治通鉴》一七一陈宣帝太建五年,亦纪此事,胡注云:

诸源本出于鲜卑秃发,高氏生长于鲜卑,自命为鲜卑,未尝以为讳,鲜卑遂自谓贵种,率谓华人为汉儿,率侮诟之。诸源世仕魏朝贵显,习知典礼,遂有雩祭之请,冀以取重,乃以取诟。《通鉴》详书之,又一慨也。

梅磵之说固是,又其言别有所感,然于北朝汉胡种族文化之问题似犹不免未达一间也。

李唐皇室者唐代三百年统治之中心也，自高祖、太宗创业至高宗统御之前期，其将相文武大臣大抵承西魏、北周及隋以来世业，即宇文泰"关中本位政策"下所结集团体之后裔也。自武曌主持中央政权之后，逐渐破坏传统之"关中本位政策"，以遂其创业垂统之野心。故"关中本位政策"最主要之府兵制，即于此时开始崩溃，而社会阶级亦在此际起一升降之变动。盖进士之科虽创于隋代，然当日人民致身通显之途径并不必由此。及武后柄政，大崇文章之选，破格用人，于是进士之科为全国干进者竞趋之鹄的。当时山东、江左人民之中，有虽工于为文，但以不预关中团体之故，致遭屏抑者，亦因此政治变革之际会，得以上升朝列，而西魏、北周、杨隋及唐初将相旧家之政权尊位遂不得不为此新兴阶级所攘夺替代。故武周之代李唐，不仅为政治之变迁，实亦社会之革命。若依此义言，则武周之代李唐较李唐之代杨隋其关系人群之演变，尤为重大也。

武周统治时期不久，旋复为唐，然其开始改变"关中本位政策"之趋势，仍继续进行。迄至唐玄宗之世，遂完全破坏无遗。而天宝安史乱后又别产生一新世局，与前此迥异矣。夫"关中本位政策"既不能维持，则统治之社会阶级亦必有变迁。此变迁可分中央及藩镇两方叙述。其所以须有此空间之区别者，因唐代自安史乱后，名义上虽或保持其一统之外貌，实际上则中央政府与一部分之地方藩镇，已截然划为二不同之区域，非仅政治军事不能统一，即社会文化亦完全成为互不关涉之集团，其统治阶级氏族之不同类更无待言矣。盖安史之霸业虽俱失败，而其部将及所统之民众依旧保持其势力，与中央政府相抗，以迄于唐室之灭亡，约经一百五十年之久，虽号称一朝，实成为二国。史家述此，不得不分之为二，其理由甚明也。

又《旧唐书》一四《宪宗纪》上（参考《通鉴》二三七元和二年此条胡注及《唐会要》六三《修撰》条）云：

> 元和二年十二月己卯，史官李吉甫撰《元和国计簿》，总计天下方镇凡四十八，管州府二百九十五，县一千四百五十三，户二百四十四万二百五十四，其凤翔、鄜坊、邠宁、振武、泾原、银夏、灵盐、河东、易定、魏博、镇冀、范阳、沧景、淮西、淄青十五道凡七十一州，不申户口。每岁赋入倚办止于浙江东西、宣歙、淮南、江西、鄂岳、福建、湖南等八道，合四十九州，一百四十四万户。比量天宝供税之户则四分有一，天下兵戎仰给县官者八十三万余人，比量天宝士马，则三分加一，率以两户资一兵，其他水旱所损，征科发敛又在常役之外。吉甫都纂其事，成书十卷。

同书一九下《僖宗纪》略云：

> 〔光启元年三月〕丁卯车驾〔自蜀〕至京师，时李昌符据凤翔，王重荣据蒲陕，诸葛爽据河阳、洛阳，孟方立据邢洺，李克用据太原、上党，朱全忠据汴滑，秦宗权据许蔡，时溥据徐泗，朱瑄据郓齐、曹濮，王敬武据淄青，高骈据淮南八州，秦彦据宣歙，刘汉宏据浙东，皆自擅兵赋，迭相吞噬，朝廷不能制。江淮转运路绝，两河、江淮赋不上供，但岁时献奉而已。国命所能制者，河西、山南、剑南、岭南四道数十州。大约郡将自擅，常赋殆绝，藩侯废置，不自朝廷，王业于是荡然。

寅恪按：李吉甫所撰《元和国计总簿》虽在元和初年，然自安史乱后起，迄于唐亡，其所列中央政府财赋取办之地域大致无甚殊异。唐代自安史乱后，长安政权之得以继续维持，除文化势力外，仅恃东南八道财赋之供给。至黄巢之乱既将此东南区域之经济几全加破坏，复断绝汴路、运河之交通，而奉长安文化为中心、仰东南财赋以存立之政治集团，遂不得不土崩瓦解。大唐帝国之形式及实质，均于是告终矣。

在此奉长安文化为中心、恃东南财赋以存立集团之中，其统治阶级为此集团所占据地域内之二种人：一为受高深文化之汉族，且多为武则天专政以后所提拔之新兴阶级，所谓外廷之士大夫，大抵以文词科举进身者也；一为受汉化不深之蛮夷，或蛮夷化之汉人，故其人多出自边荒区域。凡自玄宗朝迄唐亡，一百五十年间身居内廷，实握政治及禁军之权者皆属此族，即阉寺之特殊阶级是也。

自武则天专政破格用人后，外廷之显贵多为以文学特见拔擢之人。而玄宗御宇，开元为极盛之世，其名臣大抵为武后所奖用者（参考《旧唐书》一三九《陆贽传》、《新唐书》一五二《李绛传》、《陆宣公奏议》七《请许台省长官举荐状》及《李相国论事集》等）。及代宗大历时常衮当国，非以辞赋登科者莫得进用。自德宗以后，其宰相大抵皆由当日文章之士由翰林学士升任者也。请举史实以证之。

《通典》一五《选举典》三载沈既济之言略云：

初国家自显庆以来，高宗圣躬多不康，而武太后任事，参决大政，与天子并。太后颇涉文史，好雕虫之艺，永隆中始以文章选士。及永淳之后太后君临天下二十余年，当时公卿百辟无不以文章达，因循日久浸以成风。至于开元、天宝之中，太平君子唯门调户选，征文射策，以取禄位，此行己立身之美者也。父教其子，兄教其弟，无所易业，大者登台阁，小者任郡县，资身奉家，各得其足，五尺童子耻不言文墨焉。其以进士为士林华选，四方观听希其风采，每岁得第之人不浃辰而周闻天下，故忠贤隽彦、韫才毓行者咸出于是。而桀奸无良者或有焉，故是非相陵，毁称相腾，或扇结钩党，私为盟歃，以取科第，而声名动天下，或钩摭隐匿，嘲为篇咏，以列于道路，迭为谈訾，无所不至焉。

据此，可知进士之科虽设于隋代，而其特见尊重，以为全国人民出仕之唯一正途，实始于唐高宗之代，即武曌专政之时。及至玄宗，其局势遂成凝定，迄于后代，因而不改。故科举制之崇重与府兵制之破坏俱起于武后，成于玄宗。其时代之符合，决非偶然也。但以事关府兵制度，兹不具论（见拙著《隋唐制度渊源略论稿》兵制章及《玉海》一三八《兵制》三所引《邺侯家传》）。至王定保以为进士之科"甲于贞观"（《唐摭言》一《述进士》上篇），及"进士科盛于贞观永徽之际"（同书同卷散序进士条），则稽之史实，有所未合。其言不及沈氏之可信，无待论也。

《旧唐书》一一九《常衮传》云：

尤排摈非辞赋登科者。

同书同卷《崔祐甫传》云：

常衮当国，非以辞赋登科者莫得进用。

同书四三《职官志》翰林院条略云；

玄宗即位，张说、张九龄等召入禁中，谓之翰林待诏。

四方进奏，中外表疏批答，或诏从中出，宸翰所挥，亦资其检讨，谓之视草。故尝简当代士人，以备顾问。至德已后，天下用兵，军国多务，深谋密诏皆从中出，尤择名士为翰林学士，得充选者，文士为荣。亦如中书舍人例置学士六人，内择年深德重者一人为承旨，所以独承密命故也。德宗好文，尤难其选，贞元已后为学士承旨者，多至宰相焉。

《元氏长庆集》五一《翰林承旨学士记》略云：

宪宗章武皇帝以永贞元年即大位，始命郑公（郑絪）为承旨学士，位在诸学士上。十七年间由郑至杜（杜元颖）十一人，而九参大政。

《白氏长庆集》五九《李留守相公（李绛）见过池上泛舟举酒话》及《翰林旧事因成四韵以献之诗》（参考《容斋续笔》二元和六学士条）云：

同时六学士，五相一渔翁。

据此，可知唐代自安史乱后，其宰相大抵为以文学进身之人。此新兴阶级之崛起，乃武则天至唐玄宗七八十年间逐渐转移消灭宇文泰以来胡汉六镇民族旧统治阶级之结果。若取《新唐书》《宰相表》及《宰相世系表》与列传所载其人之家世籍贯及出身等互相参证，于此三百年间外廷士大夫阶级废兴转移之大势尤易明了也。至此由文学科举进身之新兴阶级与魏晋、北朝以来传统旧士族之关系，则于论党派时详述之，兹不涉及焉。

藩镇与中央对立

唐代自玄宗后,政柄及君权渐渐转入阉寺之手,终至皇位之继承权归其决定,而内朝之禁军外廷之宰相,俱供其指挥,由之进退,更无论矣。其详当于论政治革命及党派分野时述之,兹仅略言其氏族所从出之一端于下:

《旧唐书》二〇下《哀帝纪》云:

天祐二年六月丙申敕:福建每年进橄榄子,此因阉竖出自闽中,牵于嗜好之间,遂成贡奉之典。虽嘉忠荩,伏恐烦劳。今后只供进蜡面茶,其进橄榄子宜停!

《新唐书》二〇七《宦者传·吐突承璀传》云:

是时诸道岁进阉儿,号私白,闽岭最多,后皆任事,当时谓闽为中官区薮。咸通中杜宣猷为观察使,每岁时遣吏致祭其先,时号"敕使墓户"。宣猷卒用群宦力,徙宣歙观察使。

《顾况古诗》（据《全唐诗》第十函）云：

> 囝一章。
>
> 囝哀闽也。（原注：囝音蹇。闽俗呼子为囝。父为郎罢。）
>
> 囝生闽方。闽吏得之，乃绝其阳。为臧为获，致金满屋。为髠为钳，视如草木。天道无知，我罹其毒。神道无知，彼受其福。郎罢别囝，吾悔生汝。及汝既生，人劝不举。不从人言，果获是苦。囝别郎罢，心摧血下。隔地及天，及至黄泉，不得在郎罢前。

宦寺多冒养父之姓，其籍贯史籍往往不载，然即就两唐书宦官及《宦者传》中涉及其出生地域或姓氏稀异者观之，亦可知其梗概也。

《旧唐书》一八四《宦官传》云：

> 杨思勖本姓苏，罗州石城人，为内官杨氏所养，以阉从事内侍省。

> 高力士，潘州人，本姓冯，少阉，与同类金刚二人圣历元年岭南讨击使李千里进入宫。则天嘉其黠慧，令给事左右。后因小过，挞而逐之。内官高延福收为假子，延福出自武三思家，力士遂往来三思第，岁余则天复召入禁中。

《新唐书》二〇七《宦者传》上云：

> 鱼朝恩，泸州泸川人也，天宝末以品官给事黄门。
>
> 刘贞亮本俱氏，名文珍，冒所养宦父姓，故改焉。
>
> 吐突承璀，闽人也，以黄门值东宫。
>
> 仇士良，循州兴宁人，顺宗时得侍东宫。
>
> 杨复光，闽人也，本乔氏，少养于内侍杨玄价家。

同书二〇八《宦者传》下云：

> 田令孜，蜀人也，本陈氏，咸通时历小马坊使。

据此，可知唐代阉寺多出自今之四川、广东、福建等省，在当时皆边徼蛮夷区域。其地下级人民所受汉化自甚浅薄，而宦官之姓氏又有不类汉姓者，故唐代阉寺中疑多是蛮族或蛮夷化之汉人也。

唐代中国疆土之内，自安史乱后，除拥护李氏皇室之区域，即以东南财富及汉化文化维持长安为中心之集团外，尚别有一河北藩镇独立之团体，其政治、军事、财政等与长安中央政府实际上固无隶属之关系，其民间社会亦未深受汉族文化之影响，即不以长安、洛阳之周孔名教及科举仕进为其安身立命之归宿。故论唐代河北藩镇问题必于民族及文化二端注意，方能得其真相所在也。兹先举二三显著之例，以见当时大唐帝国版图以内实有截然不同之二分域，然后再推论其种族与统治阶级之关系焉。

杜牧《樊川集》六《唐故范阳卢秀才墓志》云：

> 秀才卢生名霈，字子中，自天宝后三代或仕燕，或仕赵，两地皆多良田畜马，生年二十未知古有人曰周公、孔夫子者，击球饮酒，马射走兔，语言习尚无非攻守战斗之事。

《通典》四〇《职官典》末载杜佑建中时所上省用议（参《新唐书》一六六《杜佑传》）略云：

> 今田悦之徒并是庸璅，繁刑暴赋，唯恤军戎，衣冠仕（士）人遇如奴虏。

此可以代表河北社会通常情态，其尚攻战而不崇文教。质言之，即渐染胡化深而汉化浅也。当时汉化之中心在长安，以诗赋举进士致身卿相为社会心理群趋之鹄的。故当日在长安文化区域内有野心而不得意之人，至不得已时唯有北走河朔之一途。《昌黎集》二〇《送董召南游河北序》乃世所习诵之文，兹为阐明长安集团与河北集团政治文化对立之形势起见，仍多写之于下，并略诠释，以佐证鄙说。至韩退之不以董召南河北之行为然之意固极明显，不待解说也。其文云：

> 燕赵古称多感慨悲歌之士。董生举进士，连不得志于有司，怀抱利器，郁郁适兹土，吾知其必有合也。董生勉乎哉！

据此，可知在长安文化统治下之士人，若举进士不中，而欲致身功名之会者，舍北走河朔之外，则不易觅其他之途径也。

其文又云：

> 夫以子之不遇时，苟慕义强仁者皆爱惜焉，矧燕赵之士出乎其性哉！然吾尝闻风俗与化移易，吾恶知其今不异于古所云邪？聊以吾子之行卜之也，董生勉乎哉！

据前引杜牧之《唐故范阳卢秀才墓志》"语言习尚无非攻守战斗"之句及此序"风俗与化移易"之语，可知当日河北社会全是胡化，非复东汉、魏晋、北朝之旧。若究其所以然之故，恐不于民族迁移一事求之不得也，请俟后论之。

其文又云：

> 吾因子有所感矣，为我吊望诸君之墓！而观于其市，复有昔时屠狗者乎？为我谢曰："明天子在上，可以出而仕矣！"

然则长安天子与河北镇将为对立不同之二集团首领，观此数语，即可知矣。

又《全唐诗》第五函《李益小传》（参《旧唐书》一三七、《新唐书》二〇三《文艺传》下《李益传》、《唐诗纪事》三〇、《全唐诗话》二、辛文房《唐才

子传·李益传》)云:

> 李益字君虞,姑臧人,大历四年登进士第,授郑县尉,久不调,益不得意。北游河朔,幽州刘济辟为从事。尝与济诗,有怨望语。宪宗时召为秘书少监集贤殿学士,自负才地,多所凌忽,为众不容。谏官举幽州诗句,降居散秩。

考益之《献刘济诗》云:

> 草绿古燕州,莺声引独游。雁归天北畔,春尽海西头。向日花偏落,驰年水自流。感恩知有地,不上望京楼。

据此,又可知虽已登进士第之李益以不得意之故犹去京洛,而北走范阳;则董召南之游河北盖是当日社会之常情,而非变态。然于此益见大唐帝国之后半期其中含有两独立敌视之团体,而此二团体之统治阶级,其种族文化亦宜有不同之点在也。

今试检《新唐书》之《藩镇传》,并取其他有关诸传之人其活动范围在河朔或河朔以外者以相参考,则发见二点:一为其人之氏族本是胡类,而非汉族;一为其人之氏族虽为汉族,而久居河朔,渐染胡化,与胡人不异。前者属于种族,后者属于文化。质言之,唐代安史乱后之世局,凡河朔及其他藩镇与中央政府之问题,其核心实属种族文化之关系也。夫河北之地,东汉、曹魏、西晋时固为文化甚高区域,虽经胡族之乱,然北魏至隋其地之汉化仍未见甚衰减之相,何以至玄宗文治灿烂之世,转变为一胡化地域?其故殊不易解。兹就安史叛乱发源之地域及其时代先后之关系综合推计,设一假说,以俟更详确之证明。即使此假说一时难以确定成立,但安史叛乱及其后果即河朔藩镇之本质,至少亦可因此明了也。

安禄山集团的民族构成

当玄宗文治武功极盛之世，渔阳鼙鼓一鸣，而两京不守。安禄山之霸业虽不成，然其部将始终割据河朔，与中央政府抗衡，唐室亦从此不振，以至覆亡。古今论此役者止归咎于天宝政治宫廷之腐败，是固然矣；独未注意安史之徒乃自成一系统最善战之民族，在当日军事上本来无与为敌者也。考安禄山之种族在其同时人之著述及专纪其事之书中，均称为柘羯或羯胡，如：

《旧唐书》十《肃宗纪》云：

是日（天宝十五载七月甲子）御灵武南门，下制曰："乃者羯胡乱常，京阙失守。"（《旧唐书》一二〇《郭子仪传》载建中二年德宗褒恤之诏有"羯胡作祸"，《新唐书》一九二《忠义传·张巡传》亦有"拓羯千骑"之语，至杜甫《喜官军已临贼境二十韵》诗所谓"拓羯渡临洮"之拓羯，虽非指安禄山，但亦可为旁证参考也。）

又同书一〇四《封常清传》略云：

> 先锋至葵园，常清使骁骑与柘羯逆战，杀贼数十百人。临终时表曰："昨者与羯胡接战。"

又《颜鲁公集》六《康金吾碑目安禄山为羯胡，姚汝能安禄山事迹》一书亦多羯胡之语，若杜工部《咏怀古迹》之诗其"羯胡事主终无赖"之句，则不仅用梁侯景之古典（如《梁书》五五《武陵王纪传》云："羯胡叛涣"，即是一例），实兼取今事入之于诗也。

考玄奘《西域记》一飒秣建国（即康国）条云：

> 兵马强盛，多是赭羯之人，其性勇烈，视死如归。

《新唐书》二二一下《西域传·康国传》云：

> 本月氏人，始居祁连北昭武城，为突厥（寅恪按：突厥应作匈奴，《唐会要》九九康国条云："其人土著役属于突厥，先居祁连之北昭武城，为匈奴所破。"宋子京盖涉上文突厥之语致误也）所破，稍南依葱岭，即有其地，枝庶分王：曰安，曰曹，曰石，曰米，曰何，曰火寻，曰戊地，曰史，世谓九姓，皆氏昭武。

又同书同卷《安国传》云：

> 募勇健者为柘羯，柘羯犹中国言战士也（寅恪按：上引《西域记》之文有"赭羯之人"一语，然则赭羯乃种族之名，此云"犹中国言战士"，若非宋景文误会，即后来由专名引申为公名耳）。

又同书同卷《石国传》云：

> 石或曰柘支，曰柘折，曰赭时。

据此，可知赭羯即柘羯之异译，凡康安石等中亚月氏种人，皆以勇健善战著闻者也。《旧唐书》二〇〇上《安禄山传》云：

> 安禄山，营州柳城杂种胡人也。

《旧唐书》所谓杂种胡之确切界说尚待详考，但《新唐书》二二五上《逆臣传·安禄山传》云：

> 安禄山，营州柳城胡也，本姓康，母阿史德，少孤，随母嫁安延偃，乃冒姓安，通六蕃语，为互市郎。

寅恪按：安禄山事迹上引《郭子仪雪安思顺疏》，谓安禄山本姓康。今敦煌写本《天宝丁籍》亦有康、安、石等姓以羯为称者（见《历史与地理杂志》第三三编第四卷《天宝十载丁籍》及同书第四一编第四卷《天宝四载丁籍》），故安禄山父系之为羯胡，即中亚月氏种可无疑矣。至史思明之种族则《新唐书》二二五上《逆臣传·史思明传》云：

> 史思明，宁夷州突厥种，与安禄山共乡里，通六蕃译，亦为互市郎。

疑史思明非出中亚胡种者。然《旧唐书》二〇〇《安禄山传》云：

> 安禄山，营州柳城杂种胡人也。（前已引，兹为论述便利起见，特重及之。）

同书同卷《史思明传》云：

> 史思明，宁夷州突厥杂种胡人也。

又《旧唐书》一〇四《哥舒翰传》（《新唐书》一三五《哥舒翰传》同）略云：

> 哥舒翰，突骑施首领哥舒部落之裔也。翰母尉迟氏，于阗之族也。〔安禄山〕谓翰曰："我父是胡，母是突厥，公父是突厥，母是胡，与公族类同，何不相亲乎？"

据此类史料，初视之，似当时所谓杂种胡人者即指混合血统胡族，如哥舒翰等之例。但更详考史传，则知当时杂种胡人之称实径指昭武九姓月支种而言，如《新唐书》二一七上《回鹘传》（参《通鉴》二二六建中元年八月甲午张光晟杀突董条）云：

> 始回纥至中国，常参以九姓胡，往往留京师，至千人，居赀殖产甚厚。酋长突董翳蜜施、大小梅录等还国，装橐系道。

所言与《旧唐书》一二七《张光晟传》云：

> 建中元年回纥突董、梅录领众并杂种胡等自京师还国，舆载金帛相属于道。

者同是一事，而旧传之所谓杂种胡即九姓胡，可为确证。然则《旧唐书》之称安禄山为杂种胡人者，实指其九姓胡而言，又其目史思明为突厥杂种胡人者，殆以其父系为突厥，而母系为羯胡，故曰"突厥杂种胡人"也。观于史思明与安禄山俱以通六蕃语为互市郎，正是具有中亚胡种血统之特征。至其以史为姓者，盖从父系突厥姓阿史德或阿史那之省称，不必为母系昭武九姓之史也。

又考安史生长之地即营州，在开元之初已多中亚贾胡，如《旧唐书》一八五下《良吏传·宋庆礼传》（《新唐书》一三〇《宋庆礼传》同）略云：

> 初营州都督府置在柳城，控带奚、契丹，则天时都督赵文翙政理乖方，两蕃反叛，攻陷州城，其后移于幽州东二百里渔阳城安置。开元五年奚、契丹各款塞归附，玄宗欲复营州于旧城，乃诏庆礼等更于柳城筑营州城，俄拜庆礼御史中丞兼检校营州都督，开屯田八十余所，追拔幽州及渔阳、淄青等户，招

辑商胡，为立店肆。

此必其时营州区域之内或其近傍颇有西域贾胡，庆礼始能招辑之也。故营州一地在开元以前已多中亚胡人，可知之矣。

更试一检《新唐书·安禄山传》（参考《安禄山事迹》），如言：

> 潜遣贾胡行诸道，岁输百万。

及

> 凡降蕃夷皆接以恩，禄山通夷语，躬自尉抚，皆释俘囚为战士，故其下乐输死，所战无前。

等，则安禄山利用其中亚胡种商业语言特长之例证也。

又如言：

> 养同罗降契丹曳落河八千人为假子。

及

> 禄山已得〔阿〕布思之众，则兵雄天下。

则安禄山利用其混合血统胡人之资格，笼络诸不同之善战胡族，以增强其武力之例证也。

故据《新唐书》一一八《韦凑传》附《见素传》云：

> 明年（天宝十四载），禄山表请蕃将三十二人代汉将，帝许之。见素不悦，谓〔杨〕国忠曰："禄山反状暴天下，今又以蕃代汉，难将作矣。"未几，禄山反。

可知禄山之举兵与胡汉种族武力问题有关也。至《旧唐书》一〇六《李林甫传》（《新唐书》二二三上《奸臣传·李林甫传》同，又《大唐新语》一一《惩戒篇》及《谀佞篇》尤可参校）云：

> 国家武德、贞观已来，蕃将如阿史那社尔、契苾何力忠孝

有才略，亦不专委大将之任，多以重臣领使以制之。开元中，张嘉贞、王晙、张说、萧嵩、杜暹皆以节度使入知政事。林甫固位，志欲杜出将入相之源，尝奏曰："文士为将怯当矢石，不如用寒族蕃人。蕃人善战有勇，寒族即无党援。"帝（玄宗）以为然，乃用〔安〕思顺代林甫领〔朔方节度〕使。自是高仙芝、哥舒翰皆专任大将，林甫利其不识文字，无入相由。然而禄山竟为乱阶，由专得大将之任故也。

其寒族蕃人一语涉及唐代统治阶级全部，俟后论之。然安史叛乱之关键，实在将领之种族，则可与《新唐书》韦见素一传互相证发也。

又《旧唐书》一九九上《东夷传·高丽传》（《新唐书》一一○《泉男生传》附《献诚传》同）云：

〔泉〕献诚授右卫大将军，兼令羽林卫上下。天授中，则天尝内出金银宝物，令宰相及南北衙文武官内择善射者五人共赌之。内史张光辅先让献诚为第一，献诚复让右玉钤卫大将军薛土摩支，摩支又让献诚。既而献诚奏曰："陛下令简能射者五人，所得者多非汉官。臣恐自此已后，无汉官工射之名。伏望停寝此射。"则天嘉而从之。

寅恪按：泉献诚、薛土摩支皆蕃将也。武则天时，蕃将之武艺已远胜于汉人，于此可见。《邺侯家传》言府兵制之破坏实始于则天时，此亦一旁证。盖宇文泰所鸠合之六镇关陇胡汉混合集团至武曌时已开始崩溃，不待玄宗朝，而汉将即此混合集团之首领，其不如蕃将之善战已如此矣。至泉献诚为盖苏文之孙，男生之子，亡国败降之余裔，其武伎精妙犹称当时第一，则高丽之以东隅小国能屡抗隋唐全盛之日倾国之师，岂无故哉！岂无故哉！

复次，《新唐书》一二七《张嘉贞传》附《弘靖传》（《旧唐书》一二九《张延赏传》附《弘靖传》同，但无"俗谓禄山、思明为二圣"之语）略云：

充卢龙节度使，始入幽州，俗谓禄山、思明为二圣。弘靖惩始乱，欲变其俗，乃发墓毁棺，众滋不悦。幽蓟初效顺，不能因俗制变，故范阳复乱。

寅恪按：圣人者唐俗称天子之语。如《通鉴》二二二上元二年三月条（《旧唐书》二〇〇上、《新唐书》二二五上《史思明传》附《朝义传》略同）略云：

〔史〕朝义泣曰："诸君善为之，勿惊圣人！"（寅恪按：此圣人指思明言。）

胡注云：

当时臣子谓其君父为圣人。

盖安史俱称帝，故在其统治之下者率以圣人称之，自无足异。所可注意者，穆宗长庆初上距安史称帝时代已六七十年，河朔之地，禄山、思明犹存此尊号，中央政府官吏以不能遵循旧俗，而致变叛，则安史势力在河朔之深且久，于此可见。兹节录两唐书所载安史同时并后来河朔及其他藩镇胡化事迹于下，其种族、文化二者之关系不待解释，自然明了。至其人前后逆顺贤否虽各有不同，但非此篇所论范围，故不置言也。

其血统确有胡族分子者，如《旧唐书》二〇〇上《安禄山传》附《孙孝哲传》（《新唐书》二二五上《逆臣传》同）云：

孙孝哲，契丹人也。

《新唐书》二一〇《藩镇魏博史宪诚传》(《旧唐书》一八一《史宪诚传》同)云：

> 史宪诚，其先奚也，内徙灵武，为建康人，三世署魏博将。

同书二一一《藩镇镇冀李宝臣传》(《旧唐书》一四二《李宝臣传》同)云：

> 李宝臣本范阳内属奚也，善骑射，范阳将张锁高畜为假子，故冒其姓，名忠志，为卢龙府果毅。

同书同卷《王武俊传》(《旧唐书》一四二《王武俊传》同)云：

> 王武俊本出契丹怒皆部，父路俱，开元中与饶乐府都督李诗等五千帐求袭冠带。入居蓟。年十五，善骑射，与张孝忠齐名，隶李宝臣帐下为裨将。

同书同卷《王廷凑传》(《旧唐书》一四八《王廷凑传》同)云：

> 王廷凑本回纥阿布思之族，隶安东都护府，曾祖五哥之，为李宝臣帐下，骁果善斗，王武俊养为子，故冒姓王，世为裨将。

同书二一二《藩镇卢龙李怀仙传》(《旧唐书》一四三《李怀仙传》同)云：

> 李怀仙，柳城胡也，世事契丹，守营州，善骑射，智数敏给，禄山之反，以为裨将。

同书同卷《李茂勋传》(《旧唐书》一八〇《李可举传》同)云：

> 李茂勋本回纥阿布思之裔，张仲武时与其侯王皆降，资沈

勇善驰射，仲武器之，任以将兵，常乘边，积功赐姓及名。

同书二一三《藩镇淄青李正己传》（《旧唐书》一二四《李正己传》同）云：

> 李正己，高丽人，为营州副将，从侯希逸入青州，希逸母即其姑。

同书一四四《侯希逸传》（《旧唐书》一二四《侯希逸传》同）云：

> 侯希逸，营州人，天宝末为州裨将，守保定城。禄山反，以徐归道为节度使，希逸率兵与安东都护王玄志斩之，诏拜玄志平卢节度使。玄志卒，共推希逸，有诏就拜节度使。与贼确，数有功，然孤军无援，又为奚侵略，乃拔其军二万，浮海入青州，据之，平卢遂陷，肃宗因以希逸为平盛、淄青节度使。自是淄青常以平卢冠使。

据上引《李正己传》，知侯希逸至少其母系出自高丽，虽其初不从安禄山之命，然其种族固含有胡人血脉，其部下兵众亦是胡化集团。是以自李正己袭夺其业后，淄青一镇亦与河朔同风，遂为唐代中央政府之巨患。推求其故，实由其统治者本从河朔胡化集团中分出者也。

《新唐书》一四八《张孝忠传》（《旧唐书》一四一《张孝忠传》同）云：

> 张孝忠本奚种，世为乙失活酋长。父谧，开元中提众纳款。孝忠始名阿劳，以勇闻。燕赵间共推张阿劳、王没诺干二人齐名。没诺干，王武俊也，天宝末以善射供奉仗内，安禄山

奏为偏将。禄山、史思明陷河洛，常为贼前锋；朝义败，乃自归。

同书二二四上《叛臣传·李怀光传》(《旧唐书》一二一《李怀光传》同)云：

> 李怀光，渤海靺鞨人，本姓茹，父常，徙幽州，为朔方部将，以战多赐姓，更名嘉庆。怀光在军以积劳为都虞候，节度使郭子仪以纪纲委怀光。

寅恪按：李怀光乃朔方军将，属于别一系统不在河朔范围，然以其先尝居幽州，故亦附及之。至唐室中兴元勋李光弼，则《新唐书》一三六其本传(《旧唐书》一一〇《李光弼传》略同)云：

> 李光弼，营州柳城人，父楷洛以武后时入朝。

是亦出于东北胡族，且与安禄山同乡里，不过政治上适立于相反之地位耳。

以上诸人皆确为胡族无复疑义。又有实为汉人，或虽号汉族，而带胡种嫌疑未能决定者，兹并列之于下。其要点在无论实为汉人或有胡族之嫌疑，其人必家世或本身居住河朔，久已胡化，故亦与胡人无异者也。如《新唐书》二一〇《藩镇魏博传·田承嗣传》(《旧唐书》一四一《田承嗣传》同)云：

> 田承嗣，平州卢龙人也，世事卢龙军，以豪侠闻，隶安禄山麾下。

《旧唐书》一四一《田弘正传》(《新唐书》一四八《田弘正传》同)略云：

> 田弘正祖延恽，魏博节度使承嗣之季父也。弘正善骑射，

为衙内兵马使,既受节钺,上表曰:"臣家本边塞,累代唐人,驱驰戎马之乡,不睹朝廷之礼,伏自天宝已还,幽陵肇乱,山东奥壤,悉化戎墟,官封代袭,刑赏自专。"

《新唐书》二一〇《藩镇魏博何进滔传》(《旧唐书》一八一《何进滔传》同)云:

何进滔,灵武人,世为本军校,少客魏,委质军中。

寅恪按:前引《新唐书·西域传》,昭武九姓中有何姓,何进滔又从灵武徙居于魏,故疑其先世是羯胡,其本身又居魏,而当时魏地亦胡化区域也。

《旧唐书》一八一《韩允忠传》(《新唐书》二一〇《藩镇魏博韩君雄传》同)云:

韩允忠,魏州人也,父国昌,历本州右职。

同书同卷《乐彦祯传》(《新唐书》二一〇《藩镇魏博乐彦祯传》同)云:

乐彦祯,魏州人也,父少寂,历澶、博、贝三州刺史。

同书同卷《罗弘信传》(《新唐书》二一〇《藩镇魏博罗弘信传》同)云:

罗弘信,魏州贵乡人,曾祖秀,祖珍,父让,皆为本州军校。

据《北梦琐言》五中书蕃人事条,罗亦胡姓,然则罗弘信不独世居胡化之地,且有本出胡族之嫌疑矣。

《新唐书》二二五中《逆臣传·朱泚传》(《旧唐书》二〇〇下《朱泚传》同)云:

朱泚,幽州昌平人,父怀珪事安史二贼。

《旧唐书》一四三《朱滔传》(《新唐书》二一二《藩镇卢龙朱滔传》

同）云：

>朱滔，贼泚之弟也。

《新唐书》二一二《藩镇卢龙朱克融传》（《旧唐书》一八〇《朱克融传》同）云：

>朱克融，滔孙也。

《旧唐书》一四三《刘怦传》（《新唐书》二一二《藩镇卢龙刘怦传》同）云：

>刘怦，幽州昌平人也，父贡尝为广边大斗军使，怦即朱滔姑之子。

《新唐书》二一二《藩镇卢龙李载义传》（《旧唐书》一八〇《李载义传》同）云：

>李载义自称恒山愍王之后，性秩荡，好与豪杰游，力挽强搏斗，刘济在幽州高其能，引补帐下。

寅恪按：李载义之称承乾后裔，固出依托，即使其真出自承乾，亦与河朔诸汉将同为胡化之汉人也。

《新唐书》二一二《藩镇卢龙杨志诚传》（《旧唐书》一八〇《杨志诚传》同）云：

>〔杨〕志诚者事〔李〕载义为牙将，载义走，因自为都兵马使，〔大和〕八年为下所逐，推部将史元忠总留后。

寅恪按：杨志诚、史元忠之氏族史传不详，无以确言，但俱为胡化之人，则无可疑者。突厥阿史那氏、阿史德氏皆省作史氏，中亚昭武九姓中有史氏，史宪诚本奚族，亦姓史氏（见前引两唐书《史宪诚传》），故史元忠殊有源出胡族之嫌疑也。

《新唐书》二一二《藩镇卢龙张仲武传》(《旧唐书》一八〇《张仲武传》同)云：

> 张仲武，范阳人，通《左氏春秋》，会昌初为雄武军使。〔陈〕行泰杀〔史〕元忠，而仲武遣其属吴仲舒入朝，请以本军击回鹘。〔李〕德裕因问北方事，仲舒曰："行泰（及杀行泰之张）绛皆游客，人心不附；仲武旧将张光朝子，年五十余，通书习戎事，性忠义，愿归款朝廷旧矣。"德裕入白帝，擢兵马留后，绛为军中所逐。

寅恪按：陈行泰、张绛始末不详，可不置论。张仲武受汉化较深，在河朔颇为例外，然迹其所以得军心者，以本为范阳土著，且家世旧将，而陈行泰、张绛俱是游客，故不能与之争，然非李文饶之策略，仲武亦未必遽得为镇将也。

《新唐书》二一二《藩镇卢龙张允伸传》(《旧唐书》一八〇《张公素传》同)云：

> 张允伸，范阳人，世为军校。

同书同卷《张公素传》(《旧唐书》一八〇《张公素传》同)云：

> 公素，范阳人，以列将事〔张〕允伸。

同书同卷《李全忠传》(《旧唐书》一八〇《李全忠传》同)云：

> 李全忠，范阳人，仕为棣州司马，罢归，事〔李〕可举为牙将，可举死，众推为留后。

同书同卷《刘仁恭传》云：

> 刘仁恭，深州人，父晟客范阳，为李可举新兴镇将，故仁恭事军中。

《旧唐书》一八〇《朱克融等传》末略云：

> 史臣曰：彼幽州者，其民刚强，近则染禄山、思明之风，二（？）百余年自相崇树，虽朝廷有时命帅，而士人多务逐君，习苦忘非，尾大不掉，非一朝一夕之故也。

《新唐书》二一三《藩镇横海程日华传》（《旧唐书》一四三《程日华传》同）云：

> 程日华，定州安喜人，父元皓为安禄山帐下，伪署定州刺史，故日华籍本军，为张孝忠牙将。

同书同卷《李全略传》（《旧唐书》一四三《李全略传》同）云：

> 李全略事〔镇州〕王武俊为偏裨。

同书二一四《藩镇彰义吴少诚传》（《旧唐书》一四五《吴少诚传》同）云：

> 吴少诚，幽州潞人（父为魏博节度都虞候）。

同书同卷《吴少阳传》（《旧唐书》一四五《吴少阳传》同）云：

> 少阳者，与〔吴〕少诚同在魏博军，相友善，少诚得淮西，多出金帛邀之，养以为弟，署右职，亲近无间。

同书同卷《藩镇泽潞刘悟传》（《旧唐书》一六一《刘悟传》同）云：

> 刘悟其祖正臣，平卢军节度使，袭范阳，不克，死。

寅恪按：《旧唐书》一四五《刘全谅传》（《新唐书》一五一《董晋传》附《陆长源传》同）略云：

> 父客奴由征行家于幽州之昌平，少有武艺，从平卢军，〔天宝〕十五载四月授客奴平卢军使，仍赐名正臣，袭范阳，为逆贼将史思明等大败之，正臣奔归，为王玄志所鸩而卒。

据此，知刘氏亦家于幽州昌平，渐染胡化者也。

《旧唐书》一二二《张献诚传》（《新唐书》一三三《张守珪传》附《献诚传》同）云：

> 张献诚，陕州平陆人，幽州大都督府长史守珪之子也，天宝末陷逆贼安禄山，受伪官，连陷史思明，为思明守汴州，统逆兵数万。

同书一二四《薛嵩传》（《新唐书》一一一《薛仁贵传》附《薛嵩传》同）云：

> 薛嵩，绛州万泉人，祖仁贵，高宗朝名将，封平阳郡公，父楚玉，为范阳平卢节度使。嵩有膂力，善骑射，不知书，自天下兵起，束身戎伍，委质逆徒。

寅恪按：张献诚、薛嵩虽俱大臣子孙，又非河朔土著，然以其父官范阳之故，少居其地，渐染胡化，竟与田承嗣之徒无别。甚哉风俗之移人若是，而河朔当日社会文化情状，亦可想见矣。

《旧唐书》一二四《令狐彰传》（《新唐书》一四八《令狐彰传》同）云：

> 令狐彰，京兆富平人也，父濞，初任范阳县尉，通幽州人女，生彰，及秩满，留彰于母氏，彰遂少长范阳，善弓矢，乃策名从军。事安禄山。

同书同卷《田神功传》（《新唐书》一四八《田神功传》同）云：

> 田神功，冀州人也，家本微贱，天宝末为县里胥，会河朔兵兴，从事幽蓟。

《新唐书》一四八《康日知传》云：

> 康日知，灵州人，祖植，当开元时缚康待宾，平六胡州，日知少事李惟岳，累擢赵州刺史。

寅恪按：以康日知姓氏及籍贯言之，当亦中亚胡种也。

《新唐书》一四八《牛元翼传》云：

> 牛元翼，赵州人，王承宗时，与傅良弼冠诸将。良弼清河人，以射冠军中。

《旧唐书》一四五《李忠臣传》（《新唐书》二二四下《叛臣传·李忠臣传》同）云：

> 李忠臣本姓董，名秦，平卢人也，世家于幽州蓟县。忠臣少从军，事幽州节度使薛楚玉、张守珪、安禄山等。

同书同卷《李希烈传》（《新唐书》二二五中《逆臣传·李希烈传》同）云：

> 李希烈，辽西人，少从平卢军，后从李忠臣浮海至河南。

综上所引诸人氏族或确是汉人，或有胡种嫌疑，或为唐室大臣子孙，或出微贱之族，其于中央政府或忠或叛，复有先后顺逆等之互异。要而言之，家世或本身曾留居河朔及长于骑射二事则大抵相类，斯实河朔地域之胡化演变所致者也。《新唐书》一四八《史孝章传》载其谏父宪诚之言曰：

> 天下指河朔若夷狄然。

又同书二一〇《藩镇传》序云：

> 遂使其人由羌狄然，讫唐亡百余年率不为王土。

故不待五代之乱，神州东北一隅如田弘正所谓"悉化戎墟"矣（见上引《田弘正传》）。尤可异者，即在李唐最盛之时即玄宗之世，东汉、魏晋、北朝文化最高之河朔地域，其胡化亦已开始，此点自昔史家鲜有解释，兹试作一假说，以待将来之确证，然私心殊未敢自信也。

依据上列史料，知神州东北一隅河朔地域之内，其人民血统属于汉种者，既若是之胡化，则其地必有胡族之迁徙无疑。凡居东北与河朔有关之胡族如高丽、东突厥（《唐会要》《旧唐书》俱谓之北突厥，盖旧称如此）、回纥、奚、契丹之类移居于与其部落邻近之地，如河朔区域，自有可能，而于事理亦易可通者也。独中国东北隅河朔之地而有多数之中亚胡人，甚为难解。若彼辈远自西北万里之外短期之内忽然迁移至东北端滨海之区，恐不可能。姑就旧史所载者考之，似有三因：其远因为隋季之丧乱，其中因为东突厥之败亡，其近因或主因为东突厥之复兴。所谓隋季之丧乱者，即《旧唐书》九三《唐休璟传》（《新唐书》一一一《唐休璟传》略同）略云：

> 授营州户曹。调露中单于突厥背叛，诱扇奚、契丹侵略州县，后奚、羯胡又与桑乾突厥同反，都督周道务遣休璟将兵击破之，超拜丰州司马。永淳中朝议欲罢丰州，休璟上疏曰："丰州自秦汉已来，列为郡县，隋季丧乱，不能坚守，乃迁徙百姓就宁庆二州，致使戎羯交侵，乃以灵夏为边界。贞观之末始募人以实之，西北一隅方得宁谧。"

寅恪按：中亚羯胡必经由中国西北，而渐至东北。在隋末中国扰乱之世最为中亚胡人逐渐转徙之良机会，两唐书《唐休璟传》或可于此事略露消息也。唯《新唐书·唐休璟传》及《通鉴》二〇二调露元年十月条俱无"奚、羯胡与桑乾突厥同反"之语，又《新唐书·唐休璟传》虽亦作"戎羯交侵",而《通鉴》二〇三弘道元年五月条改"戎羯"为"胡虏",固以"戎羯"为泛称(见《后汉书》四八《吴盖陈臧传》论章怀太子注),然于此恐不免疏误也。然则调露前后中国东北部已有不少羯胡,而羯胡之迁徙实由隋季侵入西北,辗转移来,此于事实颇为合理者也。所谓东突厥之败亡者,即戈本《贞观政要》九《安边篇》略云:

> 自突厥颉利破后,诸部落首领来降者皆拜将军中郎将,布列朝廷,五品已上百余人,殆与朝士相半。唯拓拔不至,又遣使招慰之,使者相望于道。凉州都督李大亮以为于事无益,徒费中国,上疏云云,太宗不纳。

寅恪按:《通典》一九七《边防典·突厥传》上与此同,盖皆源出《太宗实录》也。唯无"太宗不纳"之句,当是杜氏略去。又"拓拔"作"柘羯",尚未经后人误改。《旧唐书》六二及《新唐书》九九《李大亮传》纪此事,俱只举酋长之名,而《通鉴》一九三贞观四年秋九月条则不著酋长之名,而以"西突厥"一语概括之,盖柘羯一种原在西突厥范围内也。又两唐书《李大亮传》俱言太宗从大亮之请,与《贞观政要》不合,鄙意《吴书》似得其实,而两唐书《李大亮传》乃后来修饰之词,故君卿于此阙疑耶?然则东突厥之败亡,必有少数柘羯因之东徙者矣。所谓东突厥之复兴者,即综考上引史料,诸胡人入居河朔或归降中国之时代大抵在武则天及唐玄宗开元之世。而此三十年间中国东北方胡族之活动其最有关大局者,莫过于东突厥之复兴,即骨咄禄、默啜兄弟武力之开拓远及中亚,竟取西突厥帝国之领部置于其管制下之事实也。关于东突厥自颉利于贞观时破灭后至骨咄禄而复兴之始末，非此所能详及，兹唯就两唐书所载东突厥复兴与西突厥关系之史料略引一二，以供推证焉。

《旧唐书》一九四上《北突厥传》（《新唐书》二一五上《突厥传》同）略云：

骨咄禄，颉利之疏属，自立为可汗，以其弟默啜为杀，骨咄禄天授中病卒。

骨咄禄死时子尚幼，默啜遂篡其位，自立为可汗。

默啜立其弟咄悉匐为左厢察，骨咄禄子默矩为右厢察，各主兵马二万余人，又立其子匐俱为小可汗，仍主处木昆等十姓（寅恪按：《旧唐书》一九四下《西突厥传》云："其国分为十部，每部仍令一人统之，号为十设，每设赐以一箭，故称十箭焉。又分十箭为左右厢，其左厢号为五咄陆，其右厢号为五弩失毕。五咄陆部落居于碎叶已东，五弩失毕部落居于碎叶已西，自是都号为十姓部落。其咄陆有五啜，一曰处木昆啜云云。"）兵马四万余人，又号为拓西可汗。

初默啜景云中率兵西击娑葛，破灭之。契丹及奚自神功之后常受其征役，其地东西万余里，控弦四十万，自颉利之后最为强盛，自恃兵威，虐用其众，默啜既老，部落渐多逃散。

〔开元〕四年默啜又北讨九姓拔曳固，战于独乐河，拔曳固大败，默啜负胜轻归，而不设备，遇拔曳固迸卒颉质略于柳林中，突出击默啜，斩之。

同书同卷下《西突厥阿史那弥射传》附《孙献传》（《新唐书》二一五下《西突厥传》略同）云：

长安元年充安抚招慰十姓大使,献本蕃渐为默啜及乌质勒所侵,遂不敢还国。

同书同卷《阿史那步真传》(《新唐书》二一五下《西突厥传》略同)云:

自垂拱已后十姓部落频被突厥默啜侵掠,死散殆尽。及随斛瑟罗才六七万人,徙居内地,西突厥阿史那氏遂绝。(寅恪按:《通鉴》二〇四纪此事删去"默啜"二字,盖与上文"垂拱"二字冲突之故,于此足征温公读书之精密。)

同书同卷《突骑施乌质勒传》(《新唐书》二一五下《突骑施乌质勒传》同)云:

突骑施乌质勒者,西突厥之别种也。乌质勒卒,其长子娑葛代统其众,景龙三年娑葛弟遮弩恨所分部落少于其兄,遂叛入突厥,请为乡导以讨娑葛。默啜乃留遮弩,遣兵二万人与其左右来讨娑葛,擒之而还。

综合上引诸条,可知东突厥复兴后之帝国其势力实远及中亚,此时必有中亚胡族向东北迁徙者。史言"默啜既老,部落渐多逃散",然则中国河朔之地不独当东突厥复兴盛强之时遭其侵轶蹂躏,即在其残败衰微之后亦仍吸收其逃亡离散之诸胡部落,故民族受其影响,风俗为之转变,遂与往日之河朔迥然不同,而成为一混杂之胡化区域矣。夫此区域之民族既已脱离汉化,而又包括东北及西北之诸胡种,唐代中央政府若欲羁縻统治而求一武力与权术兼具之人才,为此复杂胡族方隅之主将,则柘羯与突厥合种之安禄山者,实为适应当时环境之唯一上选也。玄宗以东北诸镇付之禄山,虽尚有他故,而禄山之种性与河朔之情势要必为其主因,岂得仅如旧史所载,一出于李林甫固位之私谋而已耶？

　　更总括以上所述者论之，则知有唐一代三百年间其统治阶级之变迁升降，即是宇文泰"关中本位政策"所鸠合集团之兴衰及其分化。盖宇文泰当日融冶关陇胡汉民族之有武力才智者，以创霸业；而隋唐继其遗产，又扩充之。其皇室及佐命功臣大都西魏以来此关陇集团中人物，所谓八大柱国家即其代表也。当李唐初期此集团之力量犹未衰损，皇室与其将相大臣几全出于同一之系统及阶级，故李氏据帝位，主其轴心，其他诸族入则为相，出则为将，自无文武分途之事，而将相大臣与皇室亦为同类之人，其间更不容别一统治阶级之存在也。至于武曌，其氏族本不在西魏以来关陇集团之内，因欲消灭唐室之势力，遂开始施行破坏此传统集团之工作，如崇尚进士文词之科破格用人及渐毁府兵之制等皆是也。此关陇集团自西魏迄武曌历时既经一百五十年之久，自身本已逐渐衰腐，武氏更加以破坏，遂致分崩堕落不可救止。其后皇位虽复归李氏，至玄宗尤称李唐盛世，然其祖母开始破坏关陇集团之工事竟及其身而告完成矣。此集团既破坏后，皇室始与外朝之将相大臣即士大夫及将帅属于不同之阶级。同时阉寺党类亦因是变为一统治阶级，拥蔽皇室，而与外朝之将相大臣相对抗。假使皇室与外廷将相大臣同属于一阶级，则其间固无阉寺阶级统治国政之余地也。抑更可注意者，关陇集团本融合胡汉文武为一体，故文武不殊途，而将相可兼任；今既别产生一以科举文词进用之士大夫阶级，则宰相不能不由翰林学士中选出，边镇大帅之职舍蕃将莫能胜任，而将相文武蕃汉进用之途，遂分歧不可复合。举凡进士科举之崇重，府兵之废除，以及宦官之专擅朝政，蕃将即胡化武人之割据方隅，其事俱成于玄宗之世。斯实宇文泰所创建之关陇集团完全崩溃，及唐代统治阶级转移升降即在此时之征象。是以论唐史者必以玄宗之朝为时代画分界线，其事虽为治国史者所得略知，至其所以然之故，则非好学深思通识古今之君子，不能详切言之也。

〈第五章〉
张荫麟、雷海宗论宋、元

宋朝的开国和开国规模

/ 张荫麟 /

一

后周世宗以三十四岁的英年,抱着统一中国的雄心,而即帝位。他即位不到一个月,北汉主刘崇联合契丹入寇,他便要去亲征。做了四朝元老的长乐老冯道极力谏阻。世宗说:"从前唐太宗创业,不是常常亲征的么?我怕什么?"冯道却说:"唐太宗是不可轻易学的。"世宗又说:"刘崇乌合之众,王师一加,便好比泰山压卵。"冯道却怀疑道:"不知道陛下作得泰山么?"世宗看他的老面,不便发作,只不理睬,径自决定亲征。周军在高平(即今山西高平)遇到敌人。两军才开始交锋,周军的右翼不战而遁,左翼亦受牵动,眼见全军就要瓦解。世宗亲自骑马赶上前线督战,并且领队冲锋,周军因而复振,反把敌军击溃,杀到僵尸弃甲满填山谷。在凯旋道中,世宗齐集将校，大排筵席来庆祝，那些临阵先逃的将校也行无所事地在座。世宗突然声数他们的罪状，喝令他们跪下受刑。说着，壮士们便动手，把七十多个将校霎时斩讫，然后论功行赏。接着他率军乘胜直取太原，却无功而还。

经这一役，世宗深深感觉到他的军队的不健全。回到汴京后不久，便着手整军。这里我们应当略述后周的军制。像唐末以来一般，这时州郡兵为藩镇所私有，皇室不能轻易调遣。皇室所有的军队即所谓禁军。禁军分为两部：一，殿前军；二，侍卫亲军。两部之上，不置总帅。侍卫亲军虽名为亲，其实比较和皇帝亲近的却是殿前军。侍卫亲军分马、步两军，而殿前军则无这样的分别。大约前者是量多于后者，而后者则质优于前者。世宗一方面改编全部禁军，汰弱留强；一方面向国内各地召募豪杰，不拘良民或草寇，以充实禁军。他把应募的召集到阙下，亲自试阅，挑选武艺特别出众、身材特别魁伟的，都拨入殿前军。

世宗不独具有军事的天才，也具有政治的头脑。他奖励垦荒，均定田赋。他曾为经济的理由，废除国内大部分的寺院，并迫令大部分的僧道还俗。他以雷霆的威力推行他的政令，虽贤能有功的人也每因小过而被戮，但他并不师心自用。他在即位次年的《求言诏》中甚至有这样的反省："自临宸极，已过周星。至于刑政取舍之间，国家措置之事，岂能尽是？须有未周。朕犹自知，人岂不察？而在位者未有一人指朕躬之过失，食禄者曾无一言论时政之是非！"他又曾令近臣二十余人，各作《为君难为臣不易论》一篇和《平边策》一篇，供他省览。"平边"是他一生的大愿。可惜他的平边事业只做到南取南唐的淮南江北之地，西取后蜀的秦、凤、阶、成四州，北从契丹收复瀛、莫二州，便赍志而殁，在位还不到六年，遗下二个七岁以下的幼儿和臣下对他威过于恩的感想。

世宗死于显德六年（公元959年）六月，在临死的一星期内，他把朝内外重要的文武职官，大加更动。更动的经过，这里不必详述，单讲他对禁军的措置。殿前军的最高长官是正副都点检，其次是都指挥使。侍卫亲军的最高长官是正副都指挥使，其次是都虞候。世宗对禁军要职的最后"人事异动"，可用表显示如下：

	职位	原任	更定	附注
殿前军	都点检	张永德	赵匡胤	
	副都点检	慕容延钊	慕容延钊	此据《旧五代史·周恭帝纪》，《宋史》本传误
	都指挥使	赵匡胤	石守信	
侍卫军	都指挥使	李重进	李重进	
	副都指挥使	未详（或缺员）	韩通	
	都虞候	韩通		

其中最可注意的是张永德的解除兵柄和赵匡胤的超擢。张永德是周太祖的驸马（世宗是周太祖的内侄兼养子），智勇善战，声望久隆，显然世宗不放心他。赵匡胤是洛阳人，与其父弘殷俱出身军校，在周太祖时，已同隶禁军。高平之役，匡胤始露头角，旋拜殿前都虞候。其后二年，以从征淮南功，始升殿前都指挥使。他虽然年纪略长于张永德（世宗死时匡胤三十四岁），勋望却远在永德之下。但他至少有以下的几件事，给世宗很深的印象。他从征淮南时，有一次驻兵某城，半夜，

他的父亲率兵来到城下,传令开城。他说:"父子固然是至亲,但城门的启闭乃是王事。"一直让他的父亲等到天亮。从征淮南后,有人告他偷运了几车财宝回来,世宗派人去检查,打开箱笼,尽是书籍,一共有几千卷,此外更无他物。原来他为人沉默寡言,嗜好淡薄,只是爱书,在军中是时常手不释卷的。南唐对后周称臣讲好后,想离间世宗对他的信任,尝派人送他白银三千两,他全数缴呈内府。从殿前都点检的破格超升,可见在这"易君如置棋"的时代,世宗替他身后的七岁幼儿打算,认为在军界中再没有比赵匡胤更忠实可靠的人了。

二

世宗死后半年,在显德七年(公元960年)的元旦,朝廷忽然接到北边的奏报,说北汉又联合契丹入寇。怎样应付呢?禁军的四巨头中,李重进(侍卫都指挥使,周太祖的外甥)是时已领兵出镇扬州;绰号"韩瞠眼"的韩通(侍卫副都指挥使)虽然对皇室特别忠勤,却是一个毫无智谋的老粗,难以独当一面。宰相范质等不假思索,便决定派赵匡胤和慕容延钊(副都点检)出去御敌。

初二日,慕容延钊领前锋先行。是日,都城中突然喧传明天大军出发的时候,就要册立赵点检做天子。但有智识的人多认为这是无根的谣言。先前也有人上书给范质说赵匡胤不稳,要加提防。韩通的儿子,绰号韩橐驼的,也劝乃父及早设法把赵匡胤除掉。但是他做都点检才半年,毫无不臣的痕迹,谁能以小人之心度君子之腹呢?但这一天不知从何而来的关于他的谣言,却布遍了都城,有钱的人家纷纷搬运细软,出城躲避。他们怕什么?稍为年长的人都记得:恰恰十年前，也是北边奏报契丹入寇，也是派兵出征；约莫一个月后，出征的军队掉头回来，统兵的人就做了皇帝（即周太祖）。他给部下放了三天假，整个都城几乎被抢掠一空。现在旧戏又要重演了罢？

初三日，赵匡胤领大军出发。城中安然无事，谣言平息。

初四日上午，出发的军队竟回城了！谣言竟成事实了！据说队伍到了陈桥，当天晚上军士忽然哗变，非要赵点检做天子不可，他只得将就。但出乎大家意料之外的，这回军士却严守秩序，秋毫无犯。在整个变局中，都城里只发生过一次小小的暴行。是日早朝还未散，韩通在内廷闻变，仓皇奔跑回家，打算调兵抵抗，半路给一个军校追逐着，才到家，来不及关门便被杀死；那军校把他全家也屠杀了。都城中已没有赵匡胤的敌人了。一切仪文从略。是日傍晚，赵匡胤即皇帝位。因为他曾领过宋州节度使的职衔，定国号为宋；他便是宋太祖。

在外的后周将帅中，不附宋太祖的，唯有镇守扬州一带的李重进和镇守潞州一带的李筠。四月，李筠结合北汉（占今山西全省除东南隅及雁门关以北）首先发难。李重进闻讯，派人去和他联络，准备响应。那位使人却偷到汴京，把扬州方面的虚实告诉了宋太祖，并受了密旨，回去力劝重进不可轻举。重进听信了他，按兵不动。北汉和后周原是死对头，而李筠口口声声忠于后周，双方貌合神离。他又不肯用谋士的计策：急行乘虚西出怀孟，占领洛阳为根据，以争天下；却困守一隅，坐待挨打。结果，不到三个月，兵败城破，赴火而死。九月，李重进在进退两难的情势下勉强起兵。他求援于南唐，南唐反把他的请求报告宋朝。他还未发动，亲信已有跳城归宋的。他在狐疑中，不问皂白，把三十多个将校一时杀掉。三个月内，扬州也陷落，他举家自焚而死。

三

宋太祖既统一了后周的领土，进一步便着手统一中国。是时在中国境内割据自主的区域，除宋以外大小有八，兹按其后来归入宋朝的次序，列表如下：

区域	今地	统治者名义	入宋年
荆南	湖北江陵以西及四川峡道	宋荆南节度使	公元963年
湖南	略当湖南省	宋武平节度使	公元963年
蜀	四川省除峡道	称帝	公元965年
南汉	两广全部及湖南一部分	称帝	公元966年
南唐	苏皖的长江以南区、湖北东南部（包武昌）、江西全部及福建西部	称唐主奉宋正朔	公元975年
闽南	福建漳泉一带	唐清源节度使	公元978年
吴越	浙江全部、福建东北部及江苏苏松区	称吴越王奉宋正朔	公元978年
北汉	山西全省除东南隅及雁门关以北	称帝	公元979年

太祖的统一工作，大致上遵守着"图难于其易"的原则。荆南、湖南皆地狭兵寡，不足以抗拒北朝，过去只因中原多故，或因北朝把它们置作后图，所以暂得苟全。太祖却首先向它们下手。他乘湖南内乱，遣军假道荆南去讨伐。宋军既到了荆南，却先把它灭掉，然后下湖南，既定两湖，便西溯长江，南下阁道，两路取蜀。蜀主孟昶是一纨绔少年，他的溺器也用七宝装成。他的命运，可用他的一个爱妃（花蕊夫人）的一首诗来交代：

> 君王城上竖降旗,妾在深宫那得知!
>
> 十四万人齐解甲,宁无一个是男儿?

这些解甲的军士中,至少有二万七千被屠,而宋兵入蜀的只有三万。次取南汉。南汉主刘𬬮比孟昶更糟,是一变态的糊涂虫,成日家只在后宫同波斯女之类胡缠,国事委托给宦官;仅有的一二忠臣良将,因随便的几句谗言,便重则族诛,轻则赐死。他最后的办法是把珍宝和妃嫔载入巨舶,准备浮海。这些巨舶却给宦官盗走,他只得素衣白马,叩首乞降。次合吴越夹攻南唐。南唐主李煜是一绝世的艺术天才。在中国文学史中,五代是词的时代,而李煜(即李后主)的词,凄清婉丽,纯粹自然,为五代冠。读者在任何词的选本中都可以碰到他的作品。他不独爱文学,也爱音乐、书画,以及其他一切雅玩;也爱佛理,更爱女人。在一切这些爱好的沉溺中,军事、政治、俗务的照顾,只是他的余力之余了。他遇着宋太祖,正是秀才遇着兵,其命运无待龟蓍。以下是他在被俘入汴途中所作的词:

> 帘外雨潺潺,春意阑珊。罗衾不耐五更寒。梦里不知身是客,一晌贪欢。
>
> 独自莫凭栏!无限江山,别时容易见时难。流水落花春去也,天上人间!

和李煜的文雅相称,宋军在南唐也最文明,至少在它的都城(今南京)是如此。"曹彬下江南,不妄杀一人",历史上传为美谈。但江州城(今九江)为李煜坚守不降,后来陷落,全城被屠,横尸三万七千。

南唐亡后次年,太祖便死,寿仅五十,遗下吴越、闽南和北汉的收拾工作给他的继承者,他的胞弟赵匡义,即宋太宗。吴越王钱俶一向以对宋的恭顺和贿赂做他的地位的保障。南唐亡后,他亲自入朝。临归太祖交给他一个黄包袱,嘱咐他,在路上拆看。及拆阅,尽是群臣请扣留他的奏章,他为之感激涕零。太宗即位后,他又来朝,适值闽南的割据者自动把土地献纳,他恐惧,上表,请除去王号和其他种种优礼,同时求归。这回却归不得了!他只得照闽南的办法,也把土地献纳。最后,宋朝可以用全副精神和全部力量图谋北汉了。北汉地域虽小,却是一个顽敌,因它背后有契丹的支持。自从太祖即位以来,它曾屡次东侵,太祖也曾屡加讨伐——有二次兵临太原(北汉都城)城下。其中一次太祖并且亲征。但太祖终于把它放过了。太祖是有意暂时放过它的。他有这样的考虑:北汉北接契丹,西接西夏;北汉本身并不怎样可怕,它存在,还可以替宋朝作西北的缓冲;它若亡,宋朝和这两大敌的接触面便大大增加,那是国防上一个难题。但这难题可暂避而不能终免。吴越归地后不到一年,太宗便大举亲征北汉。契丹照例派兵去救,前军到达白马岭(今山西盂县东北)与宋军只隔一涧。主帅主张等后军到齐,然后决战,监军却要尽先急击,主帅拗不过他,结果契丹军渡涧未半,为宋军所乘,大溃,监军及五将战死,士卒死伤无算。宋军进围太原城。在统一事业中,这是九仞为山的最后一篑之功了。军士冒犯矢石,奋勇争先地登城,甚至使太宗怕死伤过多,传令缓进。半月,城陷,北汉主出降。太宗下令毁太原城,尽迁其居民于榆次,军士放火烧城,老幼奔赴城门不及,烧死了许多。(唐、五代之太原,在今太原西南三十里,太宗毁太原城后,移其州治,即今省会太原。)

四

太祖、太宗两朝对五代制度的因革损益，兹分三项述之如下：（1）军制与国防，（2）官制与科举，（3）国计与民生。

五代是军阀的世界。在稍大的割据区域内，又分为许多小割据区，即"节度使"的管区。节度使在其管区内尽揽兵、财、刑、政的大权，读者从不久以前四川"防区"的情形，便可以推想五代的情形。太祖一方面把地方兵即所谓厢兵的精锐，尽量选送到京师，以充禁军；又令厢兵此后停止教练。这　来厢兵便有兵之名无兵之实了。厢兵的编制是每一指挥管四五百人；每大州有指挥使十余员，次六七员，又次三四员；每州有一马步军都指挥使，总领本州的厢兵，而直隶于中央的侍卫司，即侍卫亲军的统率处。在另一方面，太祖把节度使的行政权和财权，逐渐移归以文臣充任的州县官。这一来"节度使"在宋朝便成为一种荣誉的空衔了。

禁军的组织，大体上仍后周之旧，唯殿前正副都点检二职经太祖废除；殿前和侍卫的正副都指挥使在太宗时亦缺而不置，后沿为例，因此侍卫军的马、步两军无所统属而与殿前军鼎立，宋人合称之为"三衙"。禁军的数目太祖时约有二十万，太宗时增至三十六万。禁军约有一半驻屯京城及其附近；其余一半则分成边境和内地的若干重镇（禁军外戍分布的详情是一尚待探究的问题）。其一半在内而集中，另一半在外而分散。这样，内力永远可以制外，而尾大不掉的局面便无法造成了。太祖又创"更戍法"：外戍各地的禁军，每一或二年更调一次。这一来，禁军可以常常练习行军的劳苦而免怠惰；同时镇守各地的统帅不随戍兵而更动，因此"兵无常帅，帅无常师"，军队便无法成为将官的私有了。

厢军和禁军都是雇佣的军队。为防止兵士逃走，他们脸上都刺着字。此制创自后梁，通行于五代，而宋朝因之。兵士大多数是有家室的。厢兵的饷给较薄，不够他们养家，故多营他业。禁兵的饷给较优，大抵勉强可够养家。据后来仁宗庆历间一位财政大臣（张方平）的报告，禁军的饷给"通人员长行（长行大约是伕役之类）用中等例（禁军分等级，各等级的饷类不同）：每人约料钱（每月）五百，月粮两石五斗，春、冬衣䌷绢六匹，绵十二两，随衣钱三千。……准例（实发）六折"；另外每三年南郊，大赏一次，禁兵均每人可得十五千左右。除厢、禁军外，在河北、河东今山西及陕西等边地，又有由农家壮丁组成的民兵。平时农隙受军事训练，有事时以助守御，而不支官饷。

这里我们应当涉及一个和军制有关的问题，即首都位置的问题。宋都汴梁在一大平原中间，四边全无险阻可资屏蔽，这是战略上很不利的地形。太祖曾打算西迁洛阳，后来的谋臣也每以这首都的地位为虑。为什么迁都之议始终没有实行，一直到了金人第一次兵临汴梁城下之后，宋帝仍死守这地方等金人第二次到来，而束手就缚呢？我们若从宋朝军制的根本原则，从主要外敌的所在，从经济地理的形势各方面着想，便知道宋都有不能离开汴梁的理由。第一，在重内轻外的原则下，禁军的一半以上和禁军家属的大部分集中在京畿，因此军粮的供应和储蓄为一大问题。随着禁军数量的增加，后来中央政府所需要于外给的漕粮，每年增至六七百万石，而京畿的民食犹不在内。在这样情形下，并在当时运输能力的限制下，政治的重心非和现成的经济的重心合一不可。自从唐末以来，一方面因为政治势力由西而东移，一方面因为关中叠经大乱的摧毁和水利交通的失理，汉唐盛时关中盆地的经济繁荣和人口密度也移于华北平原。汴梁正是这大平原的交通枢纽，经唐、五代以来的经营，连渠四达，又有大运河以通长江。宋朝统一后，交通上的人为限制扫除，它便随着成为全国的经济中心了。第二，宋朝的主要外敌是在东北，它的边防重地是中山（今河北定县[1]）、河间、太原三镇，而在重内轻外的原则下，平时兵力只能集中在京畿，而不能集在其他任何地点。因此，都城非建筑在接近边防重镇且便于策应边防重镇的地点不可。汴梁正适合这条件。

五

中央政府的组织，大体上沿袭后周。唐代三省和御史台的躯壳仍然保存，但三省的大部分重要职权，或实际上废除，如门下省的封驳（"封"谓封还诏书，暂不行下；"驳"谓驳正台议），或移到以下几个另外添设的机关：（1）枢密院（创始于后唐）掌军政，与宰相（即"同中书门下平章事"）所主的政事堂对立，并在禁中，合称二府。院的长官（或称"枢密使"，或"知枢密院事"，或"签书枢密院事"）的地位也与宰相抗衡。（2）三司使司（创始于后唐）掌财政，三司使下辖盐铁、度支和户部三使，宋初以参知政事（即副宰相，太祖时创置）或宰相兼领，后置专使。（3）审官院（不知创于何时，后分为审官东院与流内铨）掌中下级

---

[1] 定县，即今河北定州市。——编者注

文官的铨选，其上级文官的铨选则归中书省。（4）三班院（不知创于何时，后分为审官西院与三班院）掌中下级武官的铨选，其上级武官的铨选则归枢密院。（5）审刑院（创始于太宗时）主覆核刑部奏上的重案。枢密院分宰相及兵部之权，三司便分户部之权，审官院分吏部之权，三班院再分兵部之权，审刑院分刑部之权。

地方行政的区域有三级，自下而上是：（1）县；（2）府、州、军、监，通称为郡；（3）路。在郡的四类中，府是经济上或军事上最重要的区域，其数目最少，其面积却最大。通常州所管辖的县数较府为少。军次之，至多只三县，少则一县。监则尽皆只占一县。设监的地方必定是矿冶工业或国家铸钱工厂等所在的地方，监的长官兼管这些工业的课税和工厂的事务。宋初在郡县制度上有两项重要的变革。一是郡设通判（大郡二员，小郡一员，不满万户的郡不设），以为郡长官的副贰；郡长官的命令须要他副署方能生效；同时他可以向皇帝上奏，报告本郡官吏的良劣和职事的修废。因为通判的权柄这样大，郡的长官就很不好做。宋人有一传为话柄的故事如下：有一杭州人，极好食蟹。他做京朝官做腻了，请求外放州官（宋朝京官得请求外放并且指明所要的郡县），有人问他要哪一州。他说我要有蟹食而没有通判的任何一州。二是县尉（县尉制始于汉朝）的恢复。在五代，每县盗贼的缉捕和有关的案件，由驻镇的军校管理，县政府无从过问。宋初把这职权归还县政府，复设县尉以司之。路的划分在宋代几经更改，这里不必详述。太宗完成统一后将全国分为十路，其后陆续于各路设一转运使，除总领本路财赋外，并得考核官吏，纠察刑狱，兴利除弊，实于一路之事无所不管。后来到真宗（太宗子）时，觉得转运使的权太大，不放心，又于每路设一提点刑狱司，将转运使纠察刑狱之权移付之。宋人称转运使司为漕司，提点刑狱司为监司。

宋在变法以前的科举制度，大体上沿袭唐朝进士科独尊以后的规模。但有以下的更革：（1）唐朝每年一举进士，每举以一二十人为常，至多不过三四十人；宋朝每四年一举进士，在太宗时每举常一二百人，后来有多至五六百人的。（2）唐朝进士考试不弥封，不糊名，考官亦不专凭试卷去取，而可以参考举子平日的声誉。因此举子在考试之前，照例把自己的诗赋或其他著作向权要投献，望他们赏识、延誉，以至推荐。宋朝自真宗（一说太宗）时，定糊名制以后，试官于举子只能凭试卷去取了。（3）唐朝进士经礼部录取后，即算及第。宋朝则礼部录取后，还要到殿庭复试，由皇帝亲自出题，这叫作"殿试"。及第与否和及第的等次，是在殿试决定的（仁宗某年以后，殿试只定等次，不关去取）。（4）唐朝进士及第后，如想出仕，还要经吏部再定期考选。"吏部之选，十不及一"，因此许多及第的进士等到头白也得不到一官。宋朝的进士，一经及第，即行授职，名次高的可以得到通判、知县或其他同等级官职。（5）宋朝特定宗室不得参与科试。

从上面所述科举制度的更革，已可以看出宋朝对士大夫的特别优待。但宋朝士大夫所受的优待还不止此。像"官户"免役、免税及中上级官吏"任子"（子孙不经"选举"，特准宦仕）的特权，固然沿自前代（汉代），但宋朝官吏"任子"的权利特别大。台省官六品以上，它官五品以上，每三年南郊大礼时，都有一次"任子"的机会，每次品级最低的荫子或孙一人；品级最高的可荫六人，不拘宗人、外戚、门客以至"医人"（家庭医生）。此外大臣致仕时有"致仕恩泽"，可荫若干人，死后有"遗表恩泽"，可荫若干人。因为科举名额之多，仕途限制之宽和恩荫之广，宋朝的闲职冗官特别多，且日增无已，到后来官俸的供给竟成为财政上的大问题了。更有一由小可以见大的优待士大夫的制度：太祖于每州创立一"公使库"，专以款待旅行中的士大夫。据一个曾受其惠的人的记录："公使库……遇过客（自然不是寻常的过客）必馆置供馈……使人无旅寓之叹。此盖古人传食诸侯之义。下至吏卒（随从）批支口食之类，以济其乏食。承平时士大夫造朝，不赍粮，节用者犹有余以还家。归途礼数如前，但少损。"太祖还有一个远更重大的优待士大夫的立法。他在太庙藏一传诸子孙的密约："誓不杀大臣及言事官。"规定以后每一皇帝于即位之前，在严重的仪式下，独自开阅这誓约。这誓约对宋代政治的影响，读者以后将会看到。

六

宋初财政收入的详细节目，太过烦琐，这里不能尽述，举其重要的如下：（1）"两税"（分夏、秋两季征纳的田赋和资产税）沿唐旧制，而大致仍五代加重的额数，约为唐代的六倍。其中田赋一项，通常每亩产谷十五石而抽一斗（依当时度量），但因为逃税的结果（上官册的田只占实垦田实额约十分之三），大多数豪强或显达田主实纳的田赋远较上设的比率为轻。（2）政府专卖的物品，除沿自唐季的盐、茶、酒，沿自五代的矾外，又有自外海输入的香料。此外，苛税之沿自五代的有（3）通过税（即近代的厘金），每关抽货价的百分之二（现款亦照抽）；又有（4）身丁钱，即人头税。此税只行于江淮以南，迄于闽广（四川除外），因为五代以来本是如此。这种税的负担，加上别的原因，使得这区域的贫民无法维持他们所不能不继续孳生的人口，因而盛行杀婴的习俗。宋朝大文豪苏东坡于这习俗有一段很深刻的描写。他写给一位鄂州知州的一封信道：

> 昨……王殿直天麟见过，……言鄂、岳间田野小人，例只养二男一女。过此，辄死之。尤讳养女。……辄以冷水浸杀之。其父母亦不忍，率常闭目背面，以手按之水盆中，咿嘤良久乃死。……天麟每闻其侧近有此，辄驰救之，量与衣服、饮食，全活者非一。……鄂人有秦光亨者，今已及第，为安州司法。方其在母也，其舅陈遵梦一小儿挽其衣，若有所诉。比两夕辄见之，其状甚急。遵独念其姊有娠将产，而意不乐多子。岂其应是乎？驰往省之，则儿已在水盆中矣。救之得免。

这是宋朝的黄金时代的一斑。

人民除赋税的负担外，还有差役的负担。差役有四种：一是押运官物，二是督征赋税，三是逐捕盗贼，四是在州县衙门供使唤或管杂务。民户分九等，上四等服役，下五等免役。押运（即所谓衙前）和督赋（即所谓里正），最是苦差，当者要负赔偿损失的责任，每至倾家荡产，并且坐牢。宋朝名将韩琦当知并州时，在一封论及役法的奏疏里有这样的描写：

> 州县生民之苦，无重于里正衙前。自兵兴以来，残剥尤甚，至有孀母改嫁、亲族分居。或弃田与人，以免上等。或非命求死，以就单丁。规图百端，苟脱沟壑之患。

这是宋朝的黄金时代的又一斑。

在五代，一方面军阀横行，一方面豪强的兼并也变本加厉。军阀是给太祖兄弟以和平的手段解决了，但豪强的兼并并不妨碍他们的政权，所以他们也熟视无睹。宋初豪强兼并的程度有下列几事为证：

（1）在太宗淳化四年至至道元年（993—995）间，四川成都附近发生一次贫民（也许大部分是农民）的大暴动。他们的领袖李顺的口号，据宋朝国史的记载，是"吾恨贫富不均，吾为汝均之"！他们把官吏杀掉，拿来示众。他们把富人的财产，除了足供养家的一部分外，尽数充公，拿来赈济贫困。他们竟"号令严明，所到一无所犯"，但他们终于一败涂地。

（2）同时在四川盛行着一种沿自五代的"旁户"制度。旁户是隶属于豪家的贫户，豪家所领的旁户，每有数千之多。他们向领主纳租外，并供领主役使，如奴隶一般。当李顺乱起时，有些豪家反率领旁户去响应他。后来事定，太宗想把旁户制度废除，终因怕引起更大的扰乱而止。

（3）同时在江淮以南迄于闽广（即身丁钱制施行的区域），又有一沿自五代的特殊法律：佃户非得田主的许可并给予凭证，不许迁移。这一来，佃户便成了附着于田土的农奴，如欧洲中古时代的情形。这特殊的法律到太宗的孙仁宗时始行废除。仁宗之所以为"仁"，于此可见。

北宋的外患与变法

/ 张荫麟 /

一

自从石晋末年（公元947年），契丹退出汴梁后，它的极盛时代已成过去。白马岭之战使太宗觉得契丹易与。太原攻下之后，他便要一劳永逸地乘胜直取燕云。这十六州的国防要区一天不收回，他的帝国一天不能算是"金瓯无缺"。但是他的部下，上自大将下至兵卒都指望太原攻下之后，可以暂息汗马之劳，同时得到一笔重赏，回家去享享太平福。太宗却不这样想。将士有了资财，哪里还肯卖力去打仗？不如等燕云收复后才给他们一起颁赏也不迟。而将士贪赏求逸的隐衷又怎能向皇帝表示？在迅速的"宸断"之下，太宗便领着充满了失望心情的军队向东北进发。一路所经，易州和涿州的契丹官将先后以城降，不到一月便抵达幽州城（今北平）下，附近的契丹官将又络绎来降。宋军围幽州城三匝，城内空虚，自分无幸。契丹主也准备放弃这重镇。独有一大将（舍利郎君），自告奋勇，请兵赴援，他领兵夤夜兼程，从间道兜到宋军的后方，席卷而北。宋军仓卒应战于今北平西直门外的高梁桥（下为高梁河）一带，立时大败，四散逃窜。幸而契丹主帅受了重伤，不能穷追。败军复集后找寻太宗不得，只当他已死。正议拥戴太祖的儿子继位间，却发现了他，只身乘驴车遁归，大腿上中了两箭。十八年后他就因这伤口的发作而死。

高梁桥之战（太平兴国四年，即公元979年）以后，宋辽边境上的冲突，断断续续地拖了二十几年，彼此都无大进展（京戏中有名的《杨家将》就是在这时代出现的）。太宗于死前三年（公元994年），正当李顺乱事未平之际，曾两次遣使往契丹议和，都为所拒绝。真宗咸平六年（公元1003年），宋殿前都虞候王继忠孤军力战，为契丹所俘。他本是真宗藩邸的亲信，骁勇著名。契丹摄政太后萧氏，很器重他，授以高官，配以贵女。他既荷新宠，又感旧恩，一心要促成宋辽的和好。萧太后和她朝中的领袖们对于边境的拉锯战也未尝不感厌倦，但怎肯平白休兵？次年，他们率领倾国的军队南下，同时由王继忠出面与宋朝通书约和，真宗用宰相寇准的定策，一面严密布置守御，并亲至澶渊（今河北濮阳县[1]西南）督师，一面遣使赴契丹议和。契丹攻瀛州城不下，而其进迫澶渊的前锋的统帅（即去年擒王继忠者）又中伏弩死。两方且战且议的结果便是所谓"澶渊之盟"。构和的条件载于两方交换的誓书内。兹将宋方的誓书录下：

---

[1] 濮阳县，今属河南省，1983年设立濮阳市。——编者注

> 维景德元年，岁次甲辰，十二月庚辰朔，七日丙戌，大宋皇帝谨致誓书于大契丹皇帝阙下：共遵成信，虔奉欢盟，以风土之宜，助军旅之费。每岁以绢二十万匹，银一十万两，更不差使臣专往北朝，只令三司差人搬送至雄州交割。沿边州军，务守疆界；两地人户，不得交侵。或有盗贼逋逃，彼此无令停匿；至于垄亩稼穑，南北勿纵惊骚。所有两朝城池，并可依旧存守，淘濠完葺，一切如常。即不得创筑城隍，开拔河道。誓书之外，各无所求。必务协同，庶存悠久。自此保安黎献，慎守封陲。质于天地神祇，告于宗庙社稷。子孙共守，传之无穷。有渝此盟，不克享国。昭昭天鉴，当共殛之！……

据说，宋方的使人临行时，真宗吩咐他道："若不得已，许与契丹的岁币，不妨添到一百万。"寇准却把使人召来，对他说："虽有御旨，若许过三十万，我便砍你的头。"其后使人定约回来，真宗正在幕内用膳，不及召见，先差太监去探问。使人在幕外，不便扬声，只把三个指头向额上一点。那太监当为三百万禀报。真宗听了道："太多，也罢，姑且了事。"

二

澶渊之盟后，宋朝边境保持了三十年完全的和平，而有西夏赵元昊之患。西夏原初的地域大略包括今陕北的无定河以西、延水之北和绥远的鄂尔多斯。这区域在唐以来为羌族所散布。唐末，这区域的守将拓跋氏（北魏之后）割据自主，传世至宋。太宗时，西夏叛而复附，附而复叛。澶渊之盟前一年，西夏攻占灵州（今宁夏灵武县[1]西南），盟后二年，又复就抚。是时西夏之于宋边，还不过是癣疥之患。至仁宗明道元年（公元1032年），赵元昊（赵是太宗时赐姓）继位，而形势大变。元昊从小就是一个异凡的人物，不独精娴武事，并且通蕃（盖指藏族）汉文字，从法律书、兵书，以至佛典，无所不读；又能绘画，能出新意创制器物。他劝其父不要臣属中国。其父说："我们三十年来，周身锦绮，都是宋朝所赐，怎好负恩？"他说："穿兽皮，勤力牧畜，是蕃人的天性。大丈夫要为王为霸，锦绮算什么？"在继位之前，他曾领兵西征回鹘，连取了甘州和西凉府（并在今甘肃省河西地）。既继位，模仿宋朝制度，改革政府组织。自创西夏字根，命人演成西夏文字，又命人拿来译《孝经》《尔雅》《论语》等书（西夏文译的佛经和其他西夏文书现在还有留存）。他有蕃汉兵十五六万，仍都兴州（今宁夏银川）；西取回鹘的沙、瓜、肃三州（并在今甘肃河西），东南寇宋。他继位之初已私自改元，第七年（公元1038年），便正式称帝，定国号为大夏。此后，宋在今陕西黄河近岸、延水流域，以迄甘肃的环县、庆阳、泾川、固原一带的边境上，和西夏展开四年的苦战。宋方的主要将帅是安阳人韩琦和苏州人范仲淹。范之参预这次军事，原是由韩的举荐，但初时二人的战略根本不同。韩主张集中兵力，深入进攻，一举击破敌主力。他也知道这是冒险的事，但他以为"大凡用兵，当置胜败于度外"。范却以为"承平岁久，无宿将精兵，一旦兴深入之谋，国之安危，未可知也"；"为今之计，

---

[1] 灵武县，即今灵武市。——编者注

宜严戒边城，使持久可守；实关内（即关中），使无虚可乘；若寇至边城，清野不与大战。关中稍实，〔敌〕岂敢深入？二三年间，彼自困弱"。他又主张军事与外交并用，亲自作书，劝元昊罢兵称臣，时人多以他为怯。庆历元年（公元1041年），韩琦巡边至镇戎军（今甘肃固原），派兵数万，深入敌后，窥取羊牧隆城（今甘肃隆德附近）。所遣的统领官贪利轻进，陷入敌人的大包围中，全军尽覆。兵士阵亡的，据当时边庭低折的报告，也有一万零三百人。这是宋与西夏战役中最惨的败仗，中外为之震撼。契丹乘这机会，蠢蠢欲动，次年便向宋朝提出割地的要求。宋朝只得增加岁币银十万两、绢十万匹（加原额三分之二），以为宽免割地的代价。经这一役的教训，韩琦只得接受范仲淹的清野固守政策。从此二人同心协力，作持久计。二人皆名重一时，人心归向，又皆号令严明，爱抚士卒，对近边的羌人部落，也推诚相与，恩威并用。士卒用命，羌人感畏，边境渐安。边民为之歌唱道：

军中有一韩，西贼闻之心胆寒！

军中有一范，西贼闻之惊破胆！

这两位使西贼"心胆寒""惊破胆"的大将可都不是雄起起的武夫，而是温雅雍容的儒者。那羌人尊称为"龙图老子"（因为他带"龙图阁直学士"衔）的范公，并且是一代的作手，他这时在军中的歌咏，为宋人所传诵的，兹录一首如下：

塞下秋来风景异，衡阳雁去无留意。四面边声连角起，千嶂里，长烟落日孤城闭。

浊酒一杯家万里，燕然未勒归无计。羌管悠悠霜满地，人不寐，将军白发征夫泪。

宋朝虽守住了西北边境，却谈不到犁庭扫穴。因为宋取防堵的战略，需要兵力特别多。自对西夏用兵以来，禁军从四十余万增至八十余万，军队的维持费自然照这比率增加，而战时的非常支出还不算。政府虽把税收入增到无可再增（例如以较真宗景德时，商税、酒税皆增四倍余，盐税增一倍余），仍不敷甚巨，只得把太祖、太宗以来的储蓄，拿来支用。到西夏事定时，"百年之积，惟存空簿"了。朝廷对元昊自始就没有关闭和平的路，只要罢兵称臣，在相当限度内，银绢是不吝惜的。元昊见宋边无隙可乘，又适值国内发生严重的天灾，便于庆历三年（公元1043年）遣使来讲和。两方所争的只是元昊称呼，来使所持元昊的文书自称"男邦尼定国兀卒上书父大宋皇帝"。兀卒是他自取的名，意思是"我的祖宗"。继后他的文书，竟直用汉译作"吾祖"。但这不过是一种讨价的刁难，次年元昊便答应取消这个怪名，而对国内自称夏国王，对宋称臣。宋朝则答应每年"赐"他绢十万匹，银七万两，茶四万斤。和议成后四年，元昊因为占夺新娶的媳妇，为其子所杀，年四十六。

三

范仲淹自从读书应举时，便"以天下为己任"。他常说："士当先天下之忧而忧，后天下之乐而乐。"远在仁宗天圣三年（公元1025年），即元昊僭号之前十三年，当他任大理寺丞（年三十七，登进士第后十年）时，他已看见国家隐伏的危机，上书朝廷，倡言改革。书中最精警的一段道：

圣人之有天下也，文经之，武纬之，此二道者，天下之大柄也……相济而行，不可斯须而去焉。……《道经》曰："祸兮福所倚，福兮祸所伏。"又曰："防之于未萌，治之于未乱。"圣人当福而知祸，在治而防乱。……我国家……自真宗皇帝之初，犹有旧将旧兵，多经战敌，四夷之患，足以御防。今天下休兵余二十载，昔之战者，今已老矣。今之少者，未知战事。人不知战，国不虑危，岂圣人之意哉？而况守在四夷，不可不虑。古来和好，鲜克始终。……今自京至边，并无关险。其或恩信不守，衅端忽作，戎马一纵，信宿千里。若边少名将，则惧而不守，或守而不战，或战而无功，再扣澶渊，岂必寻好？未知果有几将，可代长城？伏望圣慈……与大臣论武于朝，以保天下。先命大臣密举忠义有谋之人，授以方略，委以边任；次命武臣密举壮勇出群之士，任以武事，迁其等差……列于边塞，足备非常。……至于尘埃之间，岂无壮士？宜复唐之武举，则英雄之辈，愿在彀中。此圣人居安虑危之备，备而无用，国家之福也。

除了国防整顿外，仲淹于官吏的选任、人才的储养、直谏之奖励、文风浮薄之救正、君德之修省，皆有所规陈。但他这封富于预言性的奏书，竟未曾发生一点实际的影响。

庆历三年（公元1043年），当元昊使来，西事大定之后，仲淹被召入朝为枢密副使，旋任参知政事，一时朝野倾心属目。他于就职的次月，上了一封"万言书"，条陈兴革事宜十项。这十项中除关于民生的两项（厚农桑，减徭役）外，其余大旨不出天圣三年的建议的范围，不过比从前更为周详、更为具体罢了。现在把其中比较最重要的六项归入四纲领，节述如下：

（一）关于国防建设的。恢复唐朝的府兵制："先于畿内并近辅州府召募强壮之人，充京畿卫士，得五万人，以助正兵，足为强盛，三时务农……一时教战。……候京畿近辅召募卫兵已成次第，然后诸道效此渐可施行。"

（二）关于民生的。（甲）厚农桑："请每岁之秋，降敕下诸路转运司，令辖下州军吏民各言农桑之间可兴之利，可去之害，或合开河渠，或筑堤堰坡塘之类，并委本州运选官计定工料，每岁于二月间兴役半月而罢，仍具功绩闻奏。"（乙）减徭役：省并户口虚少的县份，使这些县民繁重的徭役可以减轻（因人民须服役于县衙，县多户少，则役重）。

（三）关于科举制度的。"请诸路州郡有学校处奏举通经有道之士，专于教授，务在兴行。……重定外郡发解条约，须是履行无恶、艺业及等者方得解荐，更不弥封试卷。……其考较进士，以策论高、词赋次者为优等，策论平、词赋优者为次等。诸科，经旨通者为优等，墨义通者为次等。……进士、诸科，并以优等及第者放选注官，次等及第者守本科选限。"

（四）关于用人行政的。（甲）明黜陟：是时成例，"文资三年一迁，武职五年一迁，谓之磨勘。……虽愚暗鄙猥，人莫齿之，而……坐至卿监丞郎者历历皆是"。仲淹请严定考绩之法，使无功不擢，有善必赏。（乙）抑侥幸：自真宗以后，恩荫愈滥，"两省至知杂御史以上，每遇〔三〕年南郊并〔每年〕圣节（皇帝生日）各奏子充京官，少卿监奏一子充试衔……其大两省等官……复更（例外）每岁奏荐。……假有任学士以上官，经二十年者，则一家兄弟子孙出京官二十人，仍接次升朝"。仲淹请废圣节恩荫之例，其余恩荫的优待，亦大加减损。

仲淹任参知政事不满一年，便在怨谤丛集之下，不安于位而去。他所提出的改革方案中，复府兵一项，因其他大臣一致反对，谈不到实施；变科举一项，已完全实行，但他去职后不久，旧制又被恢复；其他各项，若不是未及着手，便是才开了一点端绪，便因他的去职而停息。他去职后，出巡西北边，其后历知州郡，八年而殁（公元1053年[1]），谥文正。

仲淹字希文，二岁丧父，其母携他改嫁长山（在今山东）朱氏。初从朱姓，名说。至二十九岁，始复本姓，定今名。年二十一，中"学究"科。继后读书于长山的山寺中。这时他的生活很清苦，每日煮一锅粥，划为四块，早晚取两块，加上几茎荠菜和一些盐便算一餐。年二十三，得知自己的身世，立即带着琴剑，离开朱家。其母派人追及他，他说："十年后，等我中了第，再来迎接母亲。"他投入南京（宋以商丘为南京）的府立学舍，在学舍中更加贫乏，有时连馇粥也不饱，夜间被盖不够，就和衣而睡。真宗巡幸南京，学舍生徒皆往观看，他独不出。南京留守的儿子和他同学，见他的情形和留守谈及。留守命人送了他好些肴馔，他收下，却一直等到腐败也不一动。留守的儿子问故，他说："并非不感谢厚意，可是食粥已久，安之若素，一旦享受了这嘉肴，以后吃粥还吃得下么？"年二十七，登进士第。初仕为广德军司理参军（法官），常为断狱事和郡长官争是非。长官

---

[1] 应为公元1052年。——编者注

每盛怒临他,他一点也不摇动,归去便把和长官往来辩论的话记在屏风上,等到满任,整副屏风都写满了。后来知开封府时,有一宦官,倚势作威,中外畏惧,他独抗疏弹劾;自知此事危险,疏上之后,嘱咐诸儿子,他若不幸,以后他们不可做官,但在他墓旁设馆,教书度日。他虽显贵,常以节约表率家人。非宴客,食不重肉。每夜就寝前,自计一日间自奉的费用和所做的事,若觉得两者可以相当,便熟睡,否则终夜不安,次日必设法做一有益于人的事以为抵补。他为次子娶妇,听说妇家以纱罗给她做帏幔,便怒道:"罗绮岂是做帏幔之物?我家一向清俭,怎得乱我家法?若敢拿来我家,必把它当众烧掉。"他的起人景慕的遗闻轶事,可以写一本书,这里选择的只代表他的不移于贫贱,不淫于富贵,不屈于威武的性格,即孟子所谓"大丈夫"的性格。

仲淹死后八年,当仁宗嘉祐五年(公元1060年),王安石(时年四十)自江东提点刑狱,任满应召,赴阙也上了一封"万言书"[1],他也觉得国家的现状非变革不可,但他认为变法的先决问题是人才的问题。照他的人才的标准,这时无论在中央或在地方,在位或在野,都缺乏人才。"今以一路数千里之间,能推行朝廷之法令,知其所缓急,而一切能使民以修其职事者甚少,而不才苟简贪鄙下人至不可胜数。……朝廷每一令下,其意虽善,在位者尤不能推行,使膏泽加于民,而吏辄缘之为奸,以扰百姓。"为什么人才这样缺乏呢?他

---

[1] 据今通行说法,王安石上"万言书"的时间应为嘉祐三年(公元1058年),即范仲淹死后六年,王安石时年三十八。——编者注

以为由于"教之、养之、取之、任之"不得其道。什么是"教之"之道呢?他以为国家应自都城以至乡镇,遍设学校,凡优秀的青年都取入学校,由国家供养,严选教师,教以"朝廷礼乐刑政之事"。所谓"刑政"之事,包括军事。"先王之时,士之所学者文武之道也。士之才有……大小。……至于武事则随其才之大小无有不学者也。故其大者居则为六官之卿,出则为六军之将也。其次则比、闾、族、党之师,亦皆卒两师旅之帅也。"什么是"养之"之道呢?他以为国家于取入学校和仕于政府的士人,应当"饶之以财,约之以礼(自婚、丧、祭、养、燕享,以至服食器用皆有定制),裁之以法"。什么是"取之"之道呢?他说"取人必于乡党,于庠序,使众人推其所谓贤能,书之以告于上而察之,〔试之以事〕诚贤能也,然后随其德之大小、才之高下而官使之"。至于"任之"之道,则任期要久,职责要专,并待以严格的考绩之法。简单地说:要变法,积极方面当从政治和军事教育的普及化做起;消极方面当首先废除以文辞和记诵取士的科举制度。他认为这是逼切的需要。他警告仁宗以下面一类故事:

> 昔晋武帝,趣过目前而不为子孙长远之谋。当时在位亦皆偷合苟容,而风俗荡然,弃礼义,捐法制。上下同失,莫以为非。有识者固知其将必乱矣。而其后果海内大扰,中国列于夷狄者二百余年。

但他这封书的效果和三十五年[1]前(天圣三年)范仲淹所上的那封书一样。

---

[1] 据前注,此处应为三十三年。——编者注

四

仁宗在位四十二年，无子，以从侄继，是为英宗。英宗在位四年，其子继，是为神宗。

神宗即位时才二十岁（以足岁计还未满十九）。他做皇子时，谦恭好学，优礼宾师，很得士林的称誉。他是感觉异常敏锐的人。他即位之初，和朝臣谈到太宗的死状，至于堕泪。他立志要兴振中国，收复燕云的失地，湔雪祖宗的耻辱。以稚年临御，承积弱之后，而发奋图强，在这一点上，他和汉武帝正相符同（他即位时比武帝长三四岁）。他一生的事业也似乎隐隐以武帝为榜样。但他的福命不如武帝：武帝寿六十九，他寿仅三十八。他所处的时代也和武帝所处的大不相同。武帝初年，当长期休息之后，公家的财力绰裕盈溢；而神宗即位时，不独府库虚竭，国计也濒于入不敷出了。武帝承景帝深文酷法、繁刑严诛的余风，其时主威赫铄，法为国是，令出必行；而宋太祖"誓不杀大臣及言事官"的家法和真、仁两朝过度的宽柔，寖假造成政治上一种变态的离心力：以敌视当权为勇敢，以反对法令为高超，以言事得罪为无上的光荣。政府每有什么出乎故常的施为，必遭受四方八面寻瑕抵隙的攻击，直至它被打消为止。范仲淹的改革就在这样的空气里失败的。英宗朝因为追尊皇帝本生父的名号的小小问题（即所谓"濮议"，英宗本生父原为濮王），笔舌的战争就闹得天翻地覆。到神宗即位时，这种政治上变态的离心力久已积重难返了。再者，汉初去春秋战国"军事中心"的时代不久，尚武之风未泯，右文之政未兴，故将才易求，斗士易得，图强易效。宋初惩五季军人恣横之弊，一意崇文抑武，三衙实际的长官爵不过四品至六品，唐朝的武举制度也废而不行，军为世贱，士耻言兵，结果良将勇士，两皆寥落。神宗朝重大的战役多委之宦者李宪，其时军事人才的缺乏可想见了。

神宗做皇子时，对王安石久已心仪神往。他即位时，安石方以前知制诰的资格，闲住在金陵。他正月即位，闰三月便命安石知江宁府，九月便命安石为翰林学士。其后三年间，安石遂历参知政事而至宰相。这王安石是江南西路临川县人。其父历知韶州及江宁府通判。他少年时代的优裕顺适和范仲淹恰成对照。据说他的"眼睛如龙"，读书过目不忘。他二十四岁便登进士第，本取第一，因赋卷中语犯忌讳改置第四。可是他一生从没有和人谈及这件得意的失意事。他的诗文在文学史上都属第一流，并且为当代文宗欧阳修深所心折。欧初识他时，赠他的诗有"翰林风月三千首，吏部文章二百年"之句，直以李白、韩愈相拟。他不独以文名，德行、政事也无不为侪辈所推服。他官知制诰时，他的夫人给他买了一个妾，那是当时达官应有的事。安石见了她，就问："哪里来的女子？"答道："夫人叫我来伺候舍人的。"问她的来历，原来她的丈夫是一个军校，因运米损失，家产入官，还不够赔，便把她卖掉，得价九十万钱。安石立即命人把她的丈夫找来，让他们复为夫妇。他官知制诰后，居母丧，年已四十余，却尽极哀毁，在厅堂里以槁枯席地，坐卧其上。有一天，某知府给他送一封信，那差人看了他的样子，只当他是一个老仆，叫他递入内宅。他在槁席上拿了信就拆。那差人嚷骂道："舍人的信，院子也拆得的吗？"左右告诉差人那就是舍人！他于书卷外，一切嗜欲都异常淡薄，对衣食住都漠不关心。后来毁他的人便说他"囚首垢面而谈诗书"。他于荣禄也未曾表现过一点兴趣。宋朝的"养馆职"（"三馆"是国家的图书馆和史馆）是朝廷储才待用的机关，地位极清高，也是仕宦上进必由之路。照例进士名列前茅的，初仕任满后可以请求考试馆职，他却不去请求。再经两任（三年一任）外官之后，大臣荐他去考试馆职，他也不赴。再历一任外官之后，朝廷直接授他馆职，他也不就。再经一任外官之后，朝廷又授他以更高的馆职，他于屡辞之后，才勉强俯就。但他不是没有办事的才能。他在政治上的好处，后来的史家极力埋没，但我们于他早年的政绩还可以找得一例：他知鄞县任满后，县人就给建立生祠。这样一个德行、文章、政事的全人，他在仕途上愈懒于进取，朝野的有心人愈盼望他进取。当他给仁宗上"万言书"的时候，他久已声满天下。可是到了他由江宁知府，而翰林学士，而参知政事，而宰相，一直猛跳的时候，到了天爵和人爵极备于他一身的时候，先进和后进的同僚，包括那正人君子的领袖司马光，都不免对他侧目而视了。

五

我们读史有时可于异中见同。汉武帝初年，财政和军备都没有问题，所以他的事业的第一步是开边；到了后来因兵事的耗费，财政不足，才施行新经济政策。神宗即位时的情形正正相反，所以他的事业的第一步是经济、军事，以至教育上种种建设和改革；后来这些兴革有了相当成效，才着手开边。两人事业的程序是"易地则皆然"的。

神宗在王安石的辅导下所行的新法，现在择其重要的，分经济、军事、教育三类，每类依颁行的次序述之如下。

一、经济

（甲）青苗法［熙宁二年（公元1069年）九月颁布］。其法：各地方政府，每年二次举行放款，听人民自由请贷（第一等户每次所贷不得过钱十五贯，以下递减），半年为期，取息二分。这种贷款叫作"青苗钱"，因每年第一次散放是在苗青的时候。此法初行时，官吏邀功，每强迫富人称贷，这叫作抑配，后立法严禁。二分的利息，现在看来，似乎不轻，但在当时，因为通货稀少，民间的利息很高，以五分为常，甚至有一年倍本的。此法固然是政府的生财之道，也是感觉青黄不接之苦的农民的一大福音。以重利盘剥为业的豪强对此法的痛恨是很容易了解的，但司马光所代表的一班士大夫对此法之原则上的反对是比较不容易了解的。

（乙）农田利害条约（熙宁二年十一月颁布）。这法令原文的节略如下：

> 凡有能知土地所宜种植之法，及修复陂湖河港；或元无陂塘、圩埠、堤堰、沟洫，而可以创修；或水利可及众，而为人所擅有；或田去河港不远，为地界所隔，可以均济流通者。县有废田旷土，可纠合兴修。大川沟渎，浅塞荒秽，合行浚导。及陂塘堰埭，可以取水灌溉，若废坏可兴治者。各述所见，编为图籍，上之有司。其土田迫大川，数经水害；或地势汙下，雨潦所钟；要在修筑圩埠、堤防之类，以障水涝；或疏导沟洫、畎浍，以泄积水。县不能办，州为遣官。事关数州，具奏取旨。民修水利，许贷常平钱谷给用。

这法令的实效是：截至熙宁九年（公元1076年）止，全国兴修的水利田共三十六万余顷。但反对党在这事实下注上一句道："民给役劳扰。"

（丙）募役法［熙宁三年（公元1070年）十二月颁布］。其法要点：是令本来有徭役义务的人民，输钱代替，这叫作"免役钱"；官户（即仕宦之家）、寺观、女户等等，本来没有徭役义务的也令出"助役钱"，其数比免役钱减半。免役和助役钱的征收率，按各地方政府雇役的需要和资产的等级（分五等）而定；于免役和助役钱的本项外，加征二分，叫作免役或助役宽剩钱，此款原定以备凶荒之用，后来解归国库。募役法对平民是有史以来一大解放，唯官户不免因之蒙受一点小小的损失，其遭受士大夫的反对是势有必至的。

募役法为安石经济政策中最先急的项目。安石曾对神宗说（熙宁四年二月）："今所以未举事者，凡以财不足，故臣以理财为方今先急，未暇理财而先举事，则事难济。臣固尝论天下事如弈棋，以下子先后当否为胜负，又论理财以农事为急，农以去其疾苦、抑兼并、便趣农为急，此臣所以汲汲于差役之法也。"

（丁）市易法（熙宁五年三月颁布）。此即汉武帝时的平准法的扩大。平准法只行于京师，市易法则推行于京师以外。隶属于京师市易务的分支市易务，设置于下列各处：杭州、黔川（今四川彭水县[1]）、成都、广州、郓州（今山东东平县西北）。反对党反对此法的理由是："与商贾争利。"

---

[1] 彭水县，今属重庆市。——编者注

二、军事

（甲）保甲法。此法实即旧有乡兵制的改良和扩大，其实行有四个重要的步骤。第一步（熙宁三年十二月）：编民户十家为一保，五保为一大保，十大保为一都保；保有保长，大保有大保长，都保有都保正和副都保正，各选本组织内才勇为众所服的主户（地主或自耕农）人丁充当；家有两丁以上的，选一人为保丁，两丁以外的余丁亦选其壮勇的充保丁。每大保每夜轮派五人警盗，同保有犯强盗、杀人、放火等重罪而知情不举的坐罪，保内有容留强盗三人以上过三日以上者，其邻舍虽不知情亦坐罪。此法先行于畿内，以次推及全国。第二步（熙宁四年）：奖励畿内保丁习武，每年于农隙分地举行会试，试骑步射法，上等的当授官职，以次至四等予赏有差。第三步（熙宁五年）：许畿内主户保丁"上番"（即赴各县巡检司服巡警之役），十日一换；月给口粮和薪菜钱。第四步［元丰二年至四年（1079—1081）］：予保甲长及保丁以严格的武艺教练，先以禁军的教头教大保长，三年艺成，乃以大保长为教头，教保丁。此法先行于畿内，次及河北、河东、陕西三路。到了熙宁四年，这三路共有受训完毕的保丁约七十万人。第四步的开始施行已在王安石去位后三年。

与保甲法约略同时实行的是募兵的裁减，但所裁减的，厢兵居多（其数不详），禁兵较少。计禁军总数在英宗末年为六十六万余，在熙宁间为五十六万余，在元丰间为六十一万余。

在安石的军事计划中，保甲法原是恢复府兵制以代替募兵制的准备。在施行保甲法第一步之前，安石已与神宗讲论府兵之制，打算以渐复行之。关于此事，安石在所撰《熙宁奏对日录》中曾有记载，此书已佚（此书百二十卷为我国历史文件中稀有之宝，佚去太可惜，幸大部分已为李焘采入《续通鉴长编》中，但经删修，本来面目已失，唯宋人陈瓘《四明尊尧集》引五十余则，可于此见其内容一斑），兹据朱熹所引，摘录如下：

余……为上言募兵之害，终不可经久。金以为如此。

余曰："今养兵虽多，及用则患少，以民与兵为两故也。又五代祸乱之虞，终不能去；以此等皆本无赖奸猾之人故也。"

上因问府兵之制曰："何处言府兵最备？"

余曰："李邺侯传言之详备。"

上曰："府兵与租庸调法相须否？"

余曰："今上番供役，则以衣粮给之，则无贫富皆可以入卫出戍。虽未有租庸调法，亦可为也。但义勇不须刺手背。刺手背何补于制御之实？今既以良民为之，当以礼义奖养。刺手背但使其不乐，而实无补也。又择其乡间豪杰为之将校，量加奖拔，则人自悦服。今募兵为宿卫，乃有积官至刺史防团者。移此与彼，固无不可。况不至如此费官禄，已足使人乐为之。陛下审择近臣，使皆有政事之材，则他时可令分将此等军。今募兵出于无赖之人，尚可为军厢主，则近臣以上岂不可及此辈？此乃先王成法，社稷之大计也。"

上良以为然。

随后安石即奏上记载唐府兵法最详的《邺侯家传》。此奏原稿曾为朱熹所藏。朱熹说："〔予〕独爱其纸尾三行，语气凌厉，笔势低昂，尚有以见其跨越古今、斡旋宇宙之意。疑此非小故也。"又说："抑公此纸，词气激烈，笔势低昂，高视一时，下陋千古，而版本文集所载，乃更为卑顺容悦之意，是必自疑其亢厉已甚，而抑损之，其虑深矣。然论其实似不若此纸之云，发于邂逅感触之初，尤足以见其胸怀本趣之为快也。夫以荆公之得神祖，可谓千载之一时矣，顾乃低佪若此，而犹未免有郁郁之怀。君臣之际，功名之会，呜呼难哉！"

神宗到底认府兵制为不可复行，故安石罢政后，不再谈及，其旨似以保甲为防守的辅助力，而战斗的主力仍任募兵。

（乙）保马法（熙宁五年，元丰七年）。此与汉武帝时之"马复令"（许人民养官马以减免徭役）相近。其法：于畿内及京东、京西、河北、河东、陕西五路许人民领官马自养，或领官钱买马自养，每户不过两匹；养官马之家，公家给以钱帛，并免除其捐税的一部分（后来畿内不给钱帛），同时养户自然得使用所养官马。属三等以上的养户十家为一保，属四等以下的养户十家为一社；一保之内，马有死者，十家共偿其值；一社之内，马有死者，十家共偿其值之半。后来又令京东、京西两路保甲户一律养马，而免除其教阅及此外若干保甲的职责。

（丙）更戍法的废除（熙宁七年至元丰四年）。更戍法本以防止兵为将有，但结果"兵不知将，将不知兵，临事应变，精神散漫，指挥不灵"；禁军之不振，这是其原因之一。神宗和安石有鉴于此，逐渐于各路的军略要地取消更戍法，而设置固定的驻防禁军，由固定的主将，就地训练。这种驻防军的设置，当时称为"置将"。"将"是当时军队新编制中的一种单位，一将约有三千人上下，仿佛现在的一师。

三、教育

（甲）变科举。熙宁四年，罢进士以外的"诸科"（诸科是专考记诵的），令除曾应考"诸科"不第的人外，不得参加此种考试；增加进士的名额；进士试废诗赋，专用经义策论；所试群经，但取《易》《诗》《书》《周礼》《礼记》及《论语》《孟子》，而废弃旧有的《春秋》和《仪礼》（同时太学教授及经筵进讲亦废之）。

（乙）变学制，兴学校。（1）宋初的太学只是品官子弟考"取解"（取解即取得应进士试的资格，平民在本州取解）的机关，有学校之名而无肆学之实。至仁宗皇祐末，在湖州大儒胡瑗的管领下，太学才成为一真正讲学的机关，但其时学生不过二百人，胡瑗去后，又渐复原状。神宗即位，增太学生额为三百人，后又增为九百人。熙宁四年分太学为三舍，外舍生无定员，新生充之（太学生仍限品官子弟）；外舍生经考选入内舍，内舍生额三百人，内舍生经考选入上舍，上舍生额百人；上舍生考取优等的荐于中书，授以官职。元丰二年，增太学生额外舍二千，内舍三百，上舍一百；规定除月考外，每年各舍总考一次，决定外、内舍生的升舍，上舍生的等第。上舍生考上等的等于进士及第，即授官职；中等的免进士的礼部试；下等的免取解。（2）仁宗庆历四年，当范仲淹为参知政事时，曾"令州各县皆立学〔校〕，本路使者选部属官为教授，员不足，取于乡里宿学有道业者"。但当时诸州奉行的不多，其后又限旧时节度使所领州方得立学。熙宁四年，复令各路、州、府立学，每郡给田十顷以赡养学生。其后又派定诸路的州府学教授凡五十三员。（3）仁宗庆历间，胡瑗曾建议兴武学（即中央军官学校），朝议格而不行。熙宁五年始行其议。

（丙）"三经新义"的纂修和颁行。所谓三经是《周官》《书经》《诗经》，新义始修于熙宁六年，颁行于熙宁八年，主纂的人物为王安石、其子王雱和安石最得力的助手吕惠卿。"三经新义"乃安石对付敌党的思想武器，也是他所谓"一道德、同风俗"的工具。自从新法开始颁行以来，所有元老重臣和清流名士一致反对；在朝的谤议汹起，在外任的百方阻挠，使新党辩护穷于辩护，神宗谪黜穷于谪黜。反对党的最后论据，可用三朝元老文彦博的话代表。熙宁四年三月，他论新法道："祖宗法制具在，不须更张，以失人心。"神宗问："更张法制，士大夫诚多不悦，但于百姓何所不便？"彦博道："为与士大夫治天下，非与百姓治天下也。"神宗和安石的坚毅到底战胜了一般士大夫的口舌，而贯彻了新法的推行。但为巩固国是的心理基础，他们不得不在经典中替新法找寻或制造理论的根据。"三经新义"便是这种工作的结果。群经中最可为新法掩护的莫如《周官》，故安石也特别推重《周官》。"新义"三种中唯独《周官》一种是安石亲自属笔的，也唯独此种流传至今。"新义"自从颁行以后，在五十余年间，除了短期的被掩蚀外，支配了整个的思想界；太学和州县学校用为主要的课本，科举考试用为绝对的准绳；"新义"以外，三经的一切其他注疏，都无人过问了。

后来宋朝贬斥王安石最力的学者，也公认"新义"富于新颖而确当的解释，不容废弃。我们现在读《周官新义》，很容易注意到的却是安石解经的特殊作风，一种奇怪的拆字法。例如他解"遂"字道："豕八而辵则遂。"又例如他解"夫"字道："夫之字与天皆从一从大，夫者妻之天故也；天大而无上，故一在大上；夫虽一而大，然不如天之无上，故一不得在大上。"又例如他解"卿"字道："卿之字从卩，卩奏也；从卪，卪止也；左从卩，右从卪，知进止之意（卩卪古节奏字）；从皀，黍稷之气也；黍稷地产，有养人之道，其皀能上达；卿虽有养人之道而上达，然地类也，故其字如此。"在字形的渊源上都是毫无根据的。但安石确信这种拆字法不独可以得到造字的本意，并且可以得到一切关于人事和天道的重要真理。后来他应用这方法，著了一部二十四卷的字典，名曰《字说》。此书也曾经神宗颁行，其后来的作用和影响与"三经新义"等。此书可惜现在已佚，但从后人所引，还可以看见它的片断。撰此书时安石已罢政，但在书中还念念不忘统一思想；书中解"同"字道："彼亦一是非也，此亦一是非也，物之所以不同；门一口，则是非同矣。"

以上分类略述神宗的新政见。此外还有一要项为这三类所不能包括的：即元丰三年新官制的颁行。这新官制的内容这里不能细述，大要是恢复唐代台省寺监的实权，而裁减宋朝在这组织外所加的上层机构。新制以尚书左右仆射同中书门下平章事为宰相，以尚书左右丞代替参知政事，枢密院仍保存。

六

神宗在熙宁七年以前对边境的经营，从是年三月间韩琦所上的一封奏疏可见大略。在这奏疏里他列举神宗所为足以引起契丹疑心的凡七事："高丽臣属北方，久绝朝贡，乃因商舶诱之使来，契丹知之，必谓将以图我，一也；强取吐蕃之地，以建熙河，契丹闻之，必谓行将及我，二也；遍植榆柳于西山，冀其成长，以制蕃骑，三也；创团保，四也；河北诸州筑城凿池，五也；又置都作院，颁弓刀新式，大作战车，六也；置河北三十七将，七也。"

第二项所谓熙河，略当今甘肃洮河流域之地。此地东北邻接西夏，为羌族所分布，久属吐蕃。德安（江西）人王韶建议招降诸蕃部，抚有其地，以为图谋西夏的初步。先是王安石子王雱十三岁时，闻陕西边卒说洮河事，以为此可以规取，若西夏得之，则国家之患无穷。至是安石力赞王韶之说。神宗便派王韶主持开熙河事。王韶于熙宁四年到边，三年之间，剿抚兼施，并击败吐蕃军，遂定其地。有一次捷书到，神宗解所佩玉带赐安石，以赏其功。其后韶入朝，以宦者李宪继之，史（《宋史·韶传》）称韶"用兵有机略。临出师，召诸将授以指，不复更问。每战必捷。当夜卧帐中，前部遇敌，矢石已及，呼声振山谷，侍者股栗，而韶鼻息自如，人服其量"。韶因熙河功，擢枢密副使，后以与安石不协去职。

熙河抚定的次年，契丹忽然蠢动，侵入边境，并遣使来求割所据之地。上文所引韩琦的奏疏就是为此事而发的。宋与契丹往复谈判，经二年之久，至八年秋，神宗终用王安石"将欲取之必固与之"之说，割河东边地东西七百里以与契丹。

次年有交址之役。交址本先南汉节度州，南汉亡，名受宋册封，实自主。太宗时曾乘其内乱，遣军进取，无功而还。至是分三路入寇，陷邕、钦、廉等州，屠邕民五万八千。神宗命老将郭逵往讨，逵派别将收复失地，自领主力，攻其后路，进至富良江，交人以精兵乘船迎战，宋军砍树作炮机，发炮石如雨，尽坏敌船，又设伏邀击，杀敌数千并其王太子，交王恐惧乞降。而宋军八万冒暑行瘴地，也死亡过半。

神宗开边的第一个目标，原是西夏。自从庆历四年宋与西夏和议成后，西北的边境平静了二十余年。到英宗末年，西夏又开始寻衅。自此年至熙宁四年间（1066—1071），西夏三次入寇，宋二次反击，互有胜负。但其中熙宁四年西夏最后一次的攻侵是大获胜利的。元丰四年夏，西夏内变，国主为母后所囚。神宗认为这是进攻西夏的最好时机。经三个多月的布置，然后发动。这一役的意义，从他八月底给熙河路军帅李宪和鄜延路军帅种谔的诏书可以看出。前一封诏书里说："今来举动，不同凡敌，图人百年一国，甚非细事。苟非上下毕力，将士协心，曷以共济？须不惜爵赏，鼓励三军之气。……朝廷唯务灭贼，其他固无爱惜。"后一封诏书里说："朝廷昨于诸路大发师徒，本候齐集与逐路遣兵并力，择时鼓行，覆贼巢穴。"总之，神宗要一举荡平西夏，要把他十数年来富国强兵的成绩，做一次壮烈的表现。同知枢密院事孙固却不赞成此举，他以为"举兵易，解祸难"。神宗说："西夏有隙可乘，我不取，便为辽人所有，时机不可失。"其后孙固又对神宗说："现在五路进兵，却无总帅，即使成功，也怕有内乱。"神宗说："总帅确是难得合式的人。"知枢密院事吕公著道："既然没有合式的人，何不罢乎？"九月底，河东路军帅王中正（宦者）领兵六万自麟州出发；鄜延路种谔领兵九万三千自绥德城出发；环庆路高遵裕领兵八万七千自庆州出发；泾原路刘昌祚领兵三万自泾州出发；先是李宪已收复古兰州城，至是领本路及秦凤路军七军（数未详）并吐蕃兵三万自兰州出发；约定五路会师于兴、灵（兴州今宁夏省会，西夏首都；灵州今灵武县）。刘昌祚军首先到达灵州城下，高遵裕军继之，两军沿路皆有大捷。昌祚本受遵裕节制，而遵裕疾恶之，屡加凌侮。两军不协，围灵州城十八日不下，而饷道已断绝。夏人决水灌其营，乘其避水而追击之，宋军溃乱，死已无算，遂退。种谔沿无定河而进，连破银（今陕西米脂一带）、石（今地未详）、夏州（今陕西横山一带）；自夏州继进，粮饷断绝，又遇大雪，士卒死亡十之二三，溃散南奔的亦十之四五，遂退。王中正屠宥州城（今陕西靖边东），继进，粮尽，士卒死二万人，遂退。李宪东进至泾原边境，稍有斩获，时诸路已退，亦于十一月中奉诏撤归熙河。是役，西夏的战略是坚壁清野，纵敌人深入，而聚精兵保兴、灵，以轻骑抄截敌人的饷道。是役，宋军虽不能达到原来的目的，却恢复了沦陷百余年的银、夏、宥等州。这新占领区的设防是一大问题。次年秋，经边将对这问题反复讨论后，神宗决定建筑永乐城（今陕西米脂西北）。这城才建筑成，西夏便派三十万大军来攻夺。这城依山，下临无定河。城中无泉无井，给水全靠城外。既被包围，临渴掘井，得到的水只够将领之用。兵士绞马粪汁充饮，渴死大半。而援兵和馈饷皆为敌人所阻截，城遂陷。将校死数百人，兵士和伕役死二十余万人；辎重的损失，不可计算。神宗得讯，悲愤不食，临朝痛哭。他想到吕公著和孙固的话，有点后悔了。

七

我们若更把神宗和汉武帝做一对比，则永乐之役恰相当于征和三年贰师之役。后者是武帝一生事业的收场，前者是神宗一生事业的收场。贰师之役后三年而武帝死，永乐之役后也恰恰三年而神宗死。神宗死后一年余王安石亦死。

安石自熙宁三年秒进位宰相后，诋诬怨谤，矢集一身，平背亲交，尽成政敌。似乎为减少新法的阻力计，并为劳极少休计，他于七年四月，请求解职，奏六上乃得请，归居金陵。临去，他荐吕惠卿等自代（惠卿旋擢参知政事），并答应他日可以重来。次年二月，神宗召他复位，他即兼程而至，但复位不到两年，便又坚请退休，从此不复问政。他最后告退的原因，是宋史的一个谜。据反对党的记载，那是因为他和吕惠卿起了内哄，惠卿把他的私信中有一封说过"毋使上知"的，缴呈神宗，神宗从此对他失了信任，他不得不去。安石复位后不久，便与惠卿失和，那是事实，但发私书一事，并无确据。安石与惠卿交恶的原因也是宋史的一个谜。这一段历史安石在《熙宁奏对日录》的后四十卷中原有详细的记载，但这四十卷给他的女婿蔡卞抽毁掉，不传于世。据吕惠卿家传（李焘引），二人的冲突是由于安石恶惠卿擅政，改了他所定的"三经新义"，并听信了左右的谗间。这当然只是一面之辞。至于安石引退的原因，我们在加以推测时，不可忘却此事前三个月他所受的一生最大的打击：他的独子王雱的英年（卅三）摧折。这时他已五十六岁了。他退休后隐居金陵十年而死。

  自古英雄亦苦辛！行藏端欲付何人？

  当时黮闇犹承误，末学纷纭更乱真。

  糟粕所存非粹美，丹青难写是精神。

  区区不尽高贤意，独守千秋纸上尘。

从安石这首诗看来，他身后的遭遇，自己是预料到的。

  安石死迟神宗一年余是他的大不幸。神宗死后，长子（即哲宗）继位，年才十岁，太皇太后（英宗后高氏）垂帘听政。她一向是司马光的同志，认祖宗家法为神圣不可侵犯的。她一听政，便开始废除新法，旋起用司马光。一个被宫墙圈禁了五十年的老妇人（她是自幼养在宫中的）和一个被成见圈禁了二十年的老绅士，同心合力，挥着政治的锄头，期年之间，硬把神宗和安石辛苦营构的成绩芟除得根株尽绝。

宋之积弱与变法失败

/ 雷 海 宗 /

兵 制

宋代的统一只能说是长期大乱后的消极治平时代，对内对外实际都无办法。宋太祖集中兵权，似可矫正时弊。但他所召的兵太多，分子杂滥，甚至往往以召兵为救荒的方法。

赵匡胤在登上皇帝位后的第二年，免除握有重兵的慕容延钊和韩令坤的殿前都点检的职务，"罢为节度使"。禁军殿前都点检被取消，由皇帝控制禁军。同一年，在一次酒宴中，赵匡胤"劝"大将石守信等人交出兵权，说此后他们可以购置田宅，多置歌儿舞女，"日夕饮酒相欢，以终天年"。大将在利诱胁迫之下，一个个交出了兵权，这就是"杯酒释兵权"。

北宋把禁军分而为三，由"三衙"统领。其将领的名位较低，大权实际上由皇帝掌握。北宋设枢密院，枢密使有调动军队权力。而实际领兵作战的将领往往是临时委派，没有调动军队的权力，"有握兵之重，而无发兵之权"。同时，宋朝的募兵制有很强的以职业兵身份养穷苦老百姓的色彩。每一地灾荒，政府即招兵，意为常有乱民而少有乱兵。北宋一朝，很多农民军起义后迅速被招安，摇身一变成为朝廷军队，就赖宋朝养兵政策。兵权过于集中于上，导致将领临敌少有独断之权，不能权宜行事，而且，养兵政策使得军队很难形成有效的战斗力。

同时朝廷对军将过于姑息，不加督责。将既如此，兵又如彼，难怪宋代对外始终不能振作。

财政与民生

宋初集中财政，并谋增进民生。北宋初年于各路设置转运使，将地方上财赋收入，除一小部分留作"诸州度支经费"外，要全部送至京师。中央还派京官去地方上监收。但赋役的分配过于不均，以致占人口大多数的小农与贫民无法谋生。宋代建朝后，不但不抑制兼并，反而纵容功臣、大将们兼并土地。太祖要石守信等交出兵权时，便鼓励他们去购置田产。土地买卖与典卖相当普遍，土地集中的趋势加速，农民失去土地，客户的数字在增加，"富者有弥望之田，贫者无卓锥之地。有力者无田可种，有田者无力可耕"（《续资治通鉴长编》卷二十七）。

役法的不良尤其使人民感受痛苦。宋代的居民有主户和客户之分。主户分成五等，乡村上三等户为"上户"，是各类地主。四、五等户称为"下户"，有少量的土地。客户是没有土地的农民，占总户数百分之三十五左右。五等户和客户都要租种土地，地租根据具体的情况或对半分成，或四六分成，没有耕牛的佃户要把六成以上的收成交给地主。宋代名义上虽对没有土地的客户不征税，但是客户租种大户的土地，国家收税越重，则主户想方设法的盘剥手段就更多。一切负担几经辗转，又全压到了穷苦百姓的身上。

财政与民生是任何国家对内的主要问题，这个问题宋代也始终未能解决。

科 举

由唐至宋，科举制度在外表上没有多少变化。但科举的内容日益空洞，最后只余下浮华的赋论与大言不惭的经义。因而所产生的人才都是些与实际完全脱离关系、能说不能行的书生。

宋代科举考试依据的是儒家经典，但是很长一段时间内，对儒家经典注释不一，还不能达到统一思想的目的。王安石创立的"新学"派，是新兴的"宋学"中体系相对完整的学派。宋神宗对王安石说："今谈经者人人殊，何以一道德，卿所著经，其以颁行，使学者归一。"（《续资治通鉴长编》卷十八，太平兴国二年正月）以王安石为首的改革派以"新学"派的观点撰注《诗义》《书义》《周礼义》，合称"三经新义"，于熙宁八年（公元1075年）颁布学校，作为教科书。此后，"三经新义"成为科举考试的依据，以此选拔拥护改革的官员。

绍兴末年以前，科举虽仍以"新学"学说解释经义为主。但"理学"在秦桧、赵鼎扶植下，在科举考试中也逐渐得势。高宗末孝宗初，"理学"遂与"新学"并为显学，科举中随权臣及主考官的倾向而变化，宁宗中期以后，理学派在科举中逐渐占优势，至理宗淳祐元年（公元1241年）后，理学成为统治思想，新学、蜀学在科举中遂完全被排斥。可见，宋代科举无论形式如何变化，归根结底，在于选拔听话之官吏，这与后世所诟病的明朝八股取士没有多大区别。

法制不良，犹可改善；人才缺乏，最无希望。这至少也是宋代对内对外始终无办法的一个重要原因。

缠　足

在宋代各方面的积弱之下，妇女缠足的风气也渐渐普遍。缠足除对身体的戕害之外，在心理方面也代表一种变态的审美观。男子既不能当兵，又不成人才，女子又故意地加以摧残，整个的民族不知不觉间都进入麻木昏睡的状态。

国防生命线之始终缺乏

已往中国在统一时代总有藩属，积弱不振的宋朝不只没有对外发展的能力，连中国本部的国防要地也不能占有。

东北的燕云仍为辽侵中国的根据地。燕云之地历来为农耕民族防备游牧民族南侵的重要屏障，历代长城必须依燕、云、幽等地的险峻地形方能起到金汤之作用。自石敬瑭割燕云十六州之后，辽国铁骑毫无阻挡，而中原军队北进却又难上加难。雍熙北伐宋军由胜转败，失却地利实为重要的原因。而澶州之战，辽国轻易逼近宋京，实也是因没有抵御的屏障。

西北的边地始终是西夏的势力。西北宁夏、陕北地区，是北方游牧民族南侵的又一个通道，尤其是中原王朝之政治中心在长安之时，此地比幽、云还要重要。如今此两大重要通道为辽、夏所据，则战争的主动权就掌握在了彼方手中。

并且宋须每年向两国输纳重币，方能维持和平，这也是宋代财政困难的一个原因。

王安石

王安石是宋代的非常人物。他曾于嘉祐四年（公元1059年）[1]上《言事书》，列举时政弊端及改革意见，虽未被采纳，却代表了要求改革者的共同意志，声望日益高涨。神宗即位时，王安石已经独负天下盛名多年，司马光也说大家都认为只要王安石当政，"则太平可立致，生民咸被其泽"（《司马温公文集》卷六十《与王介甫书》）。他看出中国积弱的情形，认为非改革不可，并且断定当时的基本问题就是人才问题。

王安石变法

神宗给王安石一个彻底改革的机会。新法的目的是要解决财政与民生的问题，使国家有可用的兵，使读书的人能真正明理，成为有用的人才。正如王安石所说："修吾政刑，使将吏称职，财谷富，兵强而已。"（《宋会要辑稿》食货一之二八）熙宁二年（公元1069年）二月，

---

[1] 据前注，应为嘉祐三年（公元1058年）。——编者注

王安石任参知政事，首先创设变法改革的指导机构"制置三司条例司"，由王安石和枢密副使韩绛兼领，吕惠卿任"检详文字"，章惇为编修三司条例官，曾布任检正中书五房公事。同年七月至十一月先后颁布实行均输法、青苗法（常平法）、农田水利法，熙宁三年五月，废"制置三司条例司"，并其职权归中书（宰相府），司农寺成为推行新法的机构，吕惠卿改任判司农寺。同年十二月，王安石与韩绛同时拜相，变法一直在守旧派的攻击和变法派内部意见不一致的艰难情况下进行。熙宁七年四月，王安石在实行免行法时，受到神宗和曾布的联合抵制，辞相就任江宁知府，吕惠卿升任参知政事。八年二月王安石复相，受到吕惠卿的攻击，神宗对王安石的意见也多不从。加上爱子王雱病死，王安石精神受到重大打击，遂力请辞相。同年十月王安石第二次罢相，出任判江宁府，次年六月又辞官闲居江宁，元祐元年（公元1086年）四月去世。

新法未得尽量推行。但兵制改革之后，虽对辽、夏仍无进展，对蛮人方面却有相当的成功。王安石变法的兵制改革包括将兵法、保马法、保甲法、团教法等，其中保甲法等依靠民间乡村基层单位为兵员来源地的方法为后世所效法。

变法失败

一般以正人君子自居的人保守成性，对新法用种种正当与不正当的方法诋毁攻击，附和新法的又多是些动机不纯的人。所以人才以至人格的缺乏使新法没有一个好好试行的机会。不过，王安石过于激进，很多措施也并不符合当时的客观实际。特别是他为追求变法效果，对地方官员勒逼过紧，许多地方官疲于应付，只得弄虚作假。这种上有政策、下有对策的做法，使得王安石变法所背负的恶名越来越多。

旧党上台之后，不顾利害，在可能的范围内把新法几乎全部推翻。当时苏轼还算比较清醒，他既反对王安石的暴风骤雨式的改革，也反对司马光等人对王安石变法不分青红皂白的全盘否定，结果遭到了新旧两党的共同排挤。

王安石虽不免抱负过高，但他认为中国把千载一时的机会白白放过，并非全是一时痛愤的论调。

宋 亡

/ 雷 海 宗 /

北宋灭亡

王安石失败之后，新旧党争变成夺取政权的工具。宋神宗死后，曾经和王安石一起变法的人如吕惠卿、蔡确、章惇等都遭到打击。司马光死后，朝中又展开内部的争斗。程颐等为"洛党"，苏轼、吕陶等是"蜀党"，刘挚及刘安世、梁焘等为"朔党"。在这之后，朝政日益混乱，所谓新法旧规，完全成为了一种旗号。到了宋徽宗亲政之时，再复新政。这时的变法，已经走了样，推行变法的人实际上是在争权夺利，当时蔡京、高俅等人完全凭自己的意愿划分新旧之党，稍有拂逆己意之人，便攻击其为旧党。还有人借着变法之名，行搜刮之实。政治日益腐败，以致引起严重的民变。当时就有今天我们耳熟能详的宋江等人领导的梁山泊起义。时睦州青溪（今浙江淳安）人方腊，因不满朝廷盘剥，利用摩尼教（明教）号召民众，组织起义。方腊起义军先后攻下六州五十二县之地。为镇压方腊起义，宋徽宗命童贯带领十五万大军包围起义军。方腊寡不敌众，起义失败。当时金国兴起，相约北宋一起攻辽，北宋朝中意见不一，相当一部分人认为应靠辽国牵制后起之金国。但是宋徽宗认为这是收回失地的好时机，遂命童贯带镇压方腊之兵北上攻打燕京。不过，辽军虽在金国攻势下屡战屡败，在燕京城下打击宋军却是节节胜利。童贯黔驴技穷，只得请求金国代劳，最终燕京被金军攻破。后来，金国借口宋不守盟约，大举攻宋。宋徽宗惊慌失措，慌忙让位于钦宗。但是这二人最终都在东京城破之际，被金军掳走。这就是著名的"靖康之变"。中原于是第二次陷于外族。

南　宋

自宋室南渡之后，中国政治社会的黑暗通史就成了永久固定的状态。这种情形自唐末以下渐渐明显，宋虽统一，政治社会的基础仍不健全，王安石的改革计划也大体失败。从此之后，大家都安于堕落，并不觉得有彻底改良的需要。南宋是在风雨飘摇中建立起来的，但是这个偏安江左的朝廷，仍是醉生梦死，对百姓继续进行残酷的压榨和剥削。土地兼并加剧，大批农民失去土地成为无地的客户。长江中下游的圩田多被皇室、大官僚、文臣武将所占领。

人才的缺乏与吏治的腐败是这个没落社会中最惹人注意的现象。暴政是常事，善政几乎成了梦想不到的奇迹。南宋统治者在生死存亡的关头，内部的斗争一直没有停止过。高宗时由秦桧把持朝政，打击、迫害不同意见的人。实行文化专制政策，贿赂公行。到了宁宗、理宗、度宗，一直到南宋的灭亡，政治异常黑暗。史弥远、丁大全以后又有贾似道，在这些奸相控制下，政出私门，奢侈腐化，卖官鬻爵，人民的生活更加痛苦，社会的危机更为严重。这样的社会当然没有盛强的可能。宋自认为金的属国，方得偏安江南，但最后仍不能自保，以致整个的中国亡于异族。

公元1276年，元朝军队攻破临安，南宋灭亡。1279年，张世杰、陆秀夫等拥立的南宋小朝廷被元军追击到厓山（今广东南海[1]）。经过一番挣扎后，南宋最后的一点象征随着陆秀夫背着小皇帝跳海而结束。

金

金朝盛衰的经过与汉人自创的朝代大致相同，也有朝廷草创时的励精图治，也有诸如完颜亮这样的暴君，也有金哀宗作为末世皇帝的悲伤与无奈。金朝占据中原之后，不久就完全汉化。虽也有人感到此事的危险，但这似乎是不可避免的命运。汉化的程度越深，兵力越发不振，最后甚至与宋同样没有可用之兵。最堪玩味的，就是连亡国时的可怜状态也与宋的两次亡国如出一辙。

蒙古军南下，金朝内部分裂为抵抗与投降两派。金宣宗屈辱求和，蒙古军暂自中都（今北京）撤退。宣宗弃中都迁汴（今河南开封），金朝从此走上灭亡的道路。中都北京（今内蒙古巴林左旗东南）失陷，官

---

[1] 广东南海，即今广东江门市新会区南。——编者注

员、地主纷纷叛金降蒙或自立。张鲸、耶律留哥、蒲鲜万奴称王，标志着各族以及女真族内部的分裂。1229年，窝阔台继汗位，继续征讨金朝。1231年，窝阔台亲自带领中路军伐金，同时命令东路军直指济南，西路军假道宋汉中，直下汉水，再进而入金境。次年三月，汴京被围，金人坚持斗争，最后粮尽援绝，金哀宗逃至归德。1233年年初，金军的守将投降，蒙古军占汴京。金哀宗又由归德逃往蔡州（今河南汝南[1]）。南宋与蒙古约定联合攻金，这是北宋联金灭辽的故技重演。这一年的七月，南宋将领孟珙出兵消灭了金人的一支重兵，与蒙古军包围了蔡州。宋理宗端平元年（公元1234年），蔡州城破，金哀宗自杀，金灭。

---

[1] 汝南，即今河南驻马店市。——编者注

元朝的迅速衰败
/ 雷 海 宗 /

非中国重心之欧亚大帝国

这里所讲元朝的疆域，是指元朝直辖地区，不包括后来走上独立发展道路的钦察汗国、察合台汗国、窝阔台汗国、伊利（又译伊儿）汗国。史载，元朝疆域"北逾阴山，西极流沙，东尽辽左，南越海表"（《元史·地理志一》）。史称汉唐为盛，但"幅员之广，咸不逮元"，"元东南所至不下汉唐，而西北则过之"（《元史·地理志一》）。唐朝时期边疆地区的羁縻州县，在元朝几乎都同于内地，以往由少数民族政权统治的地区，也正式划入元朝的版图。

大元是横亘欧亚的大帝国，并不以中国为重心。这是与前此外族统治中国大不相同的一点。政治中心原在上都，全在中国本部的范围之外。后来虽迁都燕京，但这是事实的问题：中国虽无意间成为大元帝国的主要部分,在蒙古人心目中他们仍是以外族入主中国,始终不肯与中国同心同德。国家用人并不限于汉族,更不限于儒生,例如元朝的著名宰相耶律楚材便是原契丹贵族。由于李璮之乱牵涉到忽必烈倚信的王文统,使忽必烈极为震动,以致他对许多藩府旧臣和汉人军阀产生很大的猜忌。平灭李璮之乱后的一系列措施,既有加强中央集权的意义,同时也是出于对汉人的防范之心。王文统被杀后,忽必烈转而重用出身回回的察必皇后宫帐侍臣阿合马,把他"超擢"为中书平章政事。凡是帝国以内甚至帝国以外的人都可擢用。所以蒙古人多不习汉文。他们不只不想汉化,甚至鼓励汉人蒙古化。汉族中为荣利心所趋使也确有不少与蒙古同化的人。

种族与阶级

因为蒙古人始终以征服者自居,所以种族间有很严的阶级分别。在官制上,总是蒙古人为长;在刑法上,蒙、汉两族的待遇也不相同。忽必烈把各地的人分成为四等,即蒙古人、色目人、汉人和南人。这种区划,便于忽必烈的分而治之,但是它加深了各民族之间的矛盾。各民族在政治和经济上的地位很不平等。在政府机构中,重大权力为蒙古和色目人的贵族所掌握,高级官员主要由蒙古和色目人担任。汉人的地位次一等。而南人在南宋灭亡后的一个时期内几乎没有在中央担任要职。地方上,也主要是蒙古人掌握大权。按规定,达鲁花赤由蒙古人担任,同知由色目人担任,汉人做总管。

元朝法律明显地反映出民族压迫的性质。蒙古人因争斗或者醉酒杀汉人者不处死刑,只是罚凶犯出征,征烧埋银。法律还规定汉人和南人不能收藏兵器。土地的占有状况同样反映了阶级压迫剥削和民族上的差异与不平等。蒙古贵族在消灭南宋的过程中，没收各种官田，占有大量的无主荒田，侵夺民产。元朝皇帝赐给皇亲、贵戚、勋臣、大将以及各种寺观田产的数量相当惊人。如忽必烈赐给撒吉思益都田达一千顷，元文宗以平江的三百顷田赐给安西王阿剌忒纳失里。

兵制与驻军

蒙古自己行征兵制，对汉人也行半征兵制，兵的数目一定很大。但元对汉人始终歧视，军机重务汉人不得参与，所以元兵的数目至今无从稽考。驻军各地，镇压汉人，以便永久维持蒙古族的统治地位；但蒙古人虽不肯汉化，却不能避免腐化，统治中国的时期比金朝尚为短促。元朝末年，天下纷乱，很多蒙古军人在镇压各地起义中，总是诛杀无辜百姓以邀功，当真正的起义军出现时，他们却又作鸟兽散。

财政与纸币

元的财政政策，目的并不在压迫人民。只因不能量入为出，结果也成了暴政之一。财政困难，于是就大规模地推行钞法，以致物价腾贵，公私的生活都受损害。至元二十二、二十三年（1285—1286），元政府发行的交钞分别高达三百万锭。这表明由于国家财政陷入崩溃，迫使政府靠多印钞票来平衡收支。后来虽想改革，也未收效，最后交钞成为废纸，社会临时又返回到以货易货的停顿状态。

至元二十四年（公元1287年）初，为挽救财政的恶化，忽必烈复置尚书省，以藏人桑哥为平章政事，主持财政。桑哥执政后，发行至元钞以救钞制之混乱，开浚会通河以利漕粮北运，增加盐茶酒醋的税额，遍行钩考追征逋负偷漏。他的理财措施在稳定国家财政方面是有收效的。桑哥时规定的总税额，此后维持数十年之久，说明没有过分超出当时社会所能承受的范围。不过到了元末，由于社会混乱，元朝的财政总崩溃，百姓于绝望之中纷纷加入起义军中反抗元朝统治。

喇嘛教

喇嘛教至少是导致元代财政困难的主因之一。蒙古诸帝，或出于政策，或由于半开化民族的宗教热忱，或兼由于两种原因，对喇嘛教极量推崇。喇嘛教，最少八思巴个人，对蒙古文化确有很大的贡献。只因宗教的热狂程度太深，喇嘛对国家财政成了一种危险的寄生虫，对人民成了一种强暴的压力。元朝在各地大肆兴建吐蕃佛教寺院，这些寺院拥有着大面积的良田，很多番僧招摇过市、欺男霸女，十分嚣张。元朝法律规定凡是与番僧斗殴者砍断手指，争吵者割断舌头。所以有一种说法叫"元之天下，半亡于僧"。

元 亡

元为整个的中国初次陷于外族，又是唯一不肯与中国同化且想同化中国的外族，所以中国人对其反抗也最烈。同时蒙古本身并不十分健全，帝位承继的问题始终未得解决，当继位的人很少得立。此种情形，加以种种有意无意的暴政，再逢严重的天灾，就很自然地引起民变。

元成宗以后，继位的是海山，即元武宗。武宗以后，是爱育黎拔力八达，也就是元仁宗。武宗是依靠爱育黎拔力八达的拥立而登上帝位的，他精通军事，而昧于政事。他一登位，立即任用亲信，遥授官职，排斥世祖忽必烈时代的旧臣，造成朝政紊乱。由于滥封滥赏和无节制地建佛寺、崇佛事，财政危机加深。武宗即位后四个月，就已开支银四百二十万锭。连年灾荒，农民破产，流离失所。武宗即位的第二年正月，绍兴、台州、庆州等六路，发生饥荒，死者甚众，饥户达四十六万。六月，山东、河南大饥，有父食其子者。第三年蝗灾遍及南北各地，黄河在归德府决口。他在位期间，灾害没有间断过。自至正二年（公元1342年）后，黄河连年泛滥成灾。脱脱复相后，贾鲁被任命治河。至正十一年（公元1351年），黄河决口。元政府修河，发动民工十五万，另外还有在庐州各地的军队两万人。命贾鲁以工部尚书充河防使，开凿新河道二百八十里引黄河汇合淮河入海。经过五个多月，"河复故道"。但由于连年的灾荒，人民流离失所，修河的官吏从中舞弊，政治上的危机加深。所以黄河开凿之日，成了大起义爆发之时。

最初起事的人一方面利用历代必有的妖言，一方面利用深入人心的排外复国的心理。颍州（今安徽阜阳）人刘福通和栾城（今河北栾城[1]西）人韩山童等以白莲教积极组织起义。他们宣传"弥勒下生""明王出世"，同时，散布民谣："莫道石人一只眼，此物一出天下反。"并且把凿好的一个独眼石人，埋在黄陵岗（山东曹县西南）附近黄河的河道上。民工开河道时掘出这个石人，远近的百姓都轰动了。至正十一年（公元1351年），韩山童、刘福通等于颍州的颍上（今安徽颍上）聚集三千多人，准备起义。起义者宣称韩山童是宋徽宗的八世孙，发布文告说，要"重开大宋之天"。此后，起义的烽火点燃元朝各地，最后由朱元璋创建了二百五十年来所未有的汉人自治的一统帝国。

---

[1] 栾城，今属河北省石家庄市栾城区。——编者注

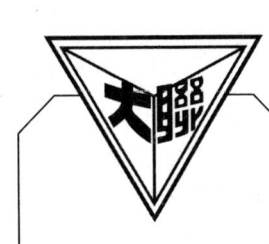

〈第六章〉
吴晗讲大明帝国

明太祖之建国与开国规模

一

蒙古人在中国所施的种族压迫政策引起了汉族的反感，发生一场战争，二十年的民族革命，终于被逐回蒙古去。这教训，明太祖是很记得的。他北征时的口号虽然是"驱逐胡虏"，但其意义只限于推翻异族的统治权，对蒙古人、色目人并不采歧视的态度。在北征檄文中并特别提出这一点说：

> 如蒙古、色目虽非华夏族类，然同生天地之间，有能知礼义，愿为臣民者，与中国之人抚养无异。（王世贞：《弇山堂别集》卷八五）

即位以后，蒙古、色目的官吏和汉人同样登用，中央官如以鞑靼指挥安童为刑部尚书，以咬住为副都御史，以忽哥赤为工部右侍郎（《明太祖实录》卷一九九），以高昌安为吏部侍郎（《明太祖实录》卷二〇二）。外官如以高昌安为河东盐运司同知，以脱因为兼州知府，以道同为番禺知县（《明史》卷一三八《周祯传》；卷一四〇《道同传》）。军官如以鞑靼酋长孛罗帖木儿为庐州卫指军佥事，仍领所部鞑官二百五十人（《明太祖实录》卷一九〇）。即亲军中亦有蒙古军队，如洪武五年（公元1372年）之置蒙古卫亲军指挥使司，以答失里为佥事（《明太祖实录》卷七一）。洪武二十二年（公元1389年）特设泰宁、朵颜、福余三卫于兀良哈之地，以居降胡（《明太祖实录》卷一九六）。时蒙古人、色目人多改为汉姓，与汉人无异，有求仕入官者，有登显要者，有为富商大贾者（《明太祖实录》卷一〇九）。洪武三年（公元1370年）曾一度下诏禁止擅改汉姓：

> 四月甲子禁蒙古、色目人更易姓氏，诏曰：朕尝诏告天下，蒙古诸色人等皆吾赤子，果有材能，一体擢用。比闻入仕之后，或多更姓名。朕虑岁久，其子孙相传，昧其本源，诚非先王致谨氏族之道。中书省其告谕之，如已更易者听其改正。

（《明太祖实录》卷五〇）

但此项法令不久即自动取消：

> 永乐元年九月庚子，上谓兵部尚书刘俊曰："各卫鞑靼人多同名，无姓以别之，并宜赐姓。"于是兵部请如洪武中故事，编置勘合，给赐姓名，从之。（《明成祖实录》卷三三）

可知在洪武时代已有编置勘合、给赐姓名之举。其唯一的限制为特立一条蒙古人、色目人的婚姻法：

> 凡蒙古、色目人听其与中国人为婚姻，务要两相情愿。不

许本类自相嫁娶，违者杖八十，男女入官为奴。其中国人不愿与回回、钦察为婚姻者，听从本类自相嫁娶，不在禁例。(《明律》卷六，《户律》)

这禁例的用意一面是要同化蒙古人、色目人，一面是防止其种类之繁殖。法令虽然颁布，可是实行的程度，也许和禁改汉姓一样，实际上并不发生效力。在生活习俗方面，太祖登基后立刻下令将衣冠恢复如唐制，并禁止生活习惯之蒙古化：

洪武元年二月壬子，诏复衣冠如唐制。其辫发、椎髻、胡服（男袴褶窄袖及辫线腰褶，妇女衣窄袖短衣，下服裙裳）、胡语、胡姓，一切禁止。(《明太祖实录》卷三〇)

元制尚右，吴元年（公元1367年）十月令百官礼仪尚左(《明史》卷一，《太祖本纪》)。元人轻儒，至有九儒十丐之谣，谢枋得记：

滑稽之雄以儒为戏者曰：我大元制典，人有十等，一官二吏，先之者贵之也，贵之者，谓有益于国也。七匠八娼九儒十丐，后之者贱之也，贱之者，谓无益于国也。嗟乎卑哉！介乎娼之下丐之上者今儒也。(《叠山集》卷六，《送方伯载归三山序》)

郑思肖说：

鞑法：一官二吏三僧四道五医六工七猎八民九儒十丐。(《心史》卷下，《大义略》)

这虽都是宋末遗老的话，但元人也有同样记载，余阙《贡泰父文集序》：

至元初奸回执政，乃大恶儒者，因说当国者罢科举，摈儒士。其后公卿相师，皆以为当然，而小夫贱隶亦以儒为嗤诋。

第六章　吴晗讲大明帝国　259

> 当是时士大夫有欲进取立功名者，皆强颜色，昏旦往候于门，媚说以妾婢，始得尺寸。(《青阳文集》卷四)

可见儒者在元代之被摈斥。而明则在太祖初起时已重儒者，建国以后，大臣多用儒生，后来流弊至以科举为入官之唯一途径。反之，元人重吏：

> 国初有金、宋，天下之人，惟才是用，无所专主，然用儒者为居多也。自至元以下始浸用吏，虽执政大臣亦以吏为之。自是中州小民，粗识字能治文书者，得入台阁供笔札，累日积月皆可以致通显。(《青阳文集》卷四，《杨君显民诗集序》)

方孝孺《林君墓表》也说：

> 元之有天下，尚吏治而右文法。凡以吏仕者捷出取大官，过儒生远甚。(《逊志斋集》卷二二)

因法令极繁，案牍冗泛，故吏得恣为奸利，为弊最甚。明典即革此弊，从简、严法令下手：

> 吴元年十一月壬寅，上谓台省官曰：近代法令极繁，其弊滋甚。今之法令正欲得中，毋袭其弊。如元时条格极繁冗，吏得夤缘出入为奸，所以其害不胜。今立法正欲矫其旧弊，大概不过简、严下手，简则无出入之弊，严则民知畏而不敢轻犯。(《明太祖实录》卷二七)

洪武十二年(公元1379年)又立案牍减繁式颁示诸司：

> 初元末官府文移案牍最为繁冗，吏非积岁莫能通晓，欲习其业，必以故吏为师。凡案牍出入，惟故吏之言是听。每曹自正吏外，主之者曰主文，附之者曰帖书曰小书生，散文繁词，

多为奸利。国初犹未尽革。至是吏有以成案进者,上览而厌之曰:繁冗如此,吏焉得不为奸弊而害吾民也。命廷臣议减其繁文,著为定式,镂版颁之,俾诸司遵守。(《明太祖实录》卷一二六)

自后吏员遂为杂流,其入仕之途唯外府、外卫、盐运司首领官,中外杂职、入流未入流官,由吏员、承差等选(《明史》卷七一,《选举志》)。这是一个大变化,一面用严法重刑来肃清元代所遗留的政治污点,《明史》说:

太祖惩元纵弛之后,刑用重典。凡官吏人等犯枉法赃者不分南北,俱发北方边卫充军。

采辑官民过犯,条为《大诰》《续诰》,后又增为《三编》,诸司敢不急公而务私者,必穷搜其原而罪之。凡所列凌迟、枭示、种诛者无虑千百,弃市以下万数。《三编》稍宽容,然所记进士、监生罪名自一犯至四犯者犹三百六十四人,幸不死还职,率戴斩罪治事。郭桓之狱,直省诸官吏系死者数万人:

郭桓者户部侍郎也。帝疑北平二司官吏李彧、赵全德等与桓为奸利,自六部左、右侍郎下皆死,赃七百万,词连直省诸官吏,系死者数万人。核赃所寄借遍天下,民中人之家,大抵皆破。

空印之狱,也施行了一次官吏的大屠杀:

十五年,空印事发。每岁布政司、府州县吏诣户部核钱粮、军需诸事,以道远,预持空印文书,遇部驳即改,以为常。及是,帝疑有奸,大怒,论诸长吏死,佐贰榜百戍边。

(《明史》卷九四,《刑法志》)

由此中外官吏均重足凛息以"不保首领"为惧，以生还田里为大幸（《明史》卷一三八，《杨靖传》附《严德珉传》）。

二

元的统治虽然被推翻，但是元统治机构的组织方式却大部分被保存下来，这是因为元的统治机构组织方式基本上因袭唐、宋，便于镇压人民。最明显的是官制和教育制度，一直沿用到朱元璋统治集团内部发生矛盾，展开剧烈的斗争以后才放弃了旧的机构，建立新的统治机构。

中央的官制，在洪武十三年（公元1380年）以前，大抵依据元制，行政最高机关为中书省，置左、右丞相，平章政事，左、右丞，参知政事等官，下设吏、礼、户、兵、刑、工六部为执行机关。监察最高机关则为御史台，置御史大夫、御史中丞等官。军政最高机关改元之枢密院为大都督府，置左、右都督，同知都督等官。洪武十三年胡惟庸党案发生后，更改官制，提高皇权，集中军政庶务一切权力在皇帝个人手中。废中书省不设，提高六部地位，使得单独执行政务，改御史台为都察院，分大督府为五军都督府，均直隶于皇帝。地方行政则置行中书省，设行省平章政事等官，改路为府，设知府，州设知州，县设知县。洪武九年（公元1376年）改浙江、江西、福建、北平、广西、四川、山东、河南、陕西、湖广、山西诸行省俱为承宣布政使司，后增设云南、贵州为十三布政使司（北平后改为京师，与南京称为两京，直隶中央），置布政使参政、参议诸官；司法则仍元制，置各道提刑按察司，设按察使及副使、佥事领之。军政则置都指挥使司十三

（北平、陕西、山西、浙江、江西、山东、四川、福建、湖广、广东、广西、辽东、河南），行都指挥使司三（陕西、山西、福建），后增都司三（云南、贵州、万全，北平改为大宁），行都司二（四川、湖广），置都指挥使领之，掌一方军政（《明史》卷七六，《职官志》）。

在兵制方面，元代内廷设左、右、前、后、中五卫，卫设都指挥使，下设镇抚所、千户所、百户所，以总宿卫诸军。又因各族兵设阿速、唐兀、贵赤、蒙古、西域、钦察诸卫亲军都指挥使司。外则万户之下置总管，千户之下置总把，百户之下置弹压，立枢密院以总之。军士则蒙古壮丁无众寡尽签为兵，汉人则以户出军，定入尺籍伍符，不可更易，死则役次丁，户绝别以民补之（《元史》卷九八，《兵志》；卷八六，《百官志》）。明兴后，中外皆用卫所制，亲军都尉府（后改为锦衣卫）统左、右、前、后、中五卫，其下有南、北镇抚司。又别置金吾前、后，羽林左、右，虎贲左、右，府军左、右、前、后十卫，以时番上，号亲军。外则革诸将，袭元旧制枢密、平章、元帅、总管、万户诸官号，度要害地，系一郡者设所，连郡者设卫，大率五千六百人为卫，千一百二十人为千户所，百有十二人为百户所。所设总旗二，小旗十，大小联比以成军。卫以指挥使领之，外统之都指挥使司，内则统于五军都督府。这是依元亲军制扩充的。征伐则命将充总兵官，调卫所军领之。既旋则将上所佩印，官军各回卫所，将无专兵，兵无私将。这又是模仿唐代的府兵制度（《明史》卷八九，《兵志》）。其内军之分配训练则又略近汉制，刘献廷说：

明初军制仿佛汉之南、北军。锦衣等十二卫卫宫禁者，南军也。京营等四十八卫巡徼京师者，北军也。而所谓春秋班换,独取山东、河南、中都、大宁者,则又汉调三辅之意也。

(《广阳杂记》卷一)

军士则行垛集令,民出一丁为军。三丁以上,垛正军一,别有贴户,正军死,贴户丁补。外又有从征,有归附,有谪发。从征者,诸将所部兵,既定其地,因为留戍。归附则是元和陈友谅、方国珍、张士诚的降兵。谪发以罪迁隶为兵者。其军皆世籍(《明史》卷九〇,《兵志》)。

在教育制度方面,元制于京师立国子学、蒙古国子学、回回国子监,教授汉、蒙、回学术。监设祭酒、监丞、博士、助教,教授生徒。地方则诸路、府、州、县皆置学,其他先儒过化之地,名贤经行之所,与好事之家出钱粟赡学者并立为书院。凡师儒之命于朝廷者曰教授,路府上中州置之。命于礼部及行省、宣慰司者曰学正、山长、学录、教谕,路州县及书院置之。又有医学及阴阳学教授专门人才。生徒皆廪饩于官,诸学皆有学田。各行省设儒学提举司,提举凡学校之事(《元史》卷八一,《选举志·学校》)。明代完全接受这制度,于京师设国子监,府、州、县、卫、所皆建儒学,生员各地皆有定额。生员考试初由地方官吏主持,后特设提举学政官以领之。士子未入学者通谓之童生,入学者谓之诸生(有廪膳生、增广生、附学生之别),三年一次考试,以诸生试之直省曰乡试,中试者为举人。次年以举人试之京师曰会试,中试者再经皇帝亲自考试曰殿试,分三甲,一甲只三人,曰状元、榜眼、探花,赐进士及第;二甲若干人,赐进士出身;三甲若干人,赐同进士出身。状元授修撰,榜眼、探花授编修,二、三甲考选庶吉士者皆为翰林官。其他或授给事、御史、主事、中书、行人、评事、太常、国子博士，或授府推官、知州、知县等官。举人、贡生不第、入监而选者，或授小京职，或授府佐及州县正官，或授教职。由此入仕必由科举，而科举则必由学校，《明史》说：

> 盖无地而不设之学，无人而不纳之教，庠声序音，重规叠矩，无间于下邑荒徼，山陬海涯，此明代学校之盛，唐、宋以来所不及也。(《明史》卷六九，《选举志》)

学校的教育和科举的范围，元初许衡即提议罢诗赋，重经学。皇庆二年（公元1313年）中书省臣言：

> 夫取士之法，经学实修己治人之道，词赋乃摘章绘句之学。自隋、唐以来，取人专尚词赋，故士习浮华。今臣等所拟，将律赋省题诗小义皆不用，专立德行明经科，以此取士，庶可得人。帝然之。(《元史》卷八一，《选举志·科目》)

由此专重经学，"四书""五经"成为学者的宝典，入仕的津梁。至明更变本加厉，专取"四书""五经"命题取士，又特定一种文体，略仿宋经义，然代古人语气为之，体用排偶，通谓之制义(《明史》卷七〇，《选举志》)。解述指定限于几家的疏义，不许发挥自己见解。文章有一定的格式，思想又不许自由，这是明代科举制度的特色。学校和科举打成一片，官吏的登用必由科举，而科举则必由学校，政治上一切人物均由学校产生，而训练这些未来政治人物的工具，却是过去几千年前的古老经典，这些经典又不许用自己的见解去解释去研究。选用这一些政治人物的方法，却是一种替古代人说话，替古代人设想，依样画葫芦的八股文。这个办法从元传到明，明传到清，束缚了多少人的聪明才智，造成了无量数的八股政治家，是一个消磨民族精力的最大损失。

红军之起,是要求经济的、政治的、民族的地位之平等,就政治的和民族的要求来说,目的是达到了。在经济方面,虽已推翻了蒙古人、色目人对汉族的控制特权,但就汉族和各族人民而说,地主对农民的剥削压迫却完全没有改变。

三

元末的地主是拥护旧政权的,在混乱的局面之下,他们要保存自己的地位,便尽可能的力量组织私军来抵抗农民的袭击。等到新政权建立,事实证明能够保持地方秩序的时候,他们便毫不犹疑地参加了新政权,竭力拥护。同时一大批新兴的贵族、大臣、官吏获得了大量的田地,成为新的地主。新兴的政权和旧政权一样是为地主服务的。虽然在表面上不能不对农民做了一些让步,以便恢复和发展生产,巩固自己的统治。但在实质上,依然骑在农民的头上,吮吸农民的血汗。但是在革命的过程中,他们又不得不靠地主的财力和他们合作。在这矛盾的关系之下,产生了对地主的双重矛盾政策。他们一面仍旧和地主合作,让地主参加政治,如登用富户,《明史·选举志》:

> 俾富户者民皆得进见,奏对称旨,辄予美官。(《明史》卷七一,《选举志》)

洪武八年(公元1375年)特下诏举富民素行端洁达时务者(《明史》卷二,《太祖本纪》)。如用地主为粮长:

> 洪武四年九月丁丑,上以郡县吏每遇征收赋税,辄侵渔于

民。乃命户部令有司科民田土，以万石为率。其中田土多者为粮长，督其乡之赋税。且谓廷臣曰：此以良民治良民，必无侵渔之患矣。（《明太祖实录》卷六八）

《明史》记：

粮长者，太祖时令田多者为之，督其乡赋税。岁七月州县委官偕诣京师勘合以行。粮万石长、副各一人，输以时至，召见语合，辄蒙擢用。（《明史》卷七八，《食货志·赋役》）

但在另一方面，则又极力排除地主势力。排除的方法第一是迁徙，如初年之徙地主于濠州：

吴元年十月乙巳，徙苏州富民实濠州。（《明太祖实录》卷二六）

建国后徙地主实京师，《明史》记：

太祖惩元末豪强侮贫弱，立法多右贫抑富。尝命户部籍浙江等九布政司、应天十八府州富民万四千三百余户，以次召见，徙其家以实京师，谓之富户。（《明史》卷七七，《食货志》）

第二是用苛刑诛灭，方孝孺《采苓子郑处士墓碣》：

妄人诬其家与权臣（胡惟庸）通财。时严党与之诛，犯者不问实不实，必死而覆其家。当是时浙东西巨室故家多以罪倾其宗。（《逊志斋集》卷二二）

不问实不实，必诛而覆其家，这是消灭地主的另一手段。

对农民方面，在开国时为了应付农民过去的要求和谋赋税之整顿，曾大规模地举行土地丈量：

元季丧乱，版籍多亡，田赋无准。明太祖即帝位，遣周

第六章 吴晗讲大明帝国 267

铸等百六十四人复浙西田亩，定其赋税。复命户部核实天下土田。（《明史》卷七七，《食货志》）

以后每平定一地后，即派人丈量土地，如：

> 洪武五年六月乙巳，命户部遣使度四川田，以蜀始平故也。（《明太祖实录》卷七四）

洪武十九年（公元1386年），又再丈量一次，方孝孺《贞义处士郑君墓表》：

> 洪武十九年，诏天下度田，绘疆畛为图，命太学生莅其役。（《逊志斋集》卷二二）

量度田亩方圆，次以字号，悉书主名及田之丈尺，编类为册，状如鱼鳞，号曰鱼鳞图册。另一方面则调查人口，编定黄册：

> 洪武十四年诏天下编赋役黄册。以一百一十户为一里，推丁粮多者十户为长，余百户为十甲，甲凡十人。岁役里长十人，甲首一人，董一里一甲之事，先后以丁粮多寡为序。

黄册以户为主，详具旧管、新收、开除、实在之数为四柱式。而鱼鳞图册以土田为主，诸原阪、坟衍、下隰、沃瘠、沙卤之别毕具。以鱼鳞图册为经，土田之讼质焉；黄册为纬，赋役之法定焉。凡买卖田土，备书税粮科则，官为籍记之，毋令产去税存，以为民害（《明史》卷七七，《食货志》；梁方仲：《明代鱼鳞图册考》，载《地政月刊》，第8期）。这法度虽然精密，可是地主舞弊的方法也随之而进步，农民仍然和过去一样，要负几重义务，生活之困苦，并不因政权之转换而稍减（吴晗：《明代之农民》，载《盖世报史学》，第12~13期）。

最后，元代滥发交钞的结果，财政破产，民生困瘁。《元史》记：

> 至正十一年置宝钞提举司，掌鼓铸至正通宝钱，印造交钞，令民间通用。行之未久，物价腾踊，价逾十倍。又值海内大乱，军储供给，赏赐犒劳，每日印造，不可数计。舟车装运，轴舻相接，交钞之散满人间者无处无之。昏软者不复行用，京师料钞十锭易斗粟不可得。既而所在郡县皆以物货相贸易，公私所积之钞，遂俱不行，人视之若弊楮，而国用由是遂乏矣。（《元史》卷九七，《食货志·钞法》）

原来在初行钞法时，钞本和钞相权印造，钞本或为丝，或为银，分存在中央和地方，所以钞和物货能维持稳定的比率，流通无阻。到末年钞本移用一空，却一味印发，用多少就印多少，自然物价愈高，钞价愈跌，导致不能行使市面了。明兴以后，仍沿其弊。洪武初年铸大中通宝钱，商贾用钞惯了，都不愿用钱。洪武七年（公元1374年）设宝钞提举司，造大明宝钞，命民间通行，分六等，曰一贯，曰五百文、四百文、三百文、二百文、一百文。每钞一贯，准钱千文，银一两，四贯准黄金一两。禁民间不得以金银物货交易，违者罪之。可是并无钞本，政府唯一的准备是允许用钞交纳赋税，初期凭政治的威力，虽然滥发，钞法尚通，后来钞价渐跌，钱重钞轻，一贯只值钱一百六十文，物价愈贵，政府虽屡次想法改进钞的价值，严禁其他货币行使，可是仍不相干。宣德初年米一石至用钞五十贯，成化时钞一贯至不值钱一文。这是蒙古人传给明代的一个最大祸害。

在这样一个局面之下，农民并没有从革命中得到什么好处，也许比从前还更糟，可是新的统治权并不因此而发生动摇。这有两个原因可以解释，第一是已经经过几十年的战争，农民已经厌倦了，不能再忍受那样的生活了，暂时能够苟安一下，虽然还是吃苦，也比在兵火之下转侧强一点。并且壮丁多已死亡，新统治者的军力超过旧政府远甚，农民只好屈服。第二是战争的结果，天然地淘汰了无数千万的人口，空出了大量无人耕种的土地，人口比过去少，土地却比过去多，农民生活暂时得到一个解决。元末残破的情形试举一例：

丁酉（公元1357年）十一月甲申，元帅缪大亨取扬州克之。青军元帅张明鉴降。明鉴日屠城中居民以为食，至是按籍，城中居民仅余十八家。知府李德林以旧城虚旷难守，乃截城西南隅而守之。（《明太祖实录》卷五）

这是至正十七年（公元1357年）的事，扬州是江南最繁富的地方，几年的战争，便残破如此，其他各地的情形可想而知。土地空旷的情形也举一例：

洪武三年（公元1370年）六月丁丑，济南府知府陈修及司农官上言：北方郡县近城之地多荒芜，宜召乡民无田者垦辟，户率十五亩，又给地二亩，与之种蔬。有余力者不限顷亩，皆免三年租税。其马驿、巡检司、急递铺应役者各于本处开垦，无牛者官给之。守御军在远者亦移近城。若王国所在，近城存留五里以备练兵牧马，余处悉令开耕。从之。（《明太祖实录》卷五三）

可是一过几十年，休养生息，人口又飞快地增加，土地又不够分配，同时政府的军力也逐渐衰敝，政治的腐化，政府和地主的苛索，又引起了接连不断的农民革命（吴晗：《明代之农民》）。

靖难之役与迁都北京

（节选）

明太祖的折中政策

自称为淮右布衣，出身于流氓而做天子的明太祖，在得了势力称王建国之后，最惹他操心的问题是怎样建立一个有力的政治中心，建立在何处。第二是用什么方法来维持他的统治权。

明太祖在初渡江克太平时（至正十五年，公元1355年），当涂学者陶安出迎：

> 太祖问曰："吾欲取金陵，何如？"安曰："金陵古帝王都，取而有之，抚形胜而临四方，何向不克？"太祖曰："善！"（《明史》卷一三六，《陶安传》）

至正十八年（公元1358年）叶兑献书论取天下规模曰：

> 今之规模，宜北绝李察罕（元将察罕帖木儿），南并张九四（吴

张士诚），抚温台，取闽越，定都建康，拓地江广。进则越两淮以北征，退则画长江而自守。夫金陵古称龙蟠虎踞，帝王之都，借其兵力资财，以攻则克，以守则固。（《明史》卷一三五，《叶兑传》）

部将中冯国用亦早主定都金陵之说：

> 洪武初定淮甸，得冯国用，问以天下大计。国用对曰："金陵龙蟠虎踞，真帝王之都，愿先渡江取金陵，置都于此。然后命将出师，扫除群寇，倡仁义以收人心，天下不难定也。"上曰："吾意正如此。"（孙承泽：《春明梦余录》卷一；《明史》卷一二九，《冯胜传》）

参酌诸谋士的意见，经过长期的考虑以后，以至正二十六年（公元1366年）六月拓应天城，作新宫于钟山之阳。至次年九月新宫成。这是吴王时代的都城。同月灭张士诚，十月遣徐达等北伐。十二月取温台，降方国珍，定山东诸郡县。

至正二十八年（公元1368年）正月朱元璋称帝建大明帝国。至洪武二十年（公元1387年）元纳哈出降，辽东归附，天下大定。在这二十九年中，个人的地位由王而帝，所统辖的疆域，由东南一隅而扩为全国。元人虽已北走，仍保有不可侮的实力，时刻有南下恢复的企图。同时沿海倭寇的侵轶，也成为国防上重大的问题。在这样情形之下，帝都的重建和国防的设计，是当时朝野所最瞩目的两大问题。

其于天然环境的限制，东南方面沿海数千里，时时处处有被倭寇侵犯的危险。东北方面，长城以外即是蒙古人的势力，如不在险要处屯驻重兵，则黄河以北便非我有。防边须用重兵，如以兵权付诸将，则恐尾大不掉，有形成藩镇跋扈的危险。如以重兵直隶中央，则国都必须扼驻边界，以收统辖指挥之效。东南是全国的经济中心，东北为国防关系，又必须成为全国的军事中心。国都如建设在东南，则北边空虚，无法防阻蒙古人的南侵。如建设在北边，则国用仍须仰给东南，转运劳费，极不合算。

在政治制度方面，郡县制和封建制的选择，也成为当时的难题。秦、汉、唐、宋之亡，没有强藩屏卫是许多原因中之一。周代封建藩国，则又枝强干弱，中央威令不施。这两者中的折中办法，是西汉初期的郡国制。一面设官分治，集大权于中央；一面又封建子弟，使为国家扞御。这样一来，设国都于东南财赋之区，封子弟于东北边防之地，在经济上，在军事上，在统治权的永久维持上，都得到一个完满的解决。这就是明太祖所采用的折中政策。

定都南京[1]

明太祖定都南京的重要理由，是受经济环境的限制。第一因为江浙富饶为全国冠，所谓"财赋出于东南，而金陵为其会"（丘濬：《大学衍义补·都邑之建》）。定都于此，可省转运的劳费。第二是吴王时代所奠定的宫阙，不愿轻易弃去。且若另建都邑，则又须重加一层劳费。第三从龙将相都是江淮子弟，不愿轻去乡土。洪武元年（公元

---

[1] 南京，古称金陵、建康、建业，元代时称集庆路，朱元璋攻克集庆后称应天。洪武二年（公元1369年）改称南京，洪武十一年（公元1378年）改称京师，朱棣迁都北京后，又称南京。本文为行文方便，除引文外，一律称南京。——编者注

1368年）四月取汴梁后，他曾亲到汴梁去视察，觉得虽然地位适中，可是四面受敌，形势还不及南京（刘辰：《国初事迹》）。而在事实上则西北未定，为转饷屯军计，不能不有一个军事上的后方重镇以便策应。于是仿成周两京之制，以应天（金陵）为南京，开封（汴梁）为北京。洪武二年（公元1369年）八月陕西平，九月以临濠（安徽凤阳）为中都。事前曾和群臣集议建都之地：

> 上召诸老臣问以建都之地，或言关中险固，金城天府之国。或言洛阳天地之中，四方朝贡，道里适均。汴梁亦宋之旧京。又言北平元之宫室完备，就之可省民力。上曰：所言皆善，惟时有不同耳。长安、洛阳、汴京实周、秦、汉、魏、唐、宋所建国。但平定之初，民力未苏息，朕若建都于彼，供给力役悉资江南，重劳其民。若就北平，要之宫室不能无更，亦未易也。今建业长江天堑，龙蟠虎踞，江南形胜之地，真足以立国。临濠则前江后淮，以险可恃，以水可漕，朕欲以为中都。何如？君臣称善。至是始命有司建置城池宫阙，如京师之制焉。（黄光昇：《昭代典则》）

在营建中都时，刘基曾持反对的论调，以为凤阳虽帝乡，非建都之地（《明史》卷一二八，《刘基传》）。

洪武八年（公元1375年）四月罢营中都（《明史》卷二，《太祖本纪》）。

洪武十一年（公元1378年）诏以南京为京师（《明史》卷四〇，《地理志》）。太祖对于建都问题，已经踌躇了十年，到这时才决定。可是为着要控制北边，仍时有建都的雄心。选定的地点仍是长安、洛阳和北平。当时献议都长安的有胡子祺：

> 洪武九年监察御史胡子祺上书请都关中，帝称善。遣皇太子巡视陕西，后以太子薨，不果。（《明史》卷一四七，《胡广传》）

他的理由是："天下形胜地可都者四：河东地势高，控制西北，尧尝都之，然其地苦寒。汴梁襟带河、淮，宋尝都之，然其地平旷，无险可凭。洛阳周公卜之，周、汉因之，然嵩、邙非有函、终南之阻，涧、瀍、伊、洛非有泾、渭、灞、浐之雄。夫据百二山河之胜，可以耸诸侯之望，举天下莫关中者也。"（《明史》卷一一五，《兴宗孝康皇帝传》）皇太子巡视陕西在洪武二十四年（公元1391年），则太祖在洪武十一年（公元1378年）定都南京以后，仍有都长安之意。皇太子巡视的结果，主张定都洛阳：

> 太祖以江南地薄，颇有建都之意。八月命皇太子往视关洛。皇太子志欲定都洛阳，归而献地图。明年四月以疾薨。（姜清：《姜氏秘史》卷一）

郑晓记此事始末，指出迁都的用意，在控制西北：

> 国朝定鼎金陵，本兴王之地。然江南形势终不能控制西北，故高皇时已有都汴、都关中之意，以东宫薨而中止。（郑晓：《今言》卷二七四）

《明史》记：

> 太子还，献陕西地图，遂病，病中上言经略建都事。（《明史》卷一一五，《兴宗孝康皇帝传》）

是则假使懿文不早死，也许在洪武时已经迁都到洛阳或长安了。又议建都北平：

逮平陕西，欲置都关中。后以西北重地，非自将不可。议建都于燕。以鲍频力谏而止。（孙承泽：《春明梦余录》卷一）

何孟春记鲍频谏都北平事说：

太祖平一天下，有北都意。尝御谨身殿，亲策问群臣曰："北平建都可以控制边塞，比南京何如？"修撰鲍频对曰："元主起自沙漠，立国在燕，今百年，地气天运已尽，不可因也。南京兴王之地，宫殿已完，不必改图，《传》曰在德不在险也。"（何孟春：《余冬录》卷二）

明太祖晚年之想迁都，次要的原因，是南京新宫风水不好，顾炎武记：

南京新宫吴元年作。初大内填燕尾湖为之，地势中下，南高而北卑，高皇帝后悔之。二十五年《祭光禄寺灶神文》曰：朕经营天下数十年，事事按古有绪。维宫城前昂后洼，形势不称，本欲迁都。今朕年老，精力已倦。又天下新定，不欲劳民。且兴废有数，只得听天。惟愿鉴朕此心，福其子孙。（《天下郡国利病书》卷一三，《江南一》）

由此看来，从洪武初年到洪武二十四年（公元1391年）这一时期中，明太祖虽然以南京作国都，可是为了控制北边的国防关系，仍时有迁都的企图。迁都北边最大的困难是漕运艰难，北边硗瘠，如一迁都，则人口必骤然增加，本地粮食不能自给，必须仰给东南，烦费不资。次之重新创建地池宫阙，人力和财力也耗费过多。懿文太子死后，这老皇帝失去勇气，从此就不再谈迁都了。

封建诸王

洪武二年（公元1369年）四月编《祖训》，定封建诸王之制（《明史》卷二，《太祖本纪》）。在沿边要地，均建王国：

明兴，高皇帝以宋为惩，内域削弱，边围勿戚，使胡人得逞中原而居闰位。于是大封诸子，连亘边陲。北平天险，为元故都，以王燕。东历渔阳、卢龙，出喜峰，包大宁，控塞葆山戎以王宁。东渡榆关，跨辽东，西并海，被朝鲜，连开原，交市东北诸夷，以王辽。西按古北口，濒于雍河，中更上谷、云中，巩居庸，蔽雁门，以王谷若代。雁门之南，太原其都会也，表里河山，以王晋。逾河而西，历延、庆、韦、灵，又逾河北，保宁夏，倚贺兰，以王庆。兼穀、陇之险，周、秦都圻之地，牧坰之野，直走金城，以王秦。西渡河，领张掖、酒泉诸郡，西扃嘉峪，护西域诸国，以王肃。此九王者，皆塞王也。莫不敷险狭，控要害，佐以元戎宿将，权崇制命，势匹抚军，肃清沙漠，垒帐相望。（何乔远：《名山藏》卷一，《分藩记》）

沿古长城线，东起辽阳，西到甘肃，建设了辽、宁、燕、谷、代、晋、庆、秦、肃九个王国，组成一条对蒙古的反包围防线。在内地则有"周、齐、楚、潭、鲁、蜀诸王，护卫精兵万六千余人，牧马数千匹，亦皆部兵耀武，并列内郡"（何乔远：《名山藏》卷一，《分藩记》）。

诸王国皆设重兵，洪武五年（公元1372年）置亲王护卫都指挥使司，每王府设三护卫（《明史》卷九〇，《兵志·卫所》）。护卫甲士少者三千人，多者至万九千人（《明史》卷一一六，《诸王传序》）。此为直属于亲王之军力，此外边地诸王国内，中央所派之守镇兵亦得归王调遣：

> 凡王国有守镇兵，有护卫兵。其守镇兵有常选指挥掌之，其护卫兵从王调遣。如本国是险要之地，遇有警急，其守镇兵、护卫兵并从王调遣。（《皇明祖训·兵卫条》）

中央调发守镇兵，除御宝文书外，并须得王令旨，方得发兵：

> 凡朝廷调兵，须有御宝文书与王，并有御宝文书与守镇官。守镇官既得御宝文书，又得王令旨方许发兵。无王令旨，不得发兵。（《皇明祖训·兵卫条》）

扼边诸王，兵力尤厚，如宁王所部至"带甲八万，革车六千，所属朵颜三卫骑兵皆骁勇善战"（《明史》卷一一七，《宁王传》）。洪武十年（公元1377年）又以羽林等卫军益秦、晋、燕三府护卫（《明史》卷二，《太祖本纪》）。时蒙古人犹图恢复，屡屡南犯。于是徐达、冯胜、傅友德诸大将数奉命往北平、山西、陕西诸地屯田、练兵，为备边之计。又诏诸王近塞者，每岁秋勒兵巡边（《明史》卷九一，《兵志·边防》）。远涉沙漠，校猎而还，谓之"肃清沙漠"（祝允明：《九朝野记》卷一）。诸王封并塞居者，都得预军务。内中晋、燕二王尤被重寄，数次奉命领兵出塞及筑城屯田，大将如宋国公冯胜、颍国公傅友德皆受节制（《明史》卷一一六，《晋恭王传》）。洪武二十六年（公元1393年）三月又诏二王军务大者始以闻（《明史》卷三，《太祖本纪》）。由此军中事皆得专决。

明太祖一面以诸王领兵守边，一面又预防后人懦弱，政权有落于权臣之手的危险，特授诸王以干涉中央政事之权。诸王有权移文中央索取奸臣：

> 若大臣行奸，不令王见天子，私下传致其罪而遭遇不幸者，到此之时，天子必是昏君。其长史司并护卫移文五军都督府索取奸臣，都督府捕奸臣奏斩之，族灭其家。(《皇明祖训·法律条》)

甚至得举兵入清君侧：

> 如朝无正臣，内有奸恶，则亲王训兵待命。天子密诏诸王统镇兵讨平之。(《皇明祖训·法律条》)

又怕后人变更他的法度，特地把天子、亲王、大臣所应做和不应做的事，都定为祖训，叫后人永远遵守。洪武二十八年（公元1395年）九月正武颁布《皇明祖训》条章于中外，并着令后世有言更祖制者，以奸臣论（《明史》卷三，《太祖本纪》）。由此诸王各拥重兵，凭据险厄，并得干涉国事，在军事上和政治上都握大权，酿成了外重内轻之势。

分封建制之害，在洪武九年（公元1376年）叶伯巨即已上书言之。他说：

> 先王之制，大都不过三国之一，上下等差，各有定分，所以强干弱枝，遏乱源而崇治本耳。今裂土分封，使诸王各有分地，盖惩宋、元孤立，宗室不竞之弊。而秦、晋、燕、齐、梁、楚、吴、蜀诸国，无不连邑数十，城郭宫室，亚于天子之都，优之以甲兵卫士之盛。臣恐数世之后，尾大不掉，然后削其地而夺之权，则必生觖望，甚者缘间而起，防之无及矣。愿

第六章 吴晗讲大明帝国　279

及诸王未之国之先,节其都邑之制,减其卫兵,限其疆理,亦以待封诸王之子孙。此制一定,然后诸王有贤且才者,入为辅相,其余世为藩屏,与国同休。割一时之恩,制万世之利,消天变而安社稷,莫先于此。(《明史》卷一三九,《叶伯巨传》)

书上以离间骨肉坐死。其实这时诸王只建藩号,尚未就国,有远见的人便已感到不安的预兆了。到洪武末年诸王数奉命出塞,强兵悍卒,尽属麾下。这时太祖已衰病,皇太孙幼弱,也渐渐感觉到强藩的逼胁了。有一次他们祖孙曾有如下的谈话:

先是太祖封诸王,辽、宁、燕、谷、代、晋、秦、庆、肃九国皆边房,岁令训将练兵,有事皆得提兵专制便防御。因语太孙曰:"朕以御房付诸王,可令边尘不动,贻汝以安。"太孙曰:"房不靖,诸王御之。诸王不靖,孰御之?"太祖默然良久曰:"汝意何如?"太孙曰:"以德怀之,以礼制之,不可则削其地,又不可则废置其人,又其甚则举兵伐之。"太祖曰:"是也,无以易此矣。"(尹守衡:《明史窃·革除记》)

太孙又和黄子澄密谋定制削藩之计:

惠帝为皇太孙时,尝坐东角门,谓子澄曰:"诸王尊属,拥重兵,多不法,奈何?"对曰:"诸王护卫兵才足自守,倘有变,临以六师,其谁能支。汉七国非不强,卒底亡灭,大小强弱势不同,而顺逆之理异也。"太孙是其言。(《明史》卷一四一,《黄子澄传》)

即位后高巍、韩郁先后上书请用主父偃推恩之策,在北诸王子弟分封于南,在南子弟分封于北,则藩王之权,不削而自弱。当局者都主削藩，不用其计而靖难师起（《明史》卷一四三，《高巍传》）。

靖难之役

明太祖在位三十一年（1368—1398），皇太子标早卒，皇太孙允炆继位，是为惠帝（1398—1402）。时太祖诸子第二子秦王樉、第三子晋王㭎都已先死，第四子燕王棣、第五子周王橚和齐、湘、代、岷诸王都以叔父拥重兵，多不法。朝廷孤立。诸王中燕王最雄桀，兵最强，尤为朝廷所嫉。惠帝用黄子澄、齐泰计谋削藩，讨论应该先向谁动手：

> 泰欲先图燕，子澄曰："不然。周、齐、湘、代、岷诸王在先帝时尚多不法，削之有名。今欲问罪，宜先周。周王，燕之母弟（懿文太子标、秦王樉、晋王㭎，李淑妃出。燕王棣、周王橚，硕妃出。参见吴晗：《明成祖生母考》，载《清华学报》，第10卷第2期），削周是削燕手足也。"（《明史》卷一四一，《黄子澄传》）

定计以后，第一步先收回王国所在地之统治权，下诏："王国吏民听朝廷节制，唯护卫官军听王。"（《明史》卷一四一，《齐泰传》；谷应泰：《明史纪事本末》卷一五）建文元年（公元1399年）二月又下诏诸王毋得节制文武吏士（《明史》卷四，《恭闵帝本纪》）。收回兵权及在王国之中央官吏节制权。洪武三十一年（公元1398年）八月废周王橚为庶人。建文元年（公元1399年）四月湘王柏惧罪自焚死，齐王榑、代王桂有罪，废为庶人。六月废岷王楩为庶人。

燕王棣智勇有大略，妃徐氏为开国元勋徐达女。就国后，徐达数奉命备边北平，因从学兵法。徐达死后，诸大将因胡惟庸、蓝玉两次党案诛杀殆尽。燕王遂与秦、晋二王并当北边御敌之任。洪武二十三年（公元1390年）正月与晋王率师往讨元丞相咬住、太尉乃儿不花，征虏前将军、颍国公傅友德等并听节制。三月师次迤都，咬住等降（《明史》卷三，《太祖本纪》）。获其全部而还，太祖大喜。是后屡率诸将出征，并奉命节制沿边士马，威名大震（《明史》卷四，《成祖本纪》）。洪武二十四年（公元1391年）四月督傅友德诸将出塞，败敌而还。洪武二十六年（公元1393年）三月冯胜、傅友德备边山西、北平，其属卫将校悉听晋王、燕王节制。洪武二十八年（公元1395年）正月率总兵官周兴出辽东塞，自开原追敌至甫答迷城，不及而还。洪武二十九年（公元1396年）率师巡大宁，败敌于彻彻儿山，又追败之于兀良哈秃城而退。洪武三十一年（公元1398年）率师备御开平（《明史》卷三，《太祖本纪》）。太祖死后，自以为三兄都已先死，论序当立，不肯为建文帝下。到周、湘诸王相继得罪，遂决意反，阴选将校，勾军卒，收才勇异能之士，日夜铸军器（《明史》卷一四五，《姚广孝传》）。建文元年（公元1399年）七月杀政府所置地方大吏，指齐泰、黄子澄为奸臣，援引《祖训》，入清君侧，称其师曰靖难。

　　兵起时建文帝正在和方孝孺、陈迪一些文士讨论周官法度，更定官制，讲求礼文。当国的齐泰、黄子澄也都是书生，不知兵事，以旧将耿秉文为大将往讨。八月耿秉文兵败于滹沱河，即刻召还，代以素不知兵的勋戚李景隆。时燕王已北袭大宁，尽得朵颜三卫骁骑而南。景隆乘虚攻北平不能克，燕王回兵大破之。建文二年（公元1400年）四月燕王又败景隆兵于白沟河、德州，进围济南，三月不克，为守将盛庸所掩击，大败解围去。九月盛庸代李景隆为大将军。十二月大败燕兵于东昌，燕大将张玉战死，精锐丧失几尽。建文三年（公元1401年）燕兵数南下，胜负相当。所攻下的城邑，兵回又为朝廷拒守。燕王所据有的地方，不过北平、保定、永平三府。恰好因建文帝待官中宦官极严厉，宦官被黜责的逃奔燕军，告以京师虚实。十二月后复出师南下。朝廷遣大将徐辉祖（达子，燕王妃兄）据山东，与都督平安大败燕兵，燕军正预备逃回北平，建文帝又轻信谣言，以为燕兵已退，一面也不信任徐辉祖，召之还朝。前方势孤，遂接连战败。燕兵乘胜渡淮趋扬州，江防都督陈瑄以舟师迎降，速渡江围南京，谷王橞及李景隆开金川门迎降，宫中火起，建文帝不知所终。燕王入南京即帝位，是为成祖（1402—1424）（《明史》卷三，《恭闵帝纪》；卷四《成祖本纪》；卷一四四，《盛庸传》；卷一二六，《李文忠传》；卷一二五，《徐达传》；《明史纪事本末》卷一六）。

成祖入南京后做的第一件事，是对主削藩议者的报复，下令大索齐泰、黄子澄、方孝孺等五十余人，榜其姓名曰奸臣，大行屠杀，施族诛之法，族人无少长皆斩，妻女发教坊司，姻党悉戍边。方孝孺之死，宗族亲友前后坐诛者至八百七十三人（《明史纪事本末》卷一八）。万历十三年（公元1585年）释坐孝孺谪戍者后裔凡千三百余人（《明史》卷一四一，《方孝孺传》）。第二件事是尽复建文中所更改的成法和官制，表明他起兵的目的，是在拥护祖训，和建文帝擅改祖制之罪（《明史》卷四，《成祖本纪》；《燕王会旨》）。由此《祖训》成为明朝一代治国的经典，太祖时所定的法令，到后来虽然时移事变，也不许有所更改。太祖时所曾施行的制度，也成为一代的金科玉律，无论无理到什么地步，也因为是祖制而不敢轻议。内中如锦衣卫和廷杖制，最为有明一代的弊政。为成祖所创的有宦官出使、专征、监军、分镇的制度，和皇帝的侦察机关东、西厂。

迁都北京

成祖以边藩篡逆得位，深恐其他的藩王也学他的办法，再来一次靖难，即位之后，也采用建文帝的削藩政策，以次收诸藩王兵权，非唯不使干预政事，且设立种种苛禁以约束之。建文四年（公元1402年）徙谷王于长沙，永乐元年（公元1403年）徙宁王于南昌，以大宁地界从靖难有功之朵颜、福余、泰宁三卫，以偿前劳（《明史》卷三二八，《三卫传》）。削代王、岷王护卫。永乐四年（公元1406年）削齐王护卫，废为庶人。永乐十年（公元1412年）削辽王护卫（辽王已于建文元年徙荆州）。永乐十五年（公元1417年）谷王以谋反废。永乐十八年（公元1420年）周王献三护卫。尽削诸王之权，于护卫削之又削，必使其力不足与一镇抗（万言：《管村文抄内编》卷二，《诸王世表序》）。到宣宗时汉王高煦（成祖次子，宣宗叔父，学他父亲的办法要诛奸臣，入清君侧），武宗时安化王寘鐇、宁王宸濠果然援靖难之例，起兵造反。由此政府更设为厉禁，诸王行动不得自由，甚至出城省墓，亦须奏请。二王不得相见（《明史》卷一二〇，《诸王传》；卷一一九，《襄王传》）。受封后即不得入朝（《明史》卷一一九，《崇王传》）。甚至在国家危急时，出兵勤王亦所不许（《明史》卷一一八，《韩王传》；卷一一八，《唐王传》）。只能衣租食税，凭着王的位号，在地方上作威福，肆害官民（赵翼：《廿二史劄记》卷三二，《明分封宗藩之制》）。王以下的宗人，生则请名，长则请婚于朝，国家养之终身，丧葬予费（《明史》卷一一六，《诸王传序》）。仰食于官，不使之出仕，又不许其别营生计，怕亵渎了皇家的尊严，

"不农不仕,吸民膏髓"(《明史》卷二一四,《靳学颜传》)。到后来生齿日繁,皇族的口数到了七八万,国家也养不起了。世宗(1521—1566)时御史林润上疏说:

> 天下岁供京师粮四百万石,而诸府禄米至八百五十三万石。以山西言,存留百五十二万石,而宗禄二百二十二万。以河南言,存留八十四万三千石,而宗禄百九十二万。(《明史》卷八二,《食货志》)

不得已大加减削,宗藩日困。枣阳王祐楒请"除宗人禄,使以四民业自为生。贤者用射策应科第"。政府要顾面子,还是不许(《明史》卷一一九,《枣阳王传》)。万历二十二年(公元1594年)郑世子载堉再请求特许"宗室皆得儒服就试,毋论中外职,中式者视方品器使"(《明史》卷一一九,《郑王传》)。从此宗室方得出仕。国家竭天下之力来养活十几万游荡无业的贵族游民,不但国力为之疲敝不支,实际上宗室又因不许就业而陷于困穷,衣食无着,势不能不作奸犯法,扰害平民。国家费钱,宗室挨饿,平民受罪,这也是当时创立祖制的人所意想不到的。

成祖削藩的结果,宁、谷二王内徙,尽释诸王兵权,北边空虚。按照当时的形势,"四裔北边为急,倏来倏去,边备须严。若畿甸去远而委守将,则非居重取轻之道"(章潢:《图书编》卷三三,《论北龙帝都垣》)。于是有迁都北京之计,以北京为行在,屯驻重兵,皇帝亲自统率,抵御蒙古人之入侵:

> 太宗靖难之勋既集,切切焉为北顾之虑,建行都于燕,因而整戈秣马,四征弗庭,亦势所不得已也。銮舆巡幸,劳费实

繁，易世之后，不复南幸，此建都所以在燕也。（顾炎武：《读史方舆纪要·北直方舆纪要序》）

合政治与军事中心为一，以国都当敌。朱健曾为成祖迁都下一历史的地理的解释。他说：

> 自古建立都邑，率在北土，不止我朝，而我朝近敌为甚。且如汉袭秦旧都关中，匈奴入寇，烽火辄至甘泉。唐袭隋旧亦都关中，吐蕃入寇辄到渭桥，宋袭周旧都汴，西无灵、夏，北无燕、云，其去契丹界，直决旬耳。景德之后，亦辄至澶渊。三治朝幅员善广矣，而定都若此者何？制敌便也。我朝定鼎燕京，东北去辽阳尚可数日，去渔阳百里耳。西北去云中尚可数日，去上谷亦仅倍渔阳耳。近敌便则常时封殖者尤勤，常时封殖则一日规画措置者尤亟，是故去敌之近，制敌之便，莫有如今日者也。（朱健：《古今治平略》）

建都北京的最大缺点是北边粮食不能自给，必须仰给东南。海运有风波之险，由内河漕运则或有时水涸，或被寇盗所阻，稍有意外，便成问题，朱健说：

> 今国家燕都可谓百二山河，天府之国。但其间有少不便者，漕粟仰给东南，而运河自江而淮而黄，自黄而后自汶而卫，盈盈衣带，不绝如线，河流一涸，则西北之腹尽枵矣。元时亦输粟以供上都，其后兼行海运。然当群雄干命之时，烽烟四起，运道梗绝，惟有束手就困，此京师之第一当虑者也。（朱健：《古今治平略》）

要解决这两个困难，则第一必须大治河道，第二必须仍驻重兵于南京，镇压东南。成祖初年转漕东南，水陆兼挽，仍元人之旧，参用海运。而海运多险，陆运亦劳费不赀。永乐九年（公元1411年）命宋礼开会通河。永乐十三年（公元1415年）陈瑄凿清江浦，通北京漕运，由运河直达通州，而海陆运俱废（《明史》卷八五，《河渠志》）。运粮官军十二万人，有漕运总兵及总督统之（《明史》卷七九，《食货志》）。十九年（公元1421年）迁都北京后，以南京为留都，仍设五府六部官，并设南京守备，掌一切留守防护之事，节制南京诸卫所（《明史》卷八九，《兵志》）。

永乐元年（公元1403年）以北平为北京。永乐四年（公元1406年）诏以明年五月建北京宫殿。永乐十八年（公元1420年）北京郊庙宫殿成，诏以北京为京师，不称行在（《明通鉴》卷一七）。在实际上，自永乐七年（公元1409年）以后，成祖多驻北京，以皇太子在南京监国。自丘福征本雅失里汗败死后，成祖五入漠北亲征（《明史》卷五至卷六，《成祖本纪》）。自永乐十五年（公元1417年）北巡以后，即不再南返。南京在事实上，从永乐七年（公元1409年）成祖北巡以后，即已失去政治上的地位，永乐十九年（公元1421年）始正式改为陪都。

迁都之举，当时有一部分人不了解成祖的用心，力持反对论调。《明史》记：

> 三殿灾，诏求直言。群压多言都北京非便。帝怒，杀主事萧仪，曰："方迁都时，与大臣密计，久而后定，非轻举也。"（《明史》卷一四九，《夏原吉传》）

仁宗（1424—1425）即位后，胡濙从经济的立场，"力言建都北京非便，请还南都，省南北转运供亿之烦"（《明史》卷一六九，《胡濙传》)。胡濙是武进人，为南方士大夫的领袖，他的意见可说是代表南方人民的舆论，政府于是又定计还都南京，洪熙元年（公元1425年）三月诏北京诸司悉称行在。五月仁宗崩，迁都之计遂又搁置不行（《明史》卷八，《仁宗本纪》）。一直到英宗正统六年（公元1441年）北京三殿两宫都已告成，才决定定都北京，诏文武诸司不称行在，仍以南京为陪都（《明史》卷一〇，《英宗前纪》）。

成祖北迁以后，北京三面临敌，边防大重。东起鸭绿，西抵嘉峪，绵亘万里，分地守御。初设辽东、宣府、大同、延绥四镇，继设宁夏、甘肃、蓟州三镇，又加上太原、固原，是为九边（《明史》卷九一，《兵志》）。每边各设重兵，统以大将，副以偏裨，监以宪臣，镇以开府，联以总督，无事则画地防守，有事则犄角为援（黄道周：《博物典汇》卷一九，《九边》）。失策的是即位后，即徙封宁王于江西，把大宁一带地（今辽宁省平泉、内蒙古自治区赤峰等地）送给从征有功的朵颜三卫，三卫的占地，大致上从古北口到山海关隶朵颜卫，自广宁前屯卫西至广宁镇白云山隶泰宁卫，自白云山以北到开原隶福余卫。从此幽燕东北之险，中国与蒙鞑共之，胡马疾驰半日可到阙下。辽东、广宁、锦、义等城从此和宣府、怀来隔断悬绝，声不相连（严从简：《殊域周咨录》卷一六，《鞑靼》）。又以东胜（今内蒙古自治区托克托县及茂明安之地）孤远难守，调左卫于永平，右卫于遵化，而墟其地（《明史》卷九一，《兵志》）。兴和（元兴和路，自今张家口以北至内蒙古苏尼特旗皆其境。洪武三年〔公元1370年〕为府，后废。洪武三十年〔公元1397年〕置兴和守御千户所。今河北省张北县治即兴和故城）为阿鲁台所攻，徙治宣府卫城而所地又虚（《明史》卷四〇，《地理志·京师》）。开平（在今内蒙古自治区多伦县地）为元故都，地处极边，西接兴和而达东胜，东西千里，最为要塞。从弃大宁后，宣府和辽东隔绝，开平失援，胡虏出没，饷道艰难，宣德五年（公元1430年）从薛禄议，弃开平，徙卫于独石（《明史》卷四〇，《地理志》；《殊域周咨录》第一七，《鞑靼》；方孔炤：《全边略记》卷三，《宣府略》）。后来"三岔河弃而辽东悚，河套弃而陕右警，西河弃而甘州危"（《博物典汇》卷一九）。国防遂不可问。初期国力尚强，对付外敌的方法，是以攻为守，太祖、成祖、宣宗三朝并大举北征，以兵力逼蒙古人远遁，使之不敢近塞。英宗以后，国力渐衰，于是只以守险为上策，坐待敌来，长城以北诸要塞尽弃不守，只靠长城来挡住胡骑，而边警由之日亟。英宗正统十四年（公元1449年）瓦剌也先入寇围北京。世宗嘉靖二十九年（公元1550年）鞑靼俺答入寇薄都城。这两次的外寇，都因都城兵力厚，不能得志，焚掠近畿而去。思宗崇祯十七年（公元1644年）流寇李自成北犯，宣府和居庸的守臣都开门揖敌，遂长驱进围北京，太监曹化淳又开门迎入，北都遂亡。由此看来，假如明成祖当时不迁都北京，自以身当敌冲，也许在前两次蒙古人入犯时，黄河以北，已不可守，宋人南渡之祸，又要重演一次了。

明初的恐怖政治

一

洪武二十八年（公元1395年）正式颁布《皇明祖训》。这一年，朱元璋已经是六十八岁的衰翁了。

在这一年之前，桀骜不驯的元功宿将杀光了，主意多端的文臣杀绝了，不顺眼的地主巨室杀得差不多了，连光会掉书袋子搬弄文字的文人也大杀特杀，杀得无人敢说话，甚至出一口大气了。杀，杀，杀！杀了一辈子两手都涂满了鲜血的白头刽子手，踌躇满志，以为从此可以高枕无忧，皇基永固，子子孙孙吃碗现成饭，不必再操心了。这年五月，特别下一道手令说："朕自起兵至今四十余年，亲理天下庶务，人情善恶真伪，无不涉历，其中奸顽刁诈之徒，情犯深重，灼然无疑者，特令法外加刑，意在使人知所警惧，不敢轻易犯法。然此特权时措置，顿挫奸顽，非守成之君所用长法。以后嗣君统理天下，止守律与大诰，并不许用黥刺剕劓阉割刑，臣下敢有奏用此刑者，文武群臣即时劾奏，处以重刑。"（《明太祖实录》卷二百三十九）

其实明初的酷刑，黥刺剕劓阉割还算是平常的，最惨的是凌迟，凡是凌迟处死的罪人，照例要杀三千三百五十七刀，每十刀一歇一吆喝，慢慢地折磨，硬要被杀的人受长时间的痛苦（邓之诚：《骨董续记》卷二十，磔条，引《张文宁年谱》；计六奇：《明季北略》，记郑鄤事）。其次有刷洗，把犯人光身子放在铁床上，浇开水，用铁刷刷去皮肉。有枭令，用铁钩钩住脊骨，横挂在竿上。有称竿，犯人缚在竿上，另一头挂石头对称。有抽肠，也是挂在竿上，用铁钩钩入谷门把肠子钩出。有剥皮，贪官污吏的皮放在衙门公座上，让新官看了发抖。此外，还有挑膝盖、锡蛇游种种名目（吕毖：《明朝小史》卷一，《国初重刑》）。也有同一罪犯，加以墨面文身，挑筋去膝盖刖指，并具五刑的（《大诰》，奸吏建言第三十三，刑余攒典盗粮第六十九；《读诰》，相验囚尸不实第四十二；《三编》，逃囚第十六）。据说在上朝时，老皇帝的脾气好坏很容易看出来，要是这一天他的玉带高高地贴在胸前，大概脾气好，杀人不会多。要是搣玉带到肚皮底下，便是暴风雨来了，满朝廷的官员都吓得脸无人色，个个发抖，准有大批人应这劫数（徐祯卿：《翦胜野闻》）。这些朝官，照规矩每天得上朝，天不亮起身梳洗穿戴，在出门以前，和妻子诀别，吩咐后事，要是居然活着回家，便大小互相庆贺，算是又多活一天了（赵翼：《廿二史劄记》卷三十二，《明祖晚年去严刑条》，引《草木子》）。

四十年中，据朱元璋自己的著作，《大诰》《大诰续编》《大诰三编》和《大诰武臣》的统计，所列凌迟枭示种诛有几千案，弃市（杀头）以下有一万多案。《三编》所定算是最宽容的了。"进士监生三百六十四人，愈见奸贪，终不从命三犯四犯而至杀身者三人，三犯而诽谤杀身者又三人，奸容戴斩、绞、徒流罪在职者三十人，一犯戴死罪徒流罪办事者三百二十八人。"（《明史》卷九十四，《刑法志》；《大诰三编》二，进士监生戴罪办事）有御史戴死罪，戴着脚镣，坐堂审案的，有挨了八十棍回衙门作官的。其中最大的案件有胡惟庸案、蓝玉案、空印案和郭桓案，前两案株连被杀的有四万人，后两案合计有七八万人（《明史》卷九十四，《刑法志》）。所杀的人，从开国元勋到列儒裨将，从部院大臣、诸司官吏到州县胥役、进士监生、经生儒士、富人地主、僧道屠沽，以至亲侄儿、亲外甥，无人不杀，无人不可杀，一个个地杀，一家家地杀，有罪的杀，无罪的也杀，"大戮官民不分臧否"（《明史》卷一三九《周敬心传》："洪武二十五年上疏极谏：洪武四年录天下官吏，十三年连坐胡党，十九年逮官吏积年为民害者，二十三年罪妄言者，大戮官民不分臧否。"）。早在洪武七年，便有人向他控诉，说是杀得太多了，"才能之士，数年来幸存者，百无一二"（《明史》卷一三九，《茹太素传》）。到洪武九年，单是官吏犯笞以上罪，谪戍到凤阳屯田的便有一万多人（《明史》卷一三九，《韩宜可传》）。十八年九月在给萧安石子孙符上也自己承认："朕自即位以来，法古命官，列布华夷，岂期擢用之时，并效忠贞，任用既久，具系奸贪？朕乃明以宪章，而刑责有不可恕。以至内外官僚，守职维艰，善能终是者寡，身家诛戮者多。"（《明朝小史》卷二）郭桓案发后，他又说："其贪婪之徒，闻桓之奸，如水之趋下。半年间弊若蜂起，杀身亡家者人不计其数。出五

刑以治之，挑筋剁指足髡发文身，罪之甚者欤？"（《大诰三编》，逃回第十六）

政权的维持建立在流血屠杀、酷刑暴行的基础上，这个时代，这种政治，确确实实是名副其实的恐怖政治。

二

胡惟庸案发于洪武十三年，蓝玉案发于洪武二十六年，前后相隔十四年，主犯虽然是两个，其实是一个案子。

胡惟庸是初起兵占领和州时的帅府旧僚，和李善长同乡，又结了亲，因李善长的举荐，逐渐发达，洪武三年拜中书省参知政事，六年七月拜右丞相。

中书省综掌全国大政，丞相对一切庶务都有专决的权力，统帅百官，只对皇帝负责。这制度对一个平庸的、唯唯否否、阿附取容"三旨相公"型的人物，或者对手是一个只愿嬉游逸乐、不理国事的皇帝，也许不会引起严重的冲突。或者一个性情谦和容忍，一个刚决果断，柔刚互济倒也不致坏事，但是胡惟庸干练有为，有魄力，有野心，在中书省年代久了，大权在手，威福随心，兼之十年宰相，门下故旧僚友也隐隐结成一个庞大的力量，这个力量是靠胡惟庸作核心的。拿惯了权的人，怎么也不肯放下。朱元璋呢，赤手空拳建立的基业，苦战了几十年，拼上命得到的大权，平白被人分去了一大半，真是倒持太阿，授人以柄，想想又怎么能甘心！困难的是皇帝和丞相的职权，从来不曾有过清楚的界限，理论上丞相是辅佐皇帝治理天下的，相权是皇权的代表，两者是二而一的，不应该有冲突。事实上假如一切庶政都由丞相处分,皇帝没事做,只能签字画可,高拱无为。反之,如皇帝躬亲庶务,大小事情一概过问,那么,这个宰相除了伴食画诺以外,又有什么可做?这两个人性格相同,都刚愎,都固执,都喜欢独裁,好揽权,谁都不肯相让,许多年的争执、摩擦,相权和皇权相对立。最后,冲突表面化了。朱元璋有军队,有特务,失败的当然是文官。在胡惟庸以前,第一任丞相李善长小心怕事,徐达经常统兵在外,和朱元璋的冲突还不太明显严重,(刘基自己知道性子太刚,一定合作不了,坚决不干。)接着是汪广洋,碰了几次大钉子,末了还是赐死。中书官有权的如杨宪,也是被杀的。胡惟庸是任期最长、冲突最厉害的一个。被杀后,索性取消中书省,由皇帝兼行相权,皇权和相权合而为一。洪武二十八年(公元1395年)手令:"自古三公论道,六卿分职,自秦始置丞相,不旋踵而亡,汉、唐、宋因之,虽有贤相,然其间所用者多有小人,专权乱政。我朝罢相,设五府、六部、都察院、通政司、大理寺等衙门,分理天下庶务,彼此颉颃,不敢相压,事皆朝廷总之,所以稳当。以后嗣君并不许立丞相,臣下敢有奏请设立者,文武群臣即时劾奏,处以重刑。"(《明太祖实录》卷二三九)这里所说的"事皆朝廷总之"的朝廷,指的便是他自己。胡惟庸被杀在政治制度史上的意义,是治权的变质,也就是从官僚和皇家共治的阶段,转变为官僚成奴才,皇帝独裁的阶段。

胡惟庸之死只是这件大屠杀案的一个引子,公布的罪状是擅权枉法。以后朱元璋要杀不顺眼的文武臣僚,便拿胡案作底子,随时加进新罪状,把它放大、发展,一放为私通日本,再放为私通蒙古,日本和蒙古,"南倭北虏"是当时两大敌人,通敌当然是谋反。三放又发展为串通李善长谋逆，最后成为蓝玉谋逆案。罪状愈多，牵连的罪人也更多，由甲连到乙，乙攀到丙，转弯抹角像瓜蔓一样四处伸出去，一网打尽，名为株连。被杀的都以家族作单位，杀一人也就是杀一家。坐胡案死的著名人物有御史大夫陈宁、中丞涂节、太师韩国公李善长、延安侯唐胜宗、吉安侯陆仲亨、平凉侯费聚、南雄侯赵庸、荥阳侯郑遇春、宜春侯黄彬、河南侯陆聚、宣德侯金朝兴、靖宁侯叶升、中国公邓镇、济宁侯顾敬、临江侯陈镛、营阳侯杨璟、淮安侯华中和高级军官毛骧、季伯畏、丁玉、和宋濂的孙子宋慎。宋濂也被牵连，贬死茂州。坐蓝党死的除大将凉国公蓝玉以外，有吏部尚书詹徽、侍郎傅友文、开国公常升、景川侯曹震、鹤庆侯张翼、舳舻侯朱寿、东莞伯何荣、普定侯陈桓、宣宁侯曹泰、会宁侯张温、怀远侯曹兴、西凉侯濮兴、东平侯韩勋、全宁侯孙恪、沈阳侯察罕、徽先伯桑敬和都督黄辂、汤泉等。胡案有《昭示奸党录》，蓝案有《逆臣录》，把口供和判案都详细记录公布。让全国人都知道这些"奸党"的"罪状"（钱谦益：《太祖实录辨证》；潘柽章：《辩史考异》；吴晗：《胡惟庸党案考》，载《燕京学报》十五期）。被杀公侯中，东莞伯何荣是何真的儿子，何真死于洪武二十一年，被帐下旧校捏告生前党胡惟庸，勒索两千两银子，何家子弟到御前分析，朱元璋大怒说："我的法，这厮把作买卖！"把旧校绑来处死。到二十三年何荣弟崇祖回广东时："兄把袂连声：弟弟，今居官祸福顷刻，汝归难料再会日。到家达知伯叔兄弟，勿犯违法事，保护祖宗，是所愿望！"

可是，逃过了胡党，还是逃不过蓝党，何家是岭南大族，何真在元明之际保障过一方秩序，威望极高，如何放得过？据何崇祖自述：

  洪武二十六年，族诛凉国公蓝玉，扳指公侯文武家名蓝党，无有分别，自京及天下，赤族不知几万户。长兄四兄宏维暨老幼咸丧。三月二十日夜鸡鸣时，家人彭康寿叩门，吾床中闻知祸事，出问故，云："昨晚申时，内官数员滞官军到衙，城门皆闭。是晚有公差出城，私言今夜抄提员头山何族，因此奔回。"……军来甚众，吾忙呼妻封氏各自逃生。

崇祖一房从此山居岛宿，潜形匿迹，一直三十一年新帝登极大赦，才敢回家安居（何崇祖：《庐江郡何氏家记》〔《玄览堂丛书续集》〕本）。

  李善长死时已经七十七岁了，帅府元僚，开国首相，替主子办了三十九年事，儿子做驸马，本身封国公，富极贵极，到末了却落得全家诛戮。一年后，有人替他上疏喊冤说：

  善长与陛下同心，出万死以取天下，勋臣第一，生封公，死封王，男尚公主，亲戚拜官，人臣之分极矣。藉令欲自图不轨，尚未可知。而今谓其欲佐胡惟庸者，则大谬不然。人情爱其子，必甚于兄弟之子（善长弟存义子佑是胡惟庸的从女婿），安享万全之富贵者，必不侥幸万一之富贵。善长与惟庸，犹子之亲耳，于陛下则亲子女也。使善长佐惟庸成，不过勋臣第一而已矣，太师国公封王而已矣，尚主纳妃而已矣，宁复有加于今日？且善长岂不知天下之不可幸取，当元之季，欲为此者何限，莫不身为齑粉，覆宗绝祀，能保首领者几何人哉！善长胡乃身见之，而以衰倦之年身蹈之也？凡为此者，必有深仇激变，大不得已，父子之间，或至相挟以求脱祸。今善长之

> 子祺，备陛下骨肉亲，无纤芥嫌，何苦而忽为此？若谓天象告变，大臣当灾，杀之以应天象，则尤不可。臣恐天下闻之，谓功如善长且如此，四方因之解体也。今善长已死，言之无益，所愿陛下作戒将来耳。

说得句句有理，字字有理，朱元璋无话可驳，也就算了（《明史》卷一百二十七，《李善长传》）。

三

二案以外，开国功臣被杀的，还有谋杀小明王的凶手德庆侯廖永忠，洪武八年以僭用龙凤不法等事赐死。永嘉侯朱亮祖父子于十三年被鞭死。临川侯胡美于十七年犯禁伏诛。江夏侯周德兴于二十五年以帷薄不修，暧昧的罪状被杀。二十七年，杀定远侯王弼、永平侯谢成、颍国公傅友德，二十八年杀宋国公冯胜。周德兴是朱元璋儿时放牛的伙伴，傅友德、冯胜功最高，突然被杀，根本不说有什么罪过，正合着古人说的"飞鸟尽，良弓藏；狡兔死，走狗烹"的话（王世贞：《史乘考误》；钱谦益：《太祖实录辨证》；潘柽章：《国史考异》）。

不但列将以次诛夷，甚至替他坚守南昌七十五日，力拒陈友谅，造成鄱阳湖大捷，奠定王业的功臣，义子亲侄朱文正也以"亲近儒生，胸怀怨望"被鞭死（刘辰：《国初事迹》；孙宜：《洞庭集》，《大明初略》三；王世贞：《史乘考误》卷一）。义子亲甥李文忠，十几岁便在军中南征北伐，立下大功，也因为左右多儒生，礼贤下士，有政治野心被毒死（王世贞：《史乘考误》卷一；钱谦益：《太祖实录辨证》卷五；潘柽章：《国史考异》卷二）。刘基是幕府智囊，运谋决策，不止有定天下的大功，并且是奠定帝国规模的主要人物,因为主意多,看得准,看得远,被猜忌最深,洪武元年便被休致回家(刘辰:《国初事迹》),又怕隔得太远会出事,硬拉回南京,终于被毒死(《明史》卷三〇八《胡惟庸传》,卷一二八《刘基传》;刘璟:《遇恩录》)。徐达为开国功臣第一,小心谨慎,也逃不过。洪武十八年病了,生背疽,据说这病最忌吃蒸鹅,病重时皇帝却特赐蒸鹅,没法办,流着眼泪当着使臣的面吃,不多日就死了(徐祯卿:《剪胜野闻》)。这两个元功的特别被注意,被防闲,满朝文武全知道,给事中陈汶辉曾经上疏公开指出:"今勋旧耆德,咸思辞禄去位,如刘基、徐达之见猜,李善长、周德兴之被谤,视萧何、韩信其危疑相去几何哉!"(《明史》卷一三八,《李仕鲁传》附《陈汶辉传》)

武臣之外,文官被杀的也着实不少。有记载可考的有宋思颜、夏煜、高见贤、凌说、孔克仁,这几人都是初起事时的幕府僚属,宋思颜在幕府里的地位仅次于李善长。夏煜是诗人,和高见贤、杨宪、凌说一伙,专替朱元璋"伺察抟擊",尽鹰犬的任务,告密栽赃,什么事全干,到末了也被人告密,先后送了命(《明史》卷一三五,《宋思颜传》)。朝官中有礼部侍郎朱同、张衡,户部尚书赵勉,吏部尚书余熂,工部尚书薛祥、秦逵,刑部尚书李质、开济,户部尚书茹太素,春官王本,祭酒许存仁,左都御史杨靖,大理寺卿李仕鲁,少卿陈汶辉,御史王朴、纪善、白信蹈等(《明史》卷一三六《朱升传》,卷一三七《刘三吾传》《宋纳传》《安然传》,卷一三八《陈修传》《周祯传》《杨靖传》《薛祥传》,卷一三九《茹太素传》《李仕鲁传》《周敬心传》)。外官有苏州知府魏观,济宁知府方克勤,番禺知县道同,训导叶伯巨,晋王府左相陶凯等（《明史》卷一四〇《魏观传》，卷二八一《方克勤传》，卷一四〇《道同传》，卷一三九《叶伯巨传》，卷一三六《陶凯传》）。茹太素是个刚性人，爱说老实话，几次为了话不投机被廷杖，降官，甚至镣足治事，一天，在便殿赐宴，朱元璋赐诗，说："金杯同汝饮，不刃不相饶。"太素磕了头，续韵吟道："丹诚图报国，不避圣心焦！"元璋听了倒也很感动。不多时还是被杀。李仕鲁是朱熹学派的学者，劝皇帝不要太尊崇和尚道士，想学韩文公辟佛，来发扬朱学。料想着朱熹和皇帝是本家，这着棋准下得不错，不料皇帝竟不买朱夫子的账，全不理会，仕鲁急了，闹起迂脾气，当面交还朝笏，要告休回家。元璋大怒，叫武士把他掼死在阶下。陶凯是御用文人，一时诏令封册歌颂碑志多出其手，做过礼部尚书，制定军礼和科举制度，只为了起一个别号叫"耐久道人"，犯了忌讳被杀。员外郎张来硕谏止取已许配的少女作官人，说"于理未当"，被碎肉而死，参议李饮冰被割乳而死（刘辰：《国初事迹》）。叶伯巨在洪武九年以星变上书，论用刑太苛说：

>臣观历代开国之君，未有不以仁德结民心，以任刑失民心者。国祚长短，悉由于此……议者曰，宋、元中叶，专事姑息，赏罚无章，以致亡灭。主上痛惩其弊，故制不宥之刑，权神变之法，使人知惧而莫测其端也。臣又以为不然。开基之主，垂范百世，一动一静，必使子孙有所持守，况刑者，民之司命，可不慎欤！夫笞、杖、徒、流、死，今之五刑也。用此五刑，既无假贷，一出乎大公至正可也。而用刑之际，多裁自圣衷，遂使治狱之吏，务趋求意旨，深刻者多功，平反者得

罪，欲求治狱之平，岂易得哉！近者特旨，杂犯死罪，免死充军，又删定旧律诸则，减宥有差矣。然未闻有戒饬治狱者，务从平恕之条，是以法司犹循故例，虽闻宽宥之名，未见宽宥之实。所谓实者，诚在主上，不在臣下也。故必有罪疑惟轻之意，而后好生之德洽于民心，此非可以浅浅期也。何以明其然也？古之为士者以登仕为荣，以罢职为辱，今之为士者以湮迹无闻为福，以受玷不录为幸，以屯田工役为必获之罪，以鞭笞捶楚为寻常之辱。其始也，朝廷取天下之士，网罗捃摭，务无余逸，有司敦迫上道，如捕重囚，比到京师，而除官多以貌选，所学或非其所用，所用或非其所学。洎乎居官，一有差跌，苟免诛戮，则必在屯田工役之科，率是为常，不少顾惜。此岂陛下所乐为哉！诚欲人之惧而不敢犯也。窃见数年以来，诛杀亦可谓不少矣，而犯者相踵，良由激劝不明，善恶无别，议贤议能之法既废，人不自励而为善者怠也。有人于此，廉如夷、齐，智如良、平，少戾于法，上将录长弃短而用之乎？将舍其所长苛其所短而置之法乎？苟取其长而舍其短，则中庸之材争自奋于廉智；倘苛其短而弃其长，则为善之人皆曰某廉若是，某智若是，朝廷不少贷之，吾属何所容其身乎？致使朝不谋夕，弃其廉耻，或自掊克，以备屯田工役之资者，率皆是也。若是非用刑之烦者乎！汉尝徙大族于山陵矣，未闻实之以罪人也，今凤阳皇陵所在，龙兴之地，而率以罪人居之，怨嗟愁苦之声，充斥园邑，殆非所以恭承宗庙意也。

朱元璋看了气极，连声音都发抖了，连声说这小子敢如此！快逮来！

我要亲手射死他。隔了些日子，中书省官趁他高兴的时候，奏请把叶伯巨下刑部狱，不久死在狱中（《明史》卷一百三十九，《叶伯巨传》）。

照规定，每年各布政使司和府州县都得派上计吏到户部，核算钱粮军需等账目，数目琐碎畸零，必需府合省，省合部，一层层上去，一直到部里审核报销，才算手续完备。钱谷数字有分毫升合不符合，整个报销册便被驳回，得重新填造。布政使司离京师远的六七千里，近的也是三四千里，册子重造不打紧，要有衙门的印才算合法，为了盖这颗印，来回时间就得一年半载。为了免得部里挑剔，减除来回奔走的麻烦，上计吏照例都带有预先备好的空印文书，遇有部驳，随时填用。到洪武十五年，朱元璋忽然发觉这事，以为一定有弊病，大发雷霆，下令地方各衙门的长官主印者一律处死，佐贰官杖一百充军边地。其实上计吏所预备的空印文是骑缝印，不能作为别用，也不一定用得着，全国各衙门都明白这道理，连户部官员也是照例默认的，算是一条不成文法律。可是案发后，朝廷上谁也不敢说明详情，有一个不怕死的老百姓，拼着命上书把这事解释明白，也不中用，还是把地方长吏一杀而空。当时最有名的好官济宁知府方克勤（建文朝大臣方孝孺的父亲）也死在这案内。上书人也被罚充军（《明史》卷九十四，《刑法志》；卷一百三十九，《郑士利传》）。

郭桓是户部侍郎，洪武十八年，有人告发北平二司官吏和郭桓通同舞弊，从六部左右侍郎以下都处死刑，追赃七百万，供词牵连到各直省官吏，死的又是几万人。追赃又牵连到全国各地，中产之家差不多全被这案子搞得倾家荡产，财破人亡。这案子激动了整个社会，也太伤了中产阶级和中下级官僚的心，大家都指斥攻击告发此案的御

第六章 吴晗讲大明帝国 301

史和审判官,议论沸腾,情势严重,朱元璋一看不对,赶紧下手诏条列郭桓等罪状说是:

> 户部官郭桓等收受浙西秋粮,合上仓四百五十万石,其郭桓等止收六十万石上仓,钞八十万锭入库,以当时折算,可抵二百万石,余有一百九十万石未曾上仓。其桓等受要浙西等府钞五十万贯,致使府州县官黄文等通同刁顽入吏边源等作弊,各分入己。
>
> 其所盗仓粮,以军卫言之,三年所积卖空。前者榜上若欲尽写,恐民不信,但略写七百万耳。若将其余仓分并十二布政司通同盗卖见在仓粮,及接受浙西等府钞五十万张卖米一百九十万不上仓,通算诸色课程鱼盐等项,及通同承运库官范朝宗偷盗金银,广惠库富张裕妄支钞六百万张,除盗库见在金银宝钞不算外,其卖在仓税粮及未上仓该收税粮及鱼盐诸色等项,共折米算,所废者二千四百余万(石)精粮。
>
> 其应天等五府州县数十万没官田地夏秋税粮,官吏张钦等通同作弊,并无一粒上仓,与同户部官郭桓等尽行分授。

意思是追赃七百万还是圣恩宽容,认真算起来该有二千四百万。这几万人死得决不委屈。话虽如此说,到底觉得有些不妥,只好借审刑官的头来平众怒,把原审官杀了一批,再三申说,求人民的谅解(《明史》卷九十四,《刑法志》;《大诰》二十三郭桓卖放浙西秋粮,四十九郭桓盗官粮)。一年后,他又特别指出:"自开国以来,惟两浙、江西、两广、福建所设有司官,未尝任满一人,往往未及终考,自不免于赃贪。"(《大诰续篇》)可见杀这些贪官污吏是不错的,是千该万该的。不过，倒过来说，杀了二十年的贪官污吏，而贪官污吏还是那么多，沿海比较富饶区域的地方官，二十年来甚至没有一个能够做满任期，都在中途犯了赃贪得罪，由此可见专制独裁的统治，官僚政治和贪污根本分不开，单用严刑重罚，恐怖屠杀去根绝贪污，是不可能有什么效果的。

在鞭笞、苦工、剥皮、抽筋，以至抄家灭族的威胁空气中，凡是做官的，不论大官小官，近臣远官，随时随地都会有不测之祸，人人在提心吊胆，战战兢兢过日子。这日子过得太紧张了，太可怕了，有的人实在受不了，只好辞官，回家当老百姓，不料又犯了皇帝的忌讳，说是不肯帮朝廷做事："奸贪无福小人，故行诽谤，皆说朝廷官难做。"（《大诰》，奸贪诽谤第六十四）大不敬，非杀不可。没有做过官的儒士，怕极了，躲在乡间不敢出来应考做官，他又下令地方官用种种方法逼他们出来，"有司敦迫上道，如捕重囚"。还立下一条法令，说是："率土之滨，莫非王臣，寰中士大夫不为君用，是自外其教者，诛其身而没其家，不为之过。"（《大诰二编》，苏州人才第十三）贵溪儒士夏伯启叔侄各刴去左手大指，立誓不做官，被拿赴京师面审，元璋气呼呼发问："昔世乱居何处？"回说："红寇乱时，避兵于福建、江西两界间。"不料红寇这名词正刺着皇帝的痛处：

> 朕知伯启心怀忿怒，将以为朕取天下非其道也。特谓伯启曰：尔伯启言红寇乱时，意有他忿。今去指不为朕用，宜枭令籍没其家，以绝狂愚夫效尤之风。

特派法司押回原籍处决（《大诰三编》，秀才刴指第十；《明史》卷九十四，《刑法志》）。苏州人才姚润、王谈被征不肯做官，也都被处死，全家籍没（《大诰三编》，苏州人才第十三；《明史》卷九十四，《刑法志》）。

洪武朝朝臣幸免于屠杀的，只有几个例子：一个是大将信国公汤和，原是朱元璋同村子人，一块儿长大的看牛伙伴，比元璋大三岁，起兵以后，诸将地位和元璋不相上下的，都闹别扭，不听使唤，只有汤和规规矩矩，小心听话，服从命令。到晚年，徐达、李文忠死已多年，汤和宿将功高，明白老伙伴脾气，心里老大不愿意，让诸大将仍旧掌兵权，苦的是嘴里说不出。他首先告老交出兵权，元璋大喜，立刻派官给他在凤阳盖府第，赏赐稠渥，特别优厚，算是侥幸老死在床上（《明史》卷一百二十六，《汤和传》）。一个是外戚郭德成，郭宁妃的哥哥，一天他陪朱元璋在后苑喝酒，醉了爬在地上去冠磕头谢恩，露出稀稀的几根头发，元璋笑着说："醉风汉，头发秃到这样，可不是酒喝多了。"德成仰头说："这几根还嫌多呢，剃光了才痛快。"元璋不作声。德成酒醒，才知道闯了大祸，怕得要死，只好索性装疯，剃光了头，穿了和尚衣，成天念佛。元璋信以为真，告诉宁妃说："原以为你哥哥说笑话，如今真个如此，真是疯汉。"不再在意，党案起后，德成居然漏网（《明史》卷一三一，《郭光传》）。一个是御史袁凯，有一次朱元璋要杀许多人，叫袁凯把案卷送给皇太子复讯，皇太子主张从宽。袁凯回报，元璋问："我要杀人皇太子却要宽减，你看谁对？"袁凯不好说话，只好回答："陛下要杀是守法，东宫要赦免是慈心。"元璋大怒，以为袁凯两头讨好，脚踏两头船，老滑头，要不得。袁凯大惧，假装疯癫，元璋说疯子不怕痛，叫人拿木钻来刺他的皮肤，袁凯咬紧牙关，忍住不喊痛。回家后，自己拿铁链锁住脖子，蓬头垢面，满口疯话，元璋还是不放心，派使者去召他做官，袁凯瞪眼对使者唱月儿高曲，爬在篱笆边吃狗矢，使者回报果然疯了，才不追究。这一次朱元璋却受了骗，原来袁预先叫人用炒面拌砂糖，捏成段段，散在篱笆下，爬着吃了，救了一条命，朱元璋哪里会知道？（《明史》卷二百八十三，《袁凯传》；徐祯卿：《翦胜野闻》；陆深：《金台纪闻》）

吴人严德珉由御史升左佥都御史，因病辞官，犯了陈讳，被黥面充军南丹（今广西），遇赦放还，布衣徒步做老百姓，谁也不知道他曾做过官。到宣德时还很健朗，一天因事被御史所逮，跪在堂下，供说也曾在台勾当公事，颇晓三尺法度。御史问是何官，回说洪武中台长严德珉便是老夫。御史大惊谢罪，第二天去拜访，却早已挑着铺盖走了。有一个教授和他喝酒，见他脸上刺字，头戴破帽，问老人家犯什么罪过，德珉说了详情，并说先时国法极严，做官的多半保不住脑袋。说时还北面拱手，嘴里连说"国恩！国恩！"（《明史》卷一三八，《周祯传》）

元璋有一天出去私访，到一破寺，里边没有一个人，墙上画一布袋和尚，有诗一首："大千世界浩茫茫，收拾都将一袋藏，毕竟有收还有放，放宽些子有何妨。"墨迹还新鲜，是刚画刚写的，赶紧使人去搜索，已经不见了（徐祯卿：《翦胜野闻》）。这故事不一定是真实的，不过，所代表的当时人的情绪却是真实的。

明教与大明帝国

（节选）

吴元年与明之国号

我国历史上之朝代称号，或从初起之地名，或因所封之爵邑，或追溯其所自始，要皆各有其独特之意义，清赵翼曾畅论之：

> 三代以下建国号者，多以国邑旧名：王莽建号曰新，亦以初封新都侯故也。公孙述建号成家，亦以据成都起事也。賨人李雄建号大成，盖亦袭述旧称也。金太祖始取义于金之坚固，遂不以国邑而以金为号（按《金志》太祖以国产金，且有金水源，故称大金）。然犹未用文义也。金末宣抚蒲鲜万奴据辽东，僭称天王，国号大真，始有以文义而为号者。元太祖本无国号，但称蒙古，如辽之称契丹也。世祖至元八年（公元1271年）因刘秉忠奏，姑建国号曰大元，取"大哉乾元"之意，国号取文义自此始。

其诏有曰,"诞膺景命,必有美名,唐之为言荡也,虞之为言乐也,……世降以还,事殊非古;称秦称汉者,著从初起之地名,曰隋曰唐者,即因所封之爵邑,是皆徇百姓见闻之狃习,要一时经制之权宜。今特建国号曰大元,取《易经》乾元之义"云。命世之君,创制显庸,必有以新一代之耳目,而不肯因袭前代,此其一端也。(《廿二史札记》卷二九《元建国始用文义》)

唯明太祖以至正二十七年(公元1367年)称吴元年,次年即帝位,始定国号曰大明,纪元洪武。吴非国号,亦非年号。至大明则既非初起之地名,亦非所封之爵邑,亦非如后唐后汉之追溯其所自始,如以其文义"光明"言,亦无所归属。《明实录》《明史》诸书记太祖即位诏书,仅著"定有天下之号曰大明"一语,明清两代学人著述,亦从未涉及"吴元年"及"大明"一名词之意义者。(日人和田清君曾撰《关于明之国号》一文,刊《东洋学报》,滇中无从得此书,未能论列。)

按太祖起自红军,奉宋帝小明王韩林儿正朔。宋龙凤七年(公元1361年,元至正二十一年)封吴国公(钱谦益《国初群雄事略》引俞本《皇明纪事录》,《明史·太祖纪》系称吴国公事于至正十六年),十年进爵为吴王(《国初群雄事略》引《龙凤事迹》)。军中文移布告均称"皇帝圣旨吴王令旨"(《国初群雄事略》)。十二年弑宋帝,宋亡。是所谓吴元年者,如以为吴王受封之吴,则当为吴四年,如以为国号,则先此张士诚已据吴称吴王,且太祖时方遣将伐吴,不应踵袭敌国之称号。如以为纪元之称,则有史以来,从未有一字之年号!又其时天完吴夏汉诸国,国号纪元,皆粲然备具。太祖后起,且承宋后,为红军正统,不应既无国号,又无纪元,仅称无所指属之吴元年也。太祖幕中多儒生,不应曹忽至此！颇疑太祖于杀韩林儿后，仍称宋国，仍奉龙凤十三年正朔。其称吴元年者，开国后讳其起于红军，更讳言臣于小明王，曾奉其正朔。遂于宋明之际，追改龙凤十三年为吴元年，以示其非承宋而起也。推度当时情事，应是如此。然明初史迹经《太祖实录》之三修，已湮没不可详，姑系臆说于此。

至"大明"之国号，则私见以为出于韩氏父子之"明王"，明王出于《大小明王出世经》。《大小明王出世经》为明教经典，明之国号实出于明教。明教自唐代输入，至南宋而益盛，穷流溯源，因并及之。明教又与出自佛教之弥勒佛传说及白莲社合，文中牵连述及，仅凭史书。至二教经典则以滇中无从得书，参合比较，请俟异日。所述明教唐宋二代史迹，大部分多从沙畹（E.Chavannes）《摩尼教流行中国考》（冯承钧译，商务印书馆版）、王国维先生《摩尼教流行中国考》（《海宁王静安先生遗书》册一一）、陈垣先生《摩尼教入中国考》（北京大学《国学季刊》一卷二号）、牟润孙先生《宋代摩尼教》（辅仁大学《辅仁学志》七卷一、二期）诸文引用，他山之助，谨申谢意。

明　教

明教即摩尼教（Manichaeism），波斯人摩尼（Mani, 216—277）所创。我国史籍中有称之为牟尼者，摩尼之异译也。有称之为末摩尼者，古波斯文（Pehlavi）mar mani 之译文，华言摩尼主也。有称之为末尼者，末摩尼之省文也（沙畹《摩尼教流行中国考》，8~9页）。其教杂糅祆教基督教佛教而成，主要经典有《二宗三际经》，二宗者明与暗也，明暗斗争，时有轩轾，明终克暗，至安乐处。法国巴黎图书馆藏

《摩尼教残经出家仪》第六《初辩二宗》：

> 求出家者，须知明暗各宗，性情悬隔，若不辩识，何以修为？

三际者，过去未来现在也。同上《次明三际》：

> 一、初际；二、中际；三、后际。
>
> 初际者未有天地，但殊明暗，明性智慧，暗性愚痴，诸所动静，无不相背。
>
> 中际者，暗既侵明，恣情驰逐，明来入暗，委质推移，大患厌离于形体，火宅愿求于出离，劳身救性，圣教固然，即妄为真，孰闻听命？事须辩识，求解脱缘。
>
> 后际者，教化事毕，真妄归根，明既归于大明，暗亦归于积暗，二宗各复，两者交归。

初际明暗相背，中际明暗混糅，后际明暗划分。明为善，为理；暗则为恶，为欲。其神为明使，亦称明尊，即摩尼也。有净风善母二光明使。又以净气、妙风、妙明、妙水、妙火为五明使。北平图书馆藏《摩尼教残经》：

> 若有明使，出兴于世，教化众生，令脱诸苦。

又云：

> 其惠明使亦复如是，既入故城，坏惠敌已，当即分判明暗二力，不令杂乱。

又云：

> 《应轮经》云：若电邮勿（Denavari，玄奘《西域记》译作提那跋）等身具善法，光明父子及净法风，皆于身中每常游止。其明

父者即是明界无上明尊，其明子者即是日月光明，净法风者即是惠明。

经述"明"以种种方法困"暗"，"暗"后以种种方法囚"明"。"明""暗"交争，一起一伏，最后明使为植十二明王宝树：

> 惠明相者，第一大王，二者智惠，三者常胜，四者欢喜，五者勤修，六者平等，七者信心，八者忍辱，九者直意，十者功德，十一者齐心一等，十二者内外俱明。如是十二光明大时，若入"相""心""念""思""意"等五种国土，一一孽邅，无量光明，各各现果，亦复无量，其菓即于清静徒众而具显现。

此明教徒之十二美德也。每一树又有五记验，如第一大王树有五记验，一者不乐久住一处，二者不悭，三者贞洁，四者近智惠，五者常乐清静徒众。每一记验又各有定义，如不悭："所至之处，若得衬施，不私隐用，皆纳大众。"合十二树六十记验，教徒具备六十种美德，乃入光明极乐世界。明使讲经已，结云：

> 如是等名为十二明王宝树，我从常乐光明世界，为汝等故，持至于此。欲以此树栽于汝等清静众中，汝等上相善慧男女，当须各自于清净心中栽植此树，令更增长，犹如上好无砂卤地，种一收万，如是展转，至无量数。汝等今者欲成就无上大明清净果者，皆当庄严如宝树，令得具足。何以故？汝等善子，依此树果，得离四难，及诸有身，出离生死，究竟常胜，至安乐处。

又有《大小明王出世经》等经，释志磐《佛祖统纪》引《释门正统》：

> 准国朝（宋）法令，诸以《二宗经》及非《藏经》所载不根经文传习惑众者，以左道论罪。二宗者谓男女不嫁娶，互持不语，病不服药，死则裸葬等。不根经文者，谓《佛佛吐恋师》《佛说啼哭》《大小明王出世经》《开元括地变文》《齐天论五来子曲》之类。

《日光偈》《月光偈》等偈，《宋会要·刑法门二上》：

> 明教之人所念经文，及绘画佛像，号曰《讫思经》《证明经》《太子下生经》《父母经》《图经》《文缘经》，《七时偈》《日光偈》《月光偈》《平文》《策汉赞》《策证明赞》，《广大忏》《妙水佛帧》《先意佛帧》《夷数佛帧》《善恶帧》《太子帧》《四天王帧》。已上等经佛号，即于道释经藏并无明文该载，皆是妄诞妖怪之言，多引尔时明尊之事，与道释经文不同。至于字音又难辨认，委是狂妄之人，伪造言辞，诳愚惑众，上僭天王太子之号。

其教仪节为经典所规定者为斋食。巴黎藏《摩尼教残经·寺宇仪》第五：

> 私室厨库，每日斋食，俨然待施。若无施者，乞丐以充。唯使听人，勿蓄奴婢及六畜等非法之具。

且日食一餐，日晚乃食（李肇《唐国史补》，《新唐书》卷二一七上）。北平图书馆藏《摩尼教残经》：

> 日一受食，不以为难。

不饮乳酪（李肇《唐国史补》，《新唐书》卷二一七上）。死则裸葬。巴黎藏《残经》：

□宿死尸，若有覆藏，还同破戒。

其僧侣有拂多诞，古波斯语Fur-sta-dan之译音也，华言"知教义者"。有慕阇，亦古波斯语Mozak之译音，华言"师"也（沙畹《摩尼教流行中国考》）。

明教之传播

明教在北宋末南宋前期，流行于淮南两浙江东江西福建诸地，深入农村。农民入其教者，一因素食节用而食足；一因结党互助而事济，向之受官吏地主压迫剥削者，均得借入教而得荫庇。信仰既深，蟠结愈固，在平时安居乐业，固皆良民，一旦政府诛求过甚，揭竿而起，立成劲旅，成为农民暴动农民革命之核心力量。

宋代明教徒所领导之暴动，恰与其传教地域合，前仆后起，历久勿衰。其著者如北宋徽宋宣和二年（公元1120年）方腊吕师囊起于睦州台州（方勺《泊宅编》，《宋史·童贯传》附《方腊传》）。南宋高宗建炎四年（公元1130年）王念经（宗石）起于信州（《建炎以来系年要录》卷三二—三六）。绍兴三年（公元1133年）余五婆起事于衢州（同上书卷六三，庄季裕《鸡肋编》中）。十年东阳县"魔贼"起事（《建炎以来系年要录》卷一三八）。十四年俞一起事于泾县（同上书卷一五一），二十年信州贵溪"魔贼"起事（同上书卷一七六）。理宗绍定六年（公元1233年）陈三枪张魔王据松梓山，出没江西、广东，跨三路数州六十寨（《宋史》卷四一九《陈铧传》）。

方腊之起事，以红巾为识，《泊宅编》记：

> 腊自号圣公，改元永乐。置偏裨将，以巾色饰为别，自红巾而上凡六等。无甲胄，惟以鬼神诡秘事相扇怖。

余五婆之起事，其徒亦衣赭服，《鸡肋编》中：

> （绍兴）三年，偶邑人以私怨告众事魔，有白马洞缪罗者杀保正，怒其乞取。其弟四六辄衣赭服，传宣喧动，乃遣官兵往捕，一方被害。

明教徒以明使为白佛，故其徒白衣白冠。至宋南渡前后，又有尚红色紫色之新风气。洪迈所记三山明教徒为首者紫帽宽衫，及方腊余五婆之红巾赭服是也。此种变化，或与祆教佛教有关，以明教原系杂糅祆教佛教而成，祆教之火神色尚红，而佛教净土宗之阿弥陀佛又属红色之故也。白莲社奉阿弥陀佛，明教与白莲社之混合或早在北宋已开其端，故明教徒党又以红色为其举事之标识也（沙畹《摩尼教流行中国考》73页）。方腊之起事，其徒又佩明镜，楼钥《跋先大父（异）徽猷阁直学士诰》，记其祖楼异守处州日，方腊徒党以舟师进犯情形：

> 少随侍处州。闻其来处也，止以数舟载百余人，绛帛帕首，带镜于上，日光照耀，自龙泉山间，乱鸣钲鼓，顺流而下。（《攻媿集》卷七三）

各地起义行动虽均被政府军所镇压，然明教之流行固自若也。且其势力更进而渗入军伍。李心传记：

> 绍兴十五年（公元1145年）二月庚辰，上曰："闻军士亦有吃菜者，此曹多素食，则廪给有余，恐骄怠之心易生，可谕诸统兵官严行禁饬。"（《建炎以来系年要录》卷一五三）

军士吃菜，事至寻常，何至劳皇帝注意？因素食而俸给有余，正应奖励之不暇，何至严行禁饬？盖此吃菜实加入明教之别名，而又不欲显言其为明教，惧失军心，故隐约言之耳。越十一年而有朝绅吃菜之狱，则朝野士大夫亦有皈依明教者矣。李心传又记：

绍兴二十三年（公元1153年）十月庚申，太府寺丞兼权刑部员外郎史祺孙令吏部差监临江军新涂县酒税。时武臣孙士道等习幻怪之术，而朝士或与之游。祺孙至执弟子礼。大理正石邦哲、谢邦彦皆从之。侍御史魏师逊奏祺孙伤俗败教。上曰："士大夫学先王之道，乃从妄人习妖怪之术，以欺愚惑众，若不罢斥，无以戒后人。"乃有是命。时士道已系狱，于是邦哲、邦彦皆坐免官。（同上书卷一六五）

此记朝官史祺孙、石邦哲、谢邦彦从孙士道执弟子礼，习妖怪之术，伤俗败教。曰妄人，曰妖术，究不知其何教何术，记录不明。越三年邦哲、邦彦再被论罢，始知前后二贬，皆与明教有关，案中诸人皆明教徒也：

绍兴二十六年四月己卯，左朝请郎两浙西路提点刑狱公事谢邦彦、大理寺丞石邦哲、右通直郎提举两浙西路常平茶盐公事司马倬，并罢。先是平江土居右朝散郎曹云召邦彦、倬于其家，与之蔬食。侍御史汤鹏举论云平江大侩，以卖卜为业，交结士大夫，遂得一官。邦彦、邦哲顷与妖人交游，论列放罢，因钟世明荐于魏良臣，复得起用，尚不知自新。倬与王会、曹云为死党。今又赴云吃菜之会，闻坐间设出山佛相，邦彦为师，云为弟子，事实怪诞，臣安得不论。乃并罢之，仍移云郴

州居住。(《建炎以来系年要录》卷一七三)

至宁宗时，沈继祖弹朱熹，亦加以吃菜事魔之罪，叶绍翁记：

> 庆元三年（公元1197年）春二月癸丑，省劄："臣窃见朝奉大夫秘阁修撰提举鸿庆宫朱熹，……剽张载、程颐之余论，寓以吃菜事魔之妖术，以簧鼓后进，收召四方无行义之徒，以益其党伍，相与飧粗食淡，衣褒带博，……潜形匿影，如鬼如魅。"(《四朝见闻》丁集)

朱熹居山中，食惟脱粟饭（《宋史》卷三九四《胡纮传》）。其刻苦节约类明教徒。其所言理欲二元论又与明教之二宗说，明与暗，善与恶之斗争近。故当时抨击道学者，持以为中伤之柄。道学遭禁，朝廷欲驱斥儒者，则指为道学。明教久已遭禁，时人欲中伤异己，亦指为吃菜或事魔。林栗论熹，太常博士叶适独上《对事》辩之曰：

> 近忽创为道学之目，郑丙唱之，陈贾和之，居要路者密相付授，见士大夫有稍务洁修，粗能操守，辄以道学之名归之，殆如吃菜事魔影迹犯败之类。(《宋史》卷三九四《林栗传》)

由此可知庆元党禁正密时，明教所处之地位，以及明教与道学之关系。当时政府对明教之禁令极严，《宋会要稿·刑法门》记绍兴敕：

> 吃菜事魔，或夜聚晓散，传习妖教者绞；从者配三千里；妇人千里编管。托幻变术者减一等，皆配千里；妇人五百里编管。情涉不顺者绞。以上不以赦降原减。情重者奏裁。非传习妖教，流三千里。许人捕至死。财产备赏，有余没官。其本非徒侣而被诳诱，不曾传授他人者减二等。

明教徒因再改名称，或与他教合，以逃避法律制裁。温台等处或名白衣礼佛会及假天兵号迎神会，千百成群，夜聚晓散（《宋会要稿·刑法》二上，111页）。宁宗开禧三年（公元1207年）李谦任台州守，著戒事魔诗十首，刻石传布，以劝郡人（《嘉定赤城志》卷三七《风土门》）。至嘉定二年（公元1209年）江浙闽等地有所谓"道民""白衣道者""女道"，看经念佛，烧香燃灯，私置庵寮，混杂男女，亦明教也（《宋会要稿·刑法》二下，120、132、136页）。降至元代，亦被禁斥，《元史·刑法志》：

> 诸以白衣善友为名，聚众结社者，禁之。

然福建泉州府晋江县有祀摩尼佛之草庵，元代所建也，至万历时犹存（何乔远《闽书》七《方域志》）。

弥勒降生，明王出世

白莲社遭禁后十七年，民间又流行"弥勒降生"之传说，《元史》记：

> 泰定二年（公元1325年）六月，"息州民赵丑厮、郭菩萨妖言弥勒佛当有天下，有司以闻。命宗正府刑部枢密院御史台及河南行省官杂鞠之"。（《元史》卷二九《泰定帝纪》）

后赵丑厮、郭菩萨均被杀（《新元史》卷一九《泰定帝纪》）。息州今河南息县。十二年后棒胡又以弥勒为号召，起事于信阳。《元史》记：

> 至元三年（公元1337年）二月，"棒胡反于汝宁信阳州。棒胡本陈州人，名闰儿，以烧香惑众，妄造妖言，作乱，破归德

府鹿邑，焚陈州，屯营于杏冈。命河南行省左丞庆童领兵讨之。……己丑汝宁献所获棒胡弥勒佛小旗、伪宣敕并紫金印、量天尺"。(《元史》卷三九《顺帝纪》)

信阳今河南信阳。棒胡为陈州人，盖即后梁贞明时明教徒母乙董乙之乡里。二次起事前后相距四百余年，在同一地区，此中亦不无线索可寻也。同年朱光卿等起事于广东，自拜其徒为定光佛：

正月癸卯，广州增城县民朱光卿反，其党石昆山、钟大明率众从之，伪称大金国，改元赤符。命指挥狗札里江西行省左丞沙的讨之。……四月……己亥惠州归善县民聂秀卿、谭景山等造军器，拜戴甲为定光佛，与朱光卿相结为乱。命江西行省左丞沙的捕之。(《元史》卷三九《顺帝纪》)

次年四月袁州（今江西宜春）民周子旺起义。据《明太祖实录》卷八：

庚子（至正二十年，公元1360年）闰五月"戊午……初袁州慈化寺僧彭莹玉以妖术惑众，其徒周子旺因聚众欲作乱。事觉，元江西行省发兵捕诛子旺等。莹玉走至淮西匿民家，捕不获。既而麻城人邹普胜复以其术鼓妖言，谓弥勒佛下生，当为世主，遂起兵为乱。以（徐）寿辉相貌异众，乃推以为主，举红巾为号"。

彭莹玉为袁州僧，赣、饶、信一带盖南宋初明教徒屡次发难之根据地也。莹玉为西系红军之组织者及领导者，初命周子旺举事失败，亡命十数年，卒得邹普胜、徐寿辉等为徒侣，拥之起事。时人记蕲、黄红军，多属之彭和尚，如叶子奇云：

至正壬辰、癸巳（1352—1353）间，浙江潮不波，其时彭和尚以妖术为乱，陷饶信杭徽等州。未几克复，又为张九四（士诚）所据。浙西不复再为元有。（《草木子》卷三《克谨篇》）

明陆深《平胡录》亦云：

先是浏阳人彭和尚名翼，号妖彭，能为偈颂，劝人念弥勒佛号，遇夜燃火炬名香，念偈礼拜。愚民信之，其徒遂众。

彭翼即彭莹玉。莹玉所推举领袖徐寿辉以至正十一年（公元1351年）称帝于蕲水，建天完国。至正二十年（公元1360年）为其下陈友谅所杀。友谅因寿辉之基业建汉国。寿辉之别将朋玉珍先率兵入蜀，闻天完亡，不肯臣友谅，遂于至正二十三年称帝于成都，建国号夏，下令尽去释老二教，止奉弥勒（黄标《平夏录》）。汉夏后均为东系红军朱元璋所灭。

与彭莹玉同时活动于河南北一带者为白莲教首领韩山童。山童败死，其子林儿称小明王，建国号宋，建元龙凤。林儿立十二年为其下朱元璋所杀。元璋因小明王之基业，削平群雄，建大明帝国。《元史》卷四十二《顺帝纪》：

初栾城人韩山童祖父以白莲会烧香惑众，谪徙广平永平县。至山童倡言天下大乱，弥勒佛下生，河南及江淮愚民皆翕然信之。（刘）福通与杜遵道、罗文素、盛文郁、王显忠、韩咬儿复鼓妖言，谓山童实宋徽宗八世孙，当为中国主。福通等杀白马黑牛誓告天地，欲同起兵为乱。事觉，县官捕之急，福通遂反，山童就擒。其妻杨氏其子韩林儿逃之武安。

"时天下承平已久，法度宽纵，贫富不均，多乐从乱，不旬日众殆数万人"(《草木子》卷三《克谨篇》)。时顺帝至正十一年(公元1351年)五月也。起事时以红巾为号,故号红军。以烧香礼弥勒佛,又号香军(权衡《庚申外史》)。林儿父子又倡"明王出世"之说,明代官书如《元史》及《明实录》多讳言之,清人修《明史》亦不之及。唯明代私家著述有涉及者,如高岱《鸿猷录》:

> 山童自其祖父以白莲会烧香惑众,至山童倡言:天下当大乱,弥勒佛下生,明王出世。河南江淮之人翕然信之。(《鸿猷录》卷七《宋事始末》)

何乔远《名山藏》:

> 小明王韩林儿者,徐人群盗韩山童子。自其祖父为白莲会惑众,众多从之。元末山童倡言:天下乱,弥勒佛下生,明王出。江淮之人骚然皆动。黄河南徙,元用贾鲁凿求禹故道。山童阴作石人一眼,当道埋之,镌其背曰石人一眼,天下四反。河下掘得相惊诧。于是颍人刘福通与其党杜遵道、盛文郁、罗文素等告众曰:山童,宋徽宗八世孙也,当帝天下。我刘光世后,合辅之。聚众三千人于白鹿庄,杀黑牛白马,誓告天地,约起兵,兵用红巾为志。(《名山藏》卷四三《天因记》)

以"弥勒降生"与"明王出世"并举,明其即以弥勒当明王。山童唱明王出世之说,事败死,其子继称小明王,则山童生时之必以明王或大明王自称可决也。此为韩氏父子及其徒众胥属明教徒,或至少羼入明教成分之确证。韩氏父子自号大小明王出世,另一系统据蜀之明玉珍初不姓明,亦改姓为明以实之。朱元璋承大小明王之后,因亦建国曰大明。至明人修《元史》以韩氏父子为白莲教世家,而不及其"明王出世"之说。试证以元末明初人之记载，如徐勉《保越录》、权衡《庚申外史》、叶士奇《草木子》、刘辰《国初事迹》诸书，记韩氏父子及其教徒事（包括明太祖在内）均称为红军，为红巾，为红寇，为香军。言其特征，则烧香；诵偈；奉弥勒。无一言其为白莲教者。则知《元史》所记，盖明初史官之饰辞，欲为明太祖讳，为明之国号讳，盖彰彰明甚矣。

韩山童起事后，同年（至正十一年）八月萧县李二及老彭赵君用亦起义，陷徐州。李二号芝麻李，亦以烧香聚众起事（《元史》卷四二《顺帝纪》）。时彭莹王一系已起事于蕲、黄，亦以红巾为号。与韩林儿一系成东西呼应之局面，皆称红军。除此二大系之红军外，时又有南锁红军，北锁红军，权衡《庚申外史》云：

> 至正十一年五月，颍川红军起，号为香军，盖以烧香礼弥勒佛得名也。其始出赵州栾城韩学究家。已而河东襄陕之民翕然从之。故荆汉许汝山东丰沛，以及两淮红军皆起应之。起颍上者推杜遵道为首，陷朱皋，据仓粟，从者数十万，陷汝宁光息信阳；起蕲、黄者，宗彭莹玉和尚，推徐真逸（寿辉）为首，陷德安沔阳武昌江陵江西诸郡；起湘汉者，推布三王孟海马号南锁红军，奄有均房襄阳荆门归峡；起丰沛者，推芝麻李为首，亦奄有徐州近县，及宿州五河虹县丰沛灵璧，西并安丰濠泗。

明太祖与红军

明太祖曾为僧，为明教徒，为红军小卒，超擢以至为大将，封公封王，终至于杀其所尝臣事之宋主，代之而建新朝。中间其诸将且曾一度欲奉小明王,以诸将皆濠泗丰沛子弟,凤受彭莹玉之教化,且多为宋主部曲,天完汉降将,其人又皆明教徒也。终为新进之浙东儒生地主刘基、宋濂、叶琛、章溢等所阻。儒生斥佛为异端,且基辈均与小明王父子无渊源,又皆浙东巨室豪绅,遵封建礼法,重保守传统,相率团结土著,捍地方,卫家业,与红军异趣;自成一系统,利用明太祖之雄厚军力,拥之建新朝,以保持千年来传统之秩序习惯与巨室豪绅之特殊利益;遂与出自明教红军之诸将,成地主与农民、儒生与武将相持之局,赞助明太祖以阴谋杀小明王,自为领袖。明太祖亦利用巨室豪绅之护持、儒术之粉饰,建帝王之业。自树势力,终于取宋而代之。第以其部曲多红军,为笼络宋主旧部、徐陈降将,为迎合民心,均不能放弃"明王出世"之说。建大明为国号,一以示其承小明王而起,一以宣示"明王"已出世,使后来者无所借口。儒生辈所乐于讨论者:则以"明"义为光明,分之则为日月,礼有祀"大明""朝日""夕月"之文;千余年来"大明"日月均列为正祀,无论列为郊祭或特祭,均为历朝所重视;且新朝自南方建国,与历史上之以北定南者异势;以阴阳五行之说,则南方为火,为祝融,北方属水,为玄冥;元建都于北平,起自更北之蒙古,以火克水,以明制暗,斯又汉以来儒生所津津喜道者;故亦力赞以明为国号。一从明教教义,一从儒家经说,并行不悖,人自以为如其所计度。凡此皆明人所讳言,明官书所不载,今据明初记载及太祖自述,以年分列太祖与红军之关系,以实吾说。《明史·太祖本纪》:

至正四年(公元1344年)旱蝗大饥疫,太祖时年十七。

是太祖生于元天历元年(公元1328年)也。先是至元三年(公元1337

年）棒胡起义于信阳，太祖时年十岁。次年周子旺起义于袁州，彭莹玉亡命淮西传教，太祖时年十一岁。《纪》又言：至正四年"入皇觉寺为僧，逾月游食合肥，……凡历光、固、汝、颍诸州，三年复还寺"。光、固、汝、颍诸州为红军杜遵道之根据地，亦即彭莹玉所曾布教之区域，太祖之接受明教教义，当为此三年内事。

至正八年（公元1348年）太祖年二十一岁。

> 复还皇觉寺。《御制皇陵碑》："一浮云乎三载，年方二十而强。时乃长淮盗起，民生攘攘。于是思亲之心昭著，日遥盼乎家邦。已而既归，乃复业于觉皇。"

至正十一年（公元1351年），太祖二十四岁。

五月刘福通、徐寿辉东西二系红军兵起。

至正十二年（公元1352年），太祖二十五岁。

二月定远人郭子兴与其党孙德崖等起兵濠州。子兴烧香聚众，称亳州节制元帅（《明史》卷一《太祖纪》，俞本《皇明纪事录》）。《御制皇陵碑》：

> 住方三载，而又雄者跳梁，起自汝、颍，次及凤阳之南厢。未几陷城，深高城隍，拒守不去，号令彰彰。友人寄书，云及趋降。既忧且惧，无可筹详。旁有觉者，将欲声扬。当此之际，逼迫而无已，试与知者相商。乃告之曰："果束手以待毙，亦奋臂而相戕。"知者为我画计，且默祷以阴相。如其言往卜去守之何详？神乃阴阴乎有警，其气郁郁乎洋洋，卜逃卜守则不吉，将就凶而不妨。

《皇朝本纪》：

天下兵乱，过寺，寺焚僧散。将晓，上归祝伽蓝，以珓卜吉凶。……时神意必从雄而后已，因是固守所居。未旬日友人以书从乱离中来，略言从雄大意，览毕即焚之。又旬日有人告旁有知书来者，意在觉其事，上心知之。复三日，斯人果至，与语观其辞色未见相，复礼待而归。复几旬日，又有来告，先欲觉知事者今云不忍，欲令他人来加害，乞幽察以从告。上深思之，以四境逼迫，讹言蜂起，乃决意从诸雄。（参看沈节甫《纪录汇编》本《御制纪梦》及《天潢玉牒》）

闰三月甲戌朔入濠州，《御制纪梦》："以壬辰闰三月初一日至城门，守者不由分诉，执而欲斩之，良久得释。"《御制皇陵碑》："即起趋降而附城，几被无知而创，少顷获释，身体安康，从愚朝暮，日日戎行。""子兴收为步卒，入伍既两月余为亲兵，终岁如之。"（《御制纪梦》）

至正十三年（公元1353年）太祖二十六岁。

以功升镇抚（《明史》卷一《太祖纪》）。

宋龙凤元年（元至正十五年，公元1355年），太祖二十八岁。

三月郭子兴卒。时刘福通迎立韩山童子林儿于亳（号小明王），国号宋，建元龙凤。

檄授子兴子天叙为都元帅，子兴部将张天祐为右副元帅，太祖为左副元帅（同上，参《皇朝本纪》）。"乃用其年号以令军中。"（同上）

九月都元帅郭天叙右副元帅张天祐战死，太祖独任元帅府事。（《皇明纪事录》）

宋龙凤二年（元至正十六年，公元1356年），太祖二十九岁。

三月亳都升太祖为枢密院同签，以帅府都事李士元为经历。寻升太祖为江南等处行中书省平章。以故元帅郭天叙弟天爵为右丞。经历李士元改名善长，为左右司郎中，以下诸将皆升元帅。（同上）

宋龙凤四年（元至正十八年，公元1358年），太祖三十一岁。

"五月宋将刘福通破汴梁，迎（宋帝）韩林儿都之。"十二月太祖自将克婺州，改为宁越府。"辟范祖幹、叶仪、许元等十三人，分直讲经史。"（《明史》卷一《太祖纪》）于宁越置中书分省，于省门建二旒大黄旗，上书："山河奄有中华地，日月重开大宋天。"下揭二牌："九天日月开黄道，宋国江山复宝图。"（《皇明纪事录》）

宋龙凤五年（元至正十九年，公元1359年），太祖三十二岁。

五月升仪同三司江南等处行中书省左丞相。（同上）

八月元察罕帖木儿复汴梁，（刘）福通以林儿（宋帝）退保安丰（今安徽寿县）。（《明史》卷一《太祖纪》）

宋龙凤六年（元至正二十年，公元1360年），太祖三十三岁。

三月戊子征刘基、宋濂、章溢、叶琛至。（同上）

宋龙凤七年（元至正二十一年，公元1361年），太祖三十四岁。

正月封吴国公。（《皇明纪事录》）

宋龙凤九年（元至正二十三年，公元1363年），太祖三十六岁。

二月张士诚将"吕珍破安丰，杀刘福通。三月辛丑，太祖自将救安丰，珍败走，以（宋帝）韩林儿归滁州"（《明史》卷一《太祖纪》）。

十四日制赠太祖曾祖父三代为司空司徒太尉等官。（钱谦益《国初群雄事略》引《龙凤事迹》）

宋龙凤十年（元至正二十四年，公元1364年），太祖三十七岁。宋帝在滁州。

春正月丙寅朔，李善良等率群臣劝进，……乃即吴王位，建百官。（《明史》卷一《太祖纪》）

初太祖以韩林儿称宋后，遥奉之。岁首中书省设御座行礼，（刘）基独不拜曰："牧竖耳，奉之何为？"因见太祖陈天命所在。（《明史》卷一二八《刘基传》，高岱《鸿猷录》二《宋事始末》："诸将议于中书省设御座奉韩林儿，刘基从后踢上所坐胡床曰：'牧竖子耳！奉之何为？'密陈天命所在。上意悟。会陈友谅来入寇，遂议征讨，不果奉。"何乔远《名山藏·天因记》："龙湾之捷〔按陈友谅龙湾之败，事在至正二十年闰五月，时宋帝在安丰〕，诸将欲奉小明王为帝，刘基怒不许，陈天命所在，然高帝用其年纪如初。"）

宋龙凤十一年（元至正二十五年，公元1365年），太祖三十八岁。宋帝在滁州。

冬十月戊戌，下令讨张士诚。（《明史》卷一《太祖纪》）

宋龙凤十二年（元至正二十六年，公元1366年），太祖三十九岁。宋帝在滁州。

五月二十一日，太祖以檄数张士诚罪状：

皇帝圣旨，吴王令旨：近睹有元之末，王居深宫，臣操威福，官以贿成，罪以情免，宪台举亲而劾仇，有司差贫而优富。庙堂不以为忧，方添冗官，又改钞法，役数千万民，湮塞黄河，死者枕藉于道，哀苦声闻于天。致使愚民，误中妖术，不解偈言之妄诞，误信弥勒之真有，冀其治世，以苏其苦，聚为烧香之党，根据汝颍，蔓延河洛。妖言既行，凶谋遂逞，焚荡城郭，杀戮士夫，荼毒生灵，无端万状。元以天下钱粮兵马大势而讨之，略无功效，愈见猖獗，终不能济世安民。是以有志之士，旁观熟虑，乘势而起，或假元氏为名，或托香军为号，或以孤军独立，皆欲自为。由是天下土崩瓦解。余本濠县之民，初列行伍，渐至提兵，灼见妖言不能成事，又度胡运难与立功，遂引兵度江。……龙凤十二年五月二十一日。（吴宽《平吴录》，祝允明《九朝野史》卷一）

十二月遣廖永忠沈宋帝小明王韩林儿于瓜步，宋亡。（朱权《通鉴博论》，钱谦益《太祖实录辨证》）

宋龙凤十三年（元至正二十七年，公元1367年），太祖四十岁。大明洪武元年（元至正二十八年，公元1368年），太祖四十一岁。

春正月乙亥，……（太祖）即皇帝位，定有天下之号曰明，建元洪武。（《明史》卷二《太祖纪》）

大明帝国与明教

太祖因明教建国，故以明为国号。然"明王出世""弥勒降生"均含有革命意义，明暗对立，互为消长，而终克于明。弥勒则有三十次入世之说。使此说此教仍继续流传，则后来者人人可自命为明王，为弥勒，取明而代之，如明太祖之于宋小明王。以此明太祖虽以红军小卒起事，自龙凤十二年以后即讳言其为红军支系。于讨张士诚檄中，且深斥弥勒之传说，以为妄诞，以为妖言，而于"明王出世"之说则不及只字。此盖受刘基、宋濂等反红军系儒生地主之劝说，隐去旧迹，为建新朝地步也。越一年而建国。洪武元年四月甲子幸汴梁，闰七月丁未还南京，因李善长之请，诏禁白莲社及明尊教。王世贞撰《李善长传》：

> 高帝幸汴还。……又请禁淫祀白莲社、明尊教、白云巫觋，扶鸾祷圣书符咒水邪术。诏可。（《名卿绩纪》卷三）

遂著于律。《明律》十一《礼》一：

> 凡师巫假降邪神，书符咒水，扶鸾祷圣，自号端公太保师婆，及妄称弥勒佛、白莲社、明尊教、白云宗等会，一应左道乱正之术，或隐藏图像，烧香集众，夜聚晓散，佯修善事，扇惑人民，为首者绞，为从者各杖一百，流三千里。

原注："西方弥勒佛、远公白莲社、牟尼明尊教、释氏白云宗是四样。"

牟尼即摩尼，明尊教即明教也，说见前文。

时温州仍有大明教流行。熊鼎以洪武元年任浙江按察司佥事，分部台温（《明史》卷二八九《熊鼎传》）。以大明教名犯国号禁绝之，宋濂《故岐宁卫经历熊府君墓铭》：

> 洪武改元。……温有邪师曰大明教，造饰殿堂甚侈，民之无业者咸归之。君以其瞽俗眩世，且名犯国号，奏毁之，官没其产，而驱其众为农。（《芝园续集》卷四）

泉州晋江县华表山亦有明教徒所立之摩尼庵；因郁新杨隆请得不毁。何乔远《闽书》卷七《方域志》：

华表山山背之麓有草庵，元时物也，祀摩尼佛。摩尼佛名末摩尼光佛，苏邻国人，又一佛也，号具智大明使。……会昌中汰僧，明教在汰中。有呼禄法师者，来入福唐，授侣三山，游方泉郡，卒葬郡北山下。至道中，怀安士人李廷裕得佛像于京城卜肆，鬻以五十千钱，而瑞相遂传闽中。真宗朝，闽士人林世长取其经以进，授守福州文学。

皇朝太祖定天下，以三教范民，又嫌其教名上逼国号，摈其徒，毁其宫。户部尚书郁新、礼部尚书杨隆奏留之。（按《明史》卷一百十一《七卿年表》，太祖朝与郁新任户部尚书同时之礼部尚书为李原名、任亨泰、门克新、郑沂、陈迪、宋礼、李至刚等，无杨隆名。《明史》卷一百五十《郁新传》，"新，临淮人"，仕迹亦未尝履闽。）

温、泉之明教均相继以"教名上逼国号"被禁断。温之明教自后遂不见于记载。闽则易名为师氏法，亦式微矣。何氏又记：

今民间习其术者，行符咒，名师氏法，不甚显云。

政府对明教之压迫虽严，而明教徒仍数数起事。洪武永乐间陕西田九成自称后明皇帝，改元龙凤，帝号与年号均直承小明王。其党则称弥勒佛四天王等。《明成祖实录》卷六十五：

永乐七年（公元1409年）七月戊戌，"妖贼王金刚奴伏诛。金刚奴陕西阶州人，自洪武初聚众作耗，称三元帅，往来劫掠，而于沔县西黑山天池平等处潜住，常以佛法惑众。后又与沔县贼首邵福等作耗。其党田九成者僭号后明皇帝，改元龙凤。高福兴称弥勒佛，金刚奴称四天王，前后攻破屯塞，杀死官军。会长兴侯耿秉文引兵剿捕，余党悉散。惟金刚奴与贼仇占儿等未获,仍逃聚黑山天池平,时出劫掠。至是潜还本州,为官军所擒,械送京师伏诛"。

永乐四年(公元1406年)蕲州有白莲社之狱。《明成祖实录》卷四十五:

九月丙子,"湖广蕲州广济县妖僧守座聚男女立白莲社,毁形断指,假神扇惑。事觉,官捕诛之"。

田九成起事于西北,即红军入西北者之余党,至蕲州则彭莹玉、徐寿辉起事之地也。至永乐七年复有李法良之起事,《明成祖实录》卷六十六:

九月"辛未,诛叛贼李法良。法良江西人,行弥勒教,流入湘潭,聚众为乱"。

江西又宋代明教之重要传教区也。至十六年又有刘化自称弥勒佛。《明成祖实录》卷一百一十:

十六年五月辛亥,"顺天府昌平县民刘化以谋叛伏诛。化初名僧保,畏避从军,逃匿保定府新城县民家,衣道人服,自称弥勒佛下世,当主天下,演说《应劫五公》诸经,鼓诱愚民百四十余人,皆信从之。已而真定容城山西洪洞等县人民皆受戒约,遂相聚为乱。事闻,悉捕诛之"。

永乐以后,类似之暴动史不绝书,姑举其著者数事,如宣宗朝转轮王出世之狱。《明宣宗实录》卷六十一:

宣德五年(公元1430年)正月戊申,"山东文登县执妖僧明本、法钟等解京师。明本等皆栖霞县太平寺僧,以化缘至成山卫,依百户朱胜。因涂改旧领敕谕度牒,为妖言惑众,诈称转轮王出世，作伪诏记涌安年号，遣法钟持诣文登，诱惑愚民。县官执之以闻，而成山卫亦执胜等械至京，……付锦衣卫穷治之"。

英宗朝"七佛祖师"之暴动。《明英宗实录》卷十二：

  宣德十年（公元1435年）十二月己亥，"妖贼张普祥伏诛。普祥真定卫军，以妖书惑众，潜居井陉县，自号七佛祖师，遣其党往河南、山东、山西、直隶等处度人，约先取彰德城，以次攻夺诸城。其党李名显等百余人入磁州城，焚千户所，官军攻败之。普祥挈家属窜伏柏乡县，递运大使魏景原引官军至其党张林家土洞内获之，械送京师。上命廷臣鞫实诛之"。

宪宗朝贵州有"明王"之起事，托称为明玉珍后裔，《明史》记：

  成化十一年（公元1475年），总兵官李震奏：乌罗苗人石全州妄称元末明氏子孙，僭称明王，纠众于执银等处作乱，邻洞多应之。因调官军往剿，石全州已就擒，而诸苗攻劫未已，命镇巡官设策抚捕，未几平。（《明史》卷三一六《贵州土司传·铜仁传》）

至嘉靖时李福达自称弥勒佛，与武定侯郭勋交通，至起大狱（详《明史》《明史纪事本末》《世庙识余录》）。天启二年（公元1622年）有山东白莲教徒王好贤、徐鸿儒之起事（《明史》卷二五七《赵彦传》，《明史纪事本末》）。溯其源流，又皆明教之余响也。

明代的锦衣卫和东西厂

一

在旧式的政体之下,皇帝只是代表他的家族以及外环的一特殊集团的利益,比较被统治的人民,他的地位不但孤立,而且永远是在危险的边缘,尊严的神圣宝座之下,酝酿着待爆发的火山。为了家族的威权和利益的持续,他们不得不想尽镇压的法子,公开的律例、刑章,公开的军校和法庭不够用,也不便用,他们还需要造成恐怖空气的特种组织、特种监狱和特种侦探,来监视每一个可疑的人、可疑的官吏。他们用秘密的方法侦伺、搜查、逮捕、审讯、处刑。在军队中、在学校中、在政府机关中、在民间、在茶楼酒馆、在集会场所,甚至在交通孔道、大街小巷,处处都有这类人在活动。执行这些任务的特种组织,历代都有。在汉有"诏狱"和"大谁何",在唐有"丽景门"和"不良人",在宋有"诏狱"和"内军巡院",在明有"锦衣卫"和"东西厂",在袁世凯时代则有"侦缉队"。

锦衣卫和东西厂,明人合称为厂卫。从14世纪后期一直到17世纪中叶,这两机关始终存在(中间曾经几度短期地废止,但不久即复设)。锦衣卫是内廷的侦察机关,东厂则由宦官提督,最为皇帝所亲信,即锦衣卫也受其侦察。锦衣卫初设于明太祖时,是内廷亲军,皇帝的私人卫队,不隶都督府。其下有南北镇抚司,南镇抚司掌本卫刑名,北镇抚司专治诏狱,可以直接取诏行事,不必经过外廷法司的法律手续,甚至本卫长官亦不得干预(王世贞:《锦衣卫》)。锦衣卫的正式职务,据《明史·职官志》说是"掌侍卫缉捕刑狱之事,凡盗贼奸宄街涂沟洫,密缉而时省之"。经过嘉靖初年裁汰后,缩小职权,改为"专察不轨妖言人命强盗重事"(《明史·刑法志》)。其实最主要的还是侦察"不轨妖言",不轨指政治上的反动者或党派,妖言指宗教的集团如弥勒教、白莲教、明教等。明太祖出身于香军,深知"弥勒降生"和"明王出世"等宗教传说,对于渴望改善生活的一般农民,所发生的政治作用是如何重大。他尤其了解聚众结社对现实政权有如何重大的意义和威胁,他从这两种活动中得到政权,也已为这政权立下基础,唯一使他焦急的问题是如何才能永远子子孙孙都能不费事地继承这政权。他所感觉到的严重危机有两方面:其一是并肩起事的诸将,个个都身经百战,枭悍难制。其二是出身豪室的文臣,他们有地方的历史势力,有政治的声望,又有计谋,不容易对付。这些人在他在位的时候,固然镇压得下,但也还惴惴不安。身后的继承人呢,太子忠厚柔仁,只能守成,不能应变。到太子死后,他已是望七高年,太孙不但幼稚，而且比他儿子更不中用，成天和一批腐儒接近，景慕三王，服膺儒术，更非制驭枭雄的脚色。他为着要使自己安心，要替他儿孙斩除荆棘，便不惜用一切可能的残酷手段，大兴胡蓝党案，屠杀功臣，又用整顿吏治，治乱国用重刑的口实，把中外官吏地主豪绅也着实淘汰了一下，锦衣卫的创立和授权，便是发挥这个作用。经过几次的大屠杀以后，臣民侧足而立，觉得自己的地位已经安定了。为了缓和太过紧张的空气，洪武二十年（公元1387年）下令焚毁锦衣卫刑具，把锦衣卫所禁闭的囚徒都送刑部。再隔六年，胡党、蓝党都已杀完，不再感觉到政治上的逼胁了，于是又解除锦衣卫的典诏狱权，诏内外狱毋得上锦衣卫，大小案件都由法司治理。天下从此算太平了（《明史·刑法志》）。

不到十年，帝位发生争执，靖难兵起，以庶子出藩北平的燕王入居大位，打了几年血仗；虽然到了南京，名义上算做了皇帝，可是地位仍不稳固。因为第一，建文帝有出亡的传说，官内自焚的遗体中不能确定建文帝是否也在内，万一建文帝未死，很有起兵复国的可能。第二，他以庶子僭位，和他地位相同的十几个亲王看着眼红，保不住也重玩一次靖难的把戏（这一点在他生前算是过虑，可是到孙子登位后，果然又闹了一次叔侄交兵）。第三，当时他的兵力所及的只是由北平到南京一条交通线，其他地方只是外表表示服从。第四，建文帝的臣下，在朝的如曹国公李景隆、驸马都尉梅殷等，在地方的如盛庸、平安、何福等都曾和他敌对作战。其他地方官吏文武臣僚也都是建文旧人，不能立地全盘更动。这使他感觉有临深履薄的恐惧。在这样的情况之下，他用得着他父亲传下的衣钵，于是锦衣卫重复活动，一直到亡国，始终做皇帝的耳目，担任猎犬和屠夫的双重任务。

锦衣卫虽然亲近，到底是外官，也许会徇情面，仍是不能放心。明成祖初起时曾利用建文帝左右的宦官探消息，即位以后，以为这些内官忠心可靠，特设一个东厂，职务是"缉访谋逆妖言大逆等"，完全和锦衣卫相同。属官有贴刑，以锦衣卫千百户充任，所不同的是用内臣提督，通常都以司礼监秉笔太监第二人或第三人派充，关系和皇帝最密切，威权也最重（《明史》，《刑法志》和《职官志》）。以后虽有时废罢，名义也有时更换为西厂或外厂，或东西厂、内外厂并设，或在东西厂之上加设内行厂，连东西厂也在伺察之下。但在实际上，厂的使命是没有什么变更的。

厂与卫成为皇帝私人的特种侦探机关，其系统是锦衣卫监察侦伺一切官民，东（西）厂侦察一切官民及锦衣卫，有时或加设一最高机构，侦探一切官民和厂卫，如刘瑾的内行厂和冯保的内厂，皇帝则直接监督一切侦缉机关。如此层层缉伺，层层作恶，人人自疑，人人自危，造成了政治恐怖。

二

厂卫同时也是最高法庭，有任意逮捕官吏平民，加以刑讯判罪和行刑的最高法律以外的权力。

卫的长官是指挥使，其下有官校，专司侦察，名为缇骑。嘉靖时陆炳官缇帅，所选用卫士缇骑皆都中大豪，善把持长短，多布耳目，所睚眦无不立碎。所召募畿辅秦晋鲁卫骈胁超乘迹射之士以千计。卫之人鲜衣怒马而仰度支者凡十五六万人（王世贞：《锦衣志》）。四出迹访："凡缙绅之门，各有数人往来其间，而凡所缉访，止属风闻，多涉暧昧，虽有心口，无可辩白。各类计所获功次，以为升授。凭其可逞之势，而邀其必获之功，捕风捉影，每附会以仇其奸，非法拷讯，时威逼以强其认。"（傅维麟：《明书》卷七十三）结果，一般仕宦阶级都吓得提心吊胆，"常晏起早阖，毋敢偶语，旗校过门，如被大盗"（《明史·刑法志》）。抓到了人时先找一个空庙祠宇榜掠了一顿，名为打桩，"有真盗幸免，故令多攀平民以足数者，有括家囊为盗贼，而通棍恶以证其事者，有潜种图书陷人于妖言之律者，有怀挟伪批坐人以假印之科者，有姓名仿佛而荼毒连累以死者"。访拿所及，则"家资一空，甚至并同室之有而席卷以去，轻则匿于档头火长校尉之手，重则官与瓜分"。被访拿的一入狱门，便无生理，"五毒备尝，肢体不全。其最酷者曰琵琶，每上百骨尽脱，汗下如水，死而复生，如是者二三次，荼酷之下，何狱不成"（《明书》卷七十三）。

其提人则止凭驾帖，弘治元年（公元1488年）刑部尚书何乔新奏："旧制提人，所在官司必验精微批文，与符号相合，然后发遣，近者中外提人，只凭驾帖，既不用符，真伪莫辨，奸人矫命，何以拒之？"当时虽然明令恢复批文提人的制度，可是锦衣旗校却依旧只凭驾帖拘捕（《明史·刑法志》）。正德初周玺所说："迩者皇亲贵幸有所奏陈，陛下据其一面之词，即行差官赍驾帖拿人于数百里之外，惊骇黎庶之心，甚非新政美事。"（《垂光集》一，《论治化疏》）便是一个例子。

东厂的体制，在内廷衙门中最为隆重。凡内官奉差关防皆曰某处内官关防，唯东厂篆文为"钦差监督东厂官校办事太监关防"（刘若愚：《酌中志》十六）。《明史》记"其隶役皆取给于卫，最轻巧儇佶者乃充之。役长曰档头，帽上锐，衣青素裤褶，系小绦，白皮靴，专主伺察。其下番子数人为干事，京师亡命诓财挟仇视干事者为窟穴，得一阴事，由之以密白于档头，档头视其事大小先予之金，事曰起数，金曰买起数。既得事，帅番子至所犯家，左右坐曰打桩，番子即突入执讯之无有左证符牒，贿如数径去，少不如意，榜治之名曰乾酢酒，亦曰搬罾儿，痛楚十倍官刑，且授意使牵有力者，有力者予多金即无事，或靳不予，予不足，立闻上，下镇抚司狱，立死矣"。对于行政官吏所在，也到处派人伺察："每月旦，厂役数百人擎签庭中，分瞰官府。"有听记坐记之别，"其视中府诸处会审大狱，北镇抚司拷讯重犯者曰听记，他官府及各城门缉访曰坐记"。所得秘密名为打事件，即时由东厂转呈皇帝，甚至深更半夜也可随时呈进，"以故事无大小，天子皆得闻之，家人米盐猥事，宫中或传为笑谑，上下惴惴，无不畏打事件者"（《明史·刑法志》）。

锦衣卫到底是比不上东厂亲近，报告要用奏疏，东厂则可以直达。以此，厂权就高于卫。

东厂的淫威，试举一例。当天启时，有四个平民半夜里偷偷在密室喝酒谈心。酒酣耳热，有一人大骂魏忠贤，余三人听了不敢出声。骂犹未了，便有番子突入，把四人都捉去，在魏忠贤面前把发话这人剥了皮，余三人赏一点钱放还，这三人吓得魂不附体，差一点变成疯子。

锦衣卫狱即世所称诏狱，由北镇抚司专领。北镇抚司本来是锦衣卫指挥使的属官，品秩极低，成化十四年（公元1478年）增铸北司印信，一切刑狱不必关白本卫，连卫所行下的公事也可直接上请皇帝裁决，卫指挥使不敢干预，因之权势日重（《明史》卷九十五）。外廷的三法司（刑部、大理寺、都察院）不敢与抗。嘉靖二年（公元1523年），刑科给事中刘济上言："国家置三法司以理刑狱，其后乃有锦衣卫镇抚司专理诏狱，缉访于罗织之门，锻炼于诏狱之手，裁决于内降之旨，而三法司几于虚设矣。"（《明世宗实录》）其用刑之惨酷，有非人类所能想象，沈德符记："凡厂卫所廉谋反杀逆及强盗等重辟，始下锦衣之镇抚司拷问，寻常止曰打着问，重者加好生二字，其最重大者则曰好生着实打着问，必用刑一套，凡十八种，无不试之。"（《野获编》卷二十一）用刑一套为全刑，曰械，曰镣，曰棍，曰拶，曰夹棍，五毒备具，呼号声沸然，血肉溃烂，宛转求死不得（《明史·刑法志》）。诏狱"室卑入地，墙厚数仞，即隔壁号呼，悄不闻声，每市一物入内，必经数处检查，饮食之属十不能得一，又不得自举火，虽严寒不过啖冷炙披冷衲而已。家人辈不但不得随入，亦不许相面。惟于拷问之期，得遥于堂下相见"（《野获编》）。天启五年（公元1625年）遭党祸被害的顾大章所作《狱中杂记》里说："予入诏狱百日而奉旨暂发（刑）部者十日，有此十日之生，并前之百日皆生矣。何则，与家人相见，前之遥闻者皆亲证也。"拿诏狱和刑部狱相比，竟有天堂地狱之别。瞿式耜在他的《陈时政急著疏》中也说："往者魏崔之世，凡属凶网，即烦缇骑，一属缇骑，即下镇抚，魂飞汤火，惨毒难言，苟得一送法司，便不啻天堂之乐矣。"（《瞿忠宣公集》卷一）被提者一入抚狱，便无申诉余地，坐受榜掠。魏大中《自记年谱》："十三日入都羁锦衣卫东司房，二十八日许显纯崔应元奉旨严鞫，许既迎二魏（忠贤、广微）意，构汪文言招辞而急毙之以灭口。对簿时遂断断如两造之相质，一梭敲一百，穿梭一夹，敲五十板子，打四十棍，惨酷备至，而抗辨之语闷不得宣。""六君子"被坐的罪名是受熊廷弼的贿赂，有的被刑自忖无生理，不得已承顺，希望能转刑部得生路，不料结果更坏，厂卫勒令追赃，"遂五日一比，惨毒更甚。比时累累跪阶前，诃诟百出，裸体辱之，弛杻则受桊，弛桊则受夹，弛桊与夹则仍戴杻镣以受棍，创痛未复，不再宿复加榜掠。后讯时皆不能跪起荷桎梏，平卧堂下"（《明史纪事本末》卷七十一）。终于由狱卒之手秘密处死，死者家人至不知其死法及死期，苇席裹尸出牢户，虫蛆腐体。"六君子"是杨涟、左光斗、顾大中、袁化中、周朝瑞、顾大章，都是当时的清流领袖，朝野表率，为魏忠贤所忌，天启五年（公元1625年）相继死于诏狱。

除了在狱中的非刑以外，和厂卫互相表里的一件恶政是廷杖，锦衣卫始自明太祖，东厂为明成祖所创设，廷杖却是抄袭元朝的。

在元朝以前，君臣之间的距离还不十分悬绝，三公坐而论道，和皇帝是师友，宋朝虽然臣僚在殿廷无坐处，却也还礼貌大臣，绝不加以非礼的行为，"士可杀不可辱"这一传统的观念，上下都能体会。蒙古人可不同了，他们根本不了解士的地位，也不能用理论来装饰殿廷的庄严。他们起自马上，生活在马上，政府中的臣僚也就是军队中的将校，一有过错，拉下来打一顿，打完照旧办事，不论是中央官、地方官在平时，或是在战时，臣僚挨打是家常便饭，甚至中书省的长官，也有在殿廷被杖的记载。明太祖继元而起，虽然一力"复汉官之威仪"，摒弃胡俗胡化，对于杖责大臣这一故事，却习惯地继承下来，著名的例子，被杖死的如亲侄大都督朱文正、工部尚书薛祥、永嘉侯朱亮祖父子，部曹被廷杖的如主事茹太素。从此殿陛行杖，习为祖制。正德十四年（公元1519年）以南巡廷杖舒芬等百四十六人，死者十一人。嘉靖三年（公元1523年）[1]以大礼之争廷杖丰熙等百三十四人，死者十六人。循至方面大臣多毙杖下，幸而不死，犯公过的仍须到官办事，犯私仇者再下诏狱处死（《明史·刑法志》）。至于前期和后期廷杖之不同，是去衣和不去衣，沈德符说："成化以前诸臣被杖者皆带衣裹氊，不损肤膜，然犹内伤困卧，需数旬而后起，若去衣受笞，则始于逆瑾用事，名贤多死，今遂不改。"（《野获编》卷十八）廷杖的情形，据艾穆所说，行刑的是锦衣官校，监刑的是司礼监："司礼大珰数十辈捧驾帖来，首喝曰带上犯人来，每一喝则千百人一大喊以应，声震甸服，初喝跪下，宣驾帖杖吾二人，着实打八十棍，五棍一换，总之八十棍换十六人。喝着实打，喝打阁上棍，次第凡四十六声，皆大喊应如前首喝时，喝阁上棍者阁棍在股上也。杖毕喝踩下去，校尉四人以布袱曳之而行。"（《熙亭先生文集》四，《恩谴记》）天启时万璟被杖死的情形，樊良材撰《万忠贞公传》说："初璟劾魏珰疏上，珰恚甚，矫旨廷杖一百。褫斥为民。彼一时也，缇骑甫出，群聚蜂拥，绕舍骤禽，饱恣拳棒，摘发捉肘，拖查摧残，曳至午门，已无完肤。迨行杖时逆珰领小竖数十辈奋袂而前，执金吾（锦衣卫指挥使）止之曰留人受杖，逆珰瞋目监视，倒杖张威，施辣手而甘心焉。杖已，血肉淋漓，奄奄待尽。"

廷杖之外，还有立枷，创自刘瑾，锦衣卫常用之："其重枷头号者至三百斤，为期至二月，已无一全。而最毒者为立枷，不旬日必

---

[1] 应为公元1524年。——编者注

绝。偶有稍延者，命放低三数寸，则顷刻殒矣。凡枷未满期而死，则守者掊土掩之，俟期满以请，始奏闻领埋，若值炎暑，则所存仅空骸耳，故谈者谓重于大辟云。"（《野获编》卷十八）

诏狱、廷杖、立枷之下，士大夫不但可杀，而且可辱，君臣间的距离愈来愈远，"天皇圣明，臣罪当诛"，打得快死而犹美名之曰恩谴，曰赐杖，礼貌固然谈不到，连主奴间的恩意也因之而荡然无存了。

三

厂卫之弊，是当时人抗议最集中的一个问题，但是毫无效果，并且愈演愈烈。著例如商辂《请革西厂疏》说："近日伺察太繁，法令太急，刑网太密，官校提拿职官，事皆出于风闻，暮夜搜检家财，初不见有驾帖，人心汹汹各怀疑畏，内外文武重臣，托之为股肱心膂者也，亦皆不安于位，有司庶府之官，资之以建立政事者也，举皆不安于职。商贾不安于市，行旅不安于涂，士卒不安于伍，黎民不安于业。"（《商文毅公集》卷一）在这情形下，任何人都有时时被捕的危险。反之，真是作恶多端的巨奸大憝，只要能得到宫廷的谅解，更可置身法外。《明史·刑法志》说："英宪以后，钦恤之意微，侦伺之风炽，巨恶大憝，案如山积，而旨从中下，纵不之问。或本无死理，而片纸付诏狱，为祸尤烈。"明代二祖设立厂卫之本意，原在侦察不轨，尤其是注意官吏的行动。隆庆中刑科给事中舒化上疏只凭表面事理立论，恰中君主所忌，他说："朝廷设立厂卫，所以捕盗防奸细，非以察百官也。驾驭百官乃天子之权，而奏劾诸司责在台谏，朝廷自有公论。今以暗访之权归诸厂卫，万一人非正直，事出冤诬，是非颠倒，殃及善良，陛下何由知之。且朝廷既凭厂卫，厂卫必委之番役，此辈贪残，何所不至！人心忧危，众目睚眦，非盛世所宜有也。"（《春明梦余录》卷六十三）至于苛扰平民，则更非宫廷所计及，杨涟劾魏忠贤二十四大罪疏中曾特别指出："东厂原以察奸细，备非常，非扰平民也。自忠贤受事，鸡犬不宁，而且直以快恩怨，行倾陷，片语违，则驾帖立下，造谋告密，日夜未已。"（《杨忠烈公文集》二）甚至在魏忠贤失败以后，厂卫的权力仍不因之动摇，刘宗周上疏论其侵法司权限，讥为人主私刑，他说："我国家设立三法司以治庶狱，视前代为独详，盖曰刑部所不能决者，都察院得而决之，部院所不能平者，大理寺得而平之，其寓意至深远。开国之初，高皇帝不废重典以惩巨恶，于是有锦衣之狱。至东厂缉事，亦国初定都时偶一行之于大逆大奸，事出一时权宜，后日遂相沿而不复改，得与锦衣卫比周用事，致人主有私刑。自皇上御极以后，此曹犹肆罗织之威，日以风闻事件上尘睿览，辇毂之下，人人重足。"结果是："自厂卫司讥访而告奸之风炽，自诏狱及士绅而堂廉之等夷，自人人救过不给而欺罔之习转盛，自事事仰承独断而谄谀之风日长，自三尺法不伸于司寇而犯者日众。"（《刘子全书》十六《痛陈时艰疏》，十七《敬循职掌疏》）

厂卫威权日盛，使厂卫二字成为凶险恐怖的象征，破胆的霹雳，游民奸棍遂假为恐诈之工具，京师外郡并受荼毒，其祸较真厂卫更甚。崇祯四年（公元1631年）给事中许国荣《论厂卫疏》历举例证说："如绸商刘文斗行货到京，奸棍赵瞎子等口称厂卫，捏指漏税，密擒于崇文门东小桥庙门，诈银二千余两。长子县教官推升县令，忽有数棍拥入其寓内，口称厂卫，指为营干得来，诈银五百两。山西解官买办黑铅照数交足，众棍窥有余剩在潞紬铺内，口称厂卫，指克官物，捉拿王铺等四家，各诈银千余两……蓟门孔道，假侦边庭，往来如织……至于散在各衙门者，借口密探，故露踪迹，纪言纪事，笔底可操祸福，书吏畏其播弄风波，不得不酿金阴饵之，遂相沿为例而莫可问。"（《春明梦余录》卷六十三）崇祯十五年（公元1642年）御史杨仁愿疏《论假番及东厂之害》说："臣待罪南城，所阅词讼多以假番故称冤，夫假称东厂，害犹如此，况其真乎？此由积重之势然也。所谓积重之势者，功令比较事件，番役每悬价以买事件，受买者至诱人为奸盗而卖之，番役不问其从来，诱者分利去矣。挟忿首告，诬以重法，挟者志无不逞矣。伏愿宽东厂事件而后东厂之比较可缓，东厂之比较缓而番役之买事件与卖事件者俱可息，积重之势庶可稍轻。"（《明史》，《刑法志》三）抗议者的理由纵然充分到极点，也不能消除统治者孤立自危的心理。《明史》说："然帝（思宗）倚厂卫益甚，至国亡乃已。"

晚明仕宦阶级的生活

一

晚明仕宦阶级的生活,除了少数的例外(如刘宗周之清修刻苦,黄道周之笃学正身),可以用"骄奢淫佚"四字尽之。田艺衡《留青日札》记:"严嵩孙严绍庚、严鹄等尝对人言,一年尽费二万金,尚苦多藏无可用处。于是竞相穷奢极欲。"《明史·严嵩传》记鄢懋卿之豪奢说:"鄢懋卿持严嵩之势,总理两浙两淮长芦河东盐政,其按部尝与妻偕行,制五彩舆,令十二女子舁之。"万历初名相张居正奉旨归葬时:"真定守钱普创为坐舆,前舆后室,旁有两庑,各立一童子供使令,凡用舁夫三十二人。所过牙盘上食味逾百品,犹以为无下箸处。"(《明史》卷二一三,《张居正传》)[1]这种闹阔的风气,愈来愈厉

---

[1] 此条引文出处似有误。——编者注

害,直到李自成、张献忠等起来,这风气和它的提倡者同归于尽。

其实,说晚明才有这样的放纵生活,也不尽然,周玺《垂光集·论治化疏》说:"中外臣僚士庶之家,靡丽奢华,彼此相尚,而借贷费用,习以为常。居室则一概雕画,首饰则滥用金宝,倡优下贱以绫缎为袴,市井光棍以锦绣缘袜,工匠役之人任意制造,殊不畏惮。虽朝廷禁止之诏屡下,而奢靡僭用之习自如。"(《垂光集》卷一。)周玺是弘正时人(?—1508),可见在16世纪初期的仕宦生活已经到这地步。风俗之侈靡,自上而下,风行草偃,渐渐地浸透了整个社会。堵允锡曾畅论其弊,他说:"冠裳之辈,怡堂成习,厝火忘危,膏粱文绣厌于口体,宫室妻妾昏于志虑,一筵之费数金,一日之供中产,声伎优乐,日缘而盛。夫缙绅者士民之表,表之不戒,尤以成风。于是有纨绔子弟,益侈豪华之志以先其父兄,温饱少年亦竞习裘马之容以破其家业,挟弹垆头,呼庐伎室,意气已骄,心神俱溃,贤者丧志,不肖倾家,此士人之蠹也。于是又有游手之辈,习谐媚以蛊良家子弟,市井之徒,咨凶谲以行无赖之事,白日思群,昏夜伏莽,不耕不织,生涯问诸傥来,非士非商,自业寄于亡命,狐面狼心,治服盗质,此庶人之蠹也。如是而风俗不致颓坏,士民不致饥寒,盗贼不致风起者未之有也。"(《堵文忠公集·救时十二议疏》)

二

大人先生有了身份、有了钱以后,饱食终日,无所用心,自然而然会刻意去谋生活的舒适,于是营居室,乐园亭,侈饮食,备仆从,再进而养优伶,召伎女,事博弈,蓄姬妾,雅致一点的更提倡玩古董，讲版刻，组文会，究音律，这一集团人的兴趣，使文学、美术、工艺、金石学、戏曲、版本学等部门有了飞跃的进展。

八股家幸而碰上了机会，得了科第时，第一步是先娶一个姨太太（以今较昔，他们的黄脸婆还有不致被休的运气），王崇简《冬夜笔记》："明末习尚，士人登第后，多易号娶妾。故京师谚曰：改个号，娶个小。"第二步是广营居室，做大官的邸舍之多，往往骇人听闻，田艺蘅记严嵩籍没时之家产，光是第宅房屋一项，在江西原籍共有六千七百四间，在北京共一千七百余间（《留青日札》）。陆炳当事时，营别宅至十余所，庄园遍四方（《明史》卷三〇七，《陆炳传》）。郑芝龙田园遍闽粤，在唐王偏安一隅的小朝廷下，秉政数月，增置仓庄至五百余所（林时对：《荷锸丛谈》卷四）。

士大夫园亭之盛，大概是嘉靖以后的事。陶奭龄说："少时越中绝无园亭，近亦多有。"（《小柴桑喃喃录》下）奭龄是万历时代人，可见在嘉隆前，即素称繁庶的越中，士大夫尚未有经营园亭的风气。园亭的布置，除自己出资建置外，大抵多出于门生故吏的报效。顾公燮《消夏闲记》卷上说："前明缙绅虽素负清名者，其华屋园亭佳城南亩，无不揽名胜，连阡陌。推原其故，皆系门生故吏代为经营，非尽出己资也。"王世贞《游金陵诸园记》记南京名园除王公贵戚所有者外，有王贡士杞园、吴孝廉园、何参知露园、卜太学味斋园、许典客长卿园、李象先茂才园、汤太守熙召园、陆文学园、张保御园等。《娄东园亭志》仅太仓一邑有田氏园、安氏园、王锡爵园、杨氏日涉园、吴氏园、季氏园、曹氏杜家桥园、王世贞弇州园、王士骐约园、琅玡离赘园、王敬美澹园等数十园。园亭既盛，张南垣至以叠石成名：“三吴大家名园，皆出其手。其后东至于越，北至于燕，召之者无虚日。”（黄宗羲：《撰杖集·张南垣传》。）

对于饮食衣服尤刻意求精，互相侈尚。《小柴桑喃喃录》卷上记："近来人家酒席，专事华侈，非数日治具，水陆毕集，不敢轻易速客。汤饵肴蔌，源源而来，非惟口不给尝，兼亦目不周视，一筵之费，少亦数金。"平居则"耽耽逐逐，日为口腹谋"。张岱《陶庵梦忆》自述："越中清馋无过余者，喜啖方物。北京则苹婆果、黄䑕、马牙松；山东则羊肚菜、秋白梨、文官果、甜子；福建则福橘、福橘饼、牛皮糖、红腐乳；江西则青根、丰城脯；山西则天花菜；苏州则带骨鲍螺、山查丁、山查糕、松子糖、白圆、橄榄脯；嘉兴则马交鱼脯、陶庄黄雀；南京则套樱桃、桃门枣、地栗团、窝笋团、山查糖；杭州则西瓜、鸡豆子、花下藕、韭芽、元笋、塘栖蜜橘；萧山则杨梅、莼菜、鸠鸟、青鲫、方柿；诸暨则香狸、樱桃、虎栗；嵊则蕨粉、细榧、龙游糖；临海则枕头瓜；台州则瓦楞蚶、江瑶柱；浦江则火肉；东阳财南枣；山阴则破塘笋、谢橘、独山菱、河蟹、三江屯蛏、白蛤、江鱼、鲥鱼、里河鰦。远则岁致之，近则月致之，日致之。"（张岱：《陶庵梦忆》卷四，《方物》）衣服则由布袍而为绸绢，由浅色而改淡红。范濂《云间据目钞》记云间风俗，虽然只是指一个地方而言，也足以代表这种由俭朴而趋奢华的时代趋势。他说："布袍乃儒家常服，周年鄙为寒酸，贫者必用绸绢色衣，谓之薄华丽。而恶少且从典肆中觅旧段旧服翻改新起，与豪华公子列坐，亦一奇也。春元必用大红履，儒童年少者必穿浅红道袍，上海生员冬必穿绒道袍，暑必用绉巾绿伞，虽贫如思丹，亦不能免。稍富则绒衣巾，盖益加盛矣。余最贫，尚俭朴，年来亦强服色衣，乃知习俗移人，贤者不免。"明代制定士庶服饰，不许混淆，嘉靖以后，这种规定亦复不能维持，上下群趋时髦，巾履无别。范濂又记："余始为诸生时，见朋辈戴桥梁绒线巾，春元戴金线巾，缙绅戴忠靖巾。自后以为烦俗，易高士巾素方巾，复变为唐巾晋巾汉巾褊巾。丙午（公元1606年）以来皆用不唐不晋之巾，两边玉屏花一双，而年少貌美者加犀玉奇簪贯发。"他又很愤慨地说："所可恨者，大家奴皆用三镶宦履，与士官漫无分别，而士官亦喜奴辈穿着，此俗之最恶者也。"

三

士大夫居官则狎优纵博，退休则广蓄声伎，宣德间都御史刘观每赴人邀请，辄以妓自随。户部郎中肖翔等不理职务，日唯挟妓酣饮恣乐（《明宣宗实录》卷五六）。曾下饬禁止："宣德四年八月丙申，上谕行在礼部尚书胡濙曰：祖宗时文武官之家不得挟妓饮宴。近闻大小官私家饮酒，辄命妓歌唱，沉酣终日，怠废政事。甚者留宿，败礼坏俗。尔礼部揭榜禁约，再犯者必罪之。"（《明宣宗实录》卷五七）妓女被禁后，一变而为小唱，沈德符说："京师自宣德顾佐疏后，严禁官妓，缙绅无以为娱，于是小唱盛行，至今日几如西晋太康矣。"（《野获编》卷二四）实际上这项禁令也只及于京师居官者，易代之后，勾栏盛况依然。《冰华梅史》有《燕都妓品序》："燕赵佳人，颜美如玉，盖自古艳之。矧帝都建鼎，于今为盛，而南人风致，又复袭染熏陶，其色艳宜惊天下无疑。万历丁酉庚子（1597—1600）其妖冶已极。"所定花榜借用科名条例有状元、榜眼、探花之目。称妓则曰老几,茅元仪《暇老齐杂记》卷四:"近来士人称妓每曰老,如老一老二之类。"同时曹大章有《秦淮士女表》,《萍乡花史》有《广陵士女殿最序》。余怀《板桥杂记》记南京教坊之盛:"南曲衣裳妆束,四方取以为式。"崇祯中四方兵起,南京不受丝毫影响,依然征歌召妓:"宗室王孙,翩翩裘马,以及乌衣子弟湖海宾游,靡不挟弹吹箫,经过赵李,每开筵宴,则传呼乐籍,罗绮芬芳,行酒纠觞,留髡送客,酒阑棋罢,堕珥遗簪,真欲界之仙都,升平之乐国也!"(余怀:《板桥杂记》)

私家则多蓄声伎,穷极奢侈。万历时理学名臣张元忭后人的家伎在当时最负盛名。《陶庵梦忆》卷四《张氏声伎》条记:"我家声伎,前世无之。自大父于万历年间与范长白邹愚公黄贞父包涵所诸先生讲究此道,遂破天荒为之。有可餐班,次则武陵班……再次则梯仙班……再次则吴郡班……再次则苏小小班……再次则平子茂苑班……主人解事日精一日,而僮僮伎艺则愈出奇愈。"阮大铖是当时最负盛名的戏曲作家,他的家伎的表演最为张宗子所称道。同书卷八记:"阮元海家优讲关目,讲情理,讲筋节,与他班孟浪不同。然其所打院本又皆主人自制,笔笔勾勒,苦心呕出,与他班卤莽者又不同。故所搬演本本出色,脚脚出色,出出出色,句句出色,字字出色。"士大夫不但蓄优自娱,谱制剧曲,并能自己度曲,压倒伶工。沈德符记:"近年士大夫享太平之乐,以其聪明寄之剩技。吴中缙绅留意音律,如太仓张工部新、吴江沈吏部璟、无锡吴进士澄时俱工度曲,每广座命伎,即老优名倡俱皇遽失措,真不减江东公瑾。"(《野获编》卷二四)风气所趋,使梨园大盛,所演若《红梅》《桃花》《玉簪》

《绿袍》等记不啻百种："括共大意，则皆一女游园，一生窥见而悦之，遂约为夫妇。其后及第而归，即成好合。皆徒撰诡名，毫无古事可考，且意俱相同，毫无足喜。"乡村每演剧以祷神："谓不以戏为祷，则居民难免疾病，商贾必值风涛。"（汤来贺：《梨园说》）豪家则延致名优，陈懋仁《泉南杂志》："优伶媚趣者不吝高价，豪奢家攘而有之，婵鬓傅粉，日以为常。"使一向被贱视的伶工，一旦气焰千丈。徐树丕《识小录》记吴中在崇祯十四年（公元1641年）奇荒后的情形："辛巳奇荒之后……优人鲜衣美食，横行里中。人家做戏一台，一本费至十余金，而诸优犹恨恨嫌少。甚至有乘马者、乘舆者、在戏房索人参汤者，种种恶状。然必有乡绅主之，人家惴惴奉之，得一日无事便为厚矣。"优人服节有至千金以上者（黄宗羲：《南雷集子·刘子行状》）。男优之外，又有女戏："十余年来苏城女戏盛行，必有乡绅主之。盖以倡兼优而缙绅为之主。"（《识小录》卷二）亦有缙绅自教家姬演戏者，张岱记朱云崃女戏，"西施歌舞，对舞者五人，长袖缓带，绕身若环，曾挠摩地，扶旋猗那，弱如秋乐；女官内侍，执扇葆璇盖、金莲宝炬、纨扇宫灯二十余人，光焰荧煌，锦绣纷叠，见者错愕"（《陶庵梦忆》卷二）。刘晖吉女戏则以布景著："刘晖吉奇情幻想，欲补从来梨园之缺陷；如唐明皇游月宫，叶法善作，场上一时黑魆地暗，手起剑落，霹雳一声，黑幔忽收，露出一月，其圆如规，四下以其羊角染五色云气，中坐常仪，桂树吴刚，白兔捣药。轻纱缦之内，燃赛月明数株，光焰青黎，色如初曙，撒布成梁，遂蹑月窟，境界神奇，忘其为戏也。"（《陶庵梦忆》卷五）

四

士大夫的另一种娱乐是赌博。顾炎武《日知录》记:"万历之末太平无事,士大夫无所用心,间有相从赌博者。至天启中始行马吊之戏,而今之朝士若江南、山东几于无人不为此。有如韦昭论所云穷日尽明,继以脂烛,人事旷而不修,宾旅阙而不接。"甚至有"进士有以不工赌博为耻"的情形。吴伟业又记当时有叶子戏:"万历末年,民间好叶子戏,图赵宋时山东群盗姓名于牌而斗之,至崇祯时大盛。有曰闯,有曰献,有曰大顺,初不知所自起,后皆验。"(《绥寇纪略》卷一二)缙绅士大夫以纵博为风流,《列朝诗集小传》记:"福清何士壁跅弛放诞,使酒纵博。""皇甫冲博综群籍,通挟凡击毯音乐博弈之戏,吴中轻侠少年咸推服之。""万历间韩上桂为诗多倚待急就,方与人纵谈大噱,呼号饮博,探题立就,斐然可观。"此风渐及民间,结果是如沈德符所说:"今天下赌博盛行,其始失货财,甚则鬻田宅,又甚则为穿窬,浸成大伙劫贼,盖因本朝法轻,愚民易犯。"(《野获编补遗》卷三)

自命清雅一点的则专务搜古董,巧取豪夺:"嘉靖末年海内宴安,士大夫富厚者以治园亭教歌舞之际,间及古玩。如吴中吴文恪之孙,溧阳史尚宝之子,皆世藏珍秘,不假外索。延陵则稽太史应科,云间则朱太史大韶,携李项太学,锡山安太学华户部辈不吝重资收购,名播江南。南部则姚太史汝循、胡太史汝嘉亦称好事。若辈下则此风稍逊,惟分宜严相国父子、朱成公兄弟并以将相当途,富贵盈溢,旁及雅道,于是严以势劫,朱以货贿,所蓄几及天府。张江陵当国亦有此嗜。董其昌最后起，名亦最重，人以法眼归之。"（《野获编》卷二六）年轻气盛少肯读书的则组织文社，自相标榜，以为名高。《消夏闲记》下："文社始于天启甲子张天如等之应社……推大讫于四海。于是有广应社、复社、云间有几社，浙江有闻社，江北有南社，江西有则社，又有历亭席社，昆阳云簪社，而吴门别有羽朋社，武林有读书社，山左有大社，佥会于吴，统于复社。"以讥弹骂詈为事，黄宗羲讥为学骂，他说："昔之学者学道者也，今之学者学骂者也。矜气节者则骂为标榜，志经世者则骂为功利，读书作文者则骂为玩物丧志，留心政事者则骂为俗吏，接庸僧数辈则骂考亭为不足学矣，读艾千子定待之尾，则骂象山阳明为禅学矣。濂溪之主静则盘桓于腔子中者也，洛下之持敬则曰是有方所之学也。逊志骂其学误主，东林骂其党亡国，相讼不决，以后息者为胜。"（《南雷文案》卷一七）老成人物则伪标讲学，内行不修。艾南英《天傭子集》曾提及江右士夫情形："敝乡理学之盛，无过吉安，嘉隆以前，大概质行质言，以身践之。近岁自爱者多而亦不无仰愧前哲者。田土之讼，子女之争，告讦把持之风日有见闻，不肖视其人皆正襟危坐以持论相高者也。"

（艾南英：《天傭子集》卷六，《复陈怡云公祖书》）

仕宦阶级有特殊地位，也自有他们的特殊风气。《小柴桑喃喃录》卷下说："士大夫膏肓之病，只是一俗，世有稍自脱者即共命为迂为疏为腐，于是一入仕途，则相师相仿，以求入乎俗而后已。如相率而饮狂泉，亦可悲矣。"在这情形的社会，谢肇淛说得最妙："燕云只有四种人多，奄竖多于缙绅，妇女多于男子，倡伎多于良家，乞丐多于商贾。"（《五杂俎》卷三）

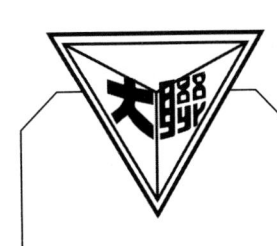

第七章
雷海宗讲清朝盛世

清朝的统治手段

疆　土

大清帝国的疆土可与汉唐盛时相比拟。关外各地先后统一，入主中国后又向西北发展，乾隆时代清朝的领土达到最广的限度。清朝全盛时疆域十分辽阔，北起漠北和外兴安岭，南至南海、东沙、中沙、南沙、西沙诸群岛，西起巴尔喀什湖和葱岭，东至库页岛和台湾。清廷所绘制的地图明确地记载了当时中国疆域的四至。

剃　发

满人虽在关外时就受了中国文化很深的影响，但初入关后对汉族极力压迫，勉强汉人剃发改装，表示他们被征服的地位。清军初进北京，摄政王多尔衮即下令，"凡投诚官吏军民"，一律剃发，圣人之后也不能例外。剃发易服严重伤害了汉人的民族感情，直隶三河县首先发难，起而反抗，各州县随即响应。多尔衮迫于形势，只得取消剃发令。第二年，南明福王被俘，李自成也已败亡，多尔衮以为大局已定，再次降旨剃发。江南士民大愤，苏州、嘉兴、松江等已降州县纷纷击杀清朝官吏，起兵抗清。著名的江阴抗战亦起于剃发令的颁布。清军围攻江阴，遭到顽强抵抗，历时三月。城破后，清军屠城三日，"满城杀尽，然后封刀"。

同时当然也有人特别殷勤地赶先改从满俗。弘文院大学士冯铨、礼部侍郎李若琳没等剃发令下，就抢先剃发，以示效忠。有同僚攻击冯铨曾是阉宦魏忠贤党羽，冯铨便攻击对方曾归顺"反贼"李自成，一时丑态百出。

旗　地

随着八旗军民进入北京，清朝下达了圈地令。圈占的土地统称为"旗地"。旗地在理论上是明朝的官田与无主的田地，但实际民房以及茔地也往往被圈。民田被占的也不少，并且圈占的目的不见得都为耕种，很多人失去土地，流离失所，处境困苦不堪。历代被外族征服时所必有的汉奸又助桀为虐，有主的民田被占的因而更多。

满族王公贵族及八旗官兵在旗地上建立起各种屯庄，为了保证屯庄上有足够的奴仆为其耕作，在顺治初年清朝统治者还实行了逼民"投充"的政策。即允许各旗招收"贫民"以为"役使之用"，后来竟发展到"不论贫富，相率投充"的地步。而富者或害怕土地被圈，或为逃避赋役，或为寻求庇护，则携带房屋、土地投充。而汉人一旦投充，在身份上便降为奴仆，失去了人身自由。

降 臣

清朝虽在关内关外都曾得明朝降臣的助力不少，但降臣有罪必受重刑。陈名夏降清后，任吏部侍郎。顺治八年（公元1651年），张煊弹劾他"结党营私"，陈之遴奏劾他"诡事睿亲王（多尔衮）"。顺治十一年（公元1654年）因倡言"留发复衣冠，天下即太平"又被宁完我弹劾。第二天，顺治帝亲自讯问，侍臣当众宣读宁完我的劾奏，不等侍臣读毕，名夏极力辩白。帝大怒："即使要辩解，为何不等宣读完毕？"命陈名夏跪着与宁完我对质。刑科右给事中刘余谟、御史陈秉彝替陈名夏缓颊，双方争执不下。刘余谟喋喋不休，帝为之大怒，下令将其革职，审讯继续进行。陈名夏被转押吏部，吏部主张论斩。后又改绞死。陈名夏之子陈掖臣被押到北京，杖四十，流放东北。

后来乾隆皇帝又在国史中特立《贰臣传》一项，专门去侮辱已死的降臣与降臣的子孙。《贰臣传》分甲乙两编，共收入明末清初在明清两朝为官的人物一百二十余人。如祖大寿等人，是当时清政权花了很大功夫争取过来的。他们怎么也没有想到，百年之后，会被列入《贰臣传》中。

文 人

因文人对先朝不能完全忘情，所以清初也对他们压迫得最烈。一切结社都被禁止，科场中也屡次借题威吓。顺治九年（公元1652年）三月，大学士范文程等言："会试中式第一名举人程可则，文理荒谬，首篇尤悖戾经注。"命革中式，并治考官罪（蒋良骐《东华录》）。

世宗时，猜忌更深，文字狱愈烈。雍正六年（公元1728年）的曾静、吕留良之狱，致使早已作古的吕留良、吕葆中父子被开棺戮尸，枭首示众；吕毅中斩立决；吕留良诸孙发遣宁古塔给披甲人为奴；家产悉数收。吕留良的学生也受到株连，或斩或流放。而曾静供词及忏悔录，集成《大义觉迷录》一书，刊后颁发全国所有学校，命教官督促士子认真观览晓悉，玩忽者治罪。又命人带领曾静、张熙到各地宣讲。乾隆帝继位后，将曾静、张熙解到京师，凌迟处死，并列《大义觉迷录》为禁书。

雍正年间，翰林院庶吉士徐骏在奏章里，把"陛下"的"陛"字错写成"狴"，雍正见了，马上把徐骏革职。后来又在徐骏的诗集里找出"清风不识字，何事乱翻书""明月有情还顾我，清风无意不留人"，于是雍正认为这是存心诽谤，照大不敬律斩立决。

后来高宗编纂《四库全书》，在消极方面可说是一个彻底澄清的大文字狱。乾隆借纂修《四库全书》之机向全国征集图书，贯彻"寓禁于征"的政策，对不利于清朝统治的书籍，分别采取全毁、抽毁和删改的办法，销毁和篡改了大批文献。

刚柔并施

专事高压，不是聪明的政策，所以清朝也用柔和的手段去牢笼汉人。文人不忘故国，圣祖康熙于是请他们修《明史》。文人好古，圣祖就大规模地搜求遗书，并使他们从事各种编辑的工作。一般人不能忘记他们是被外族统治，清室于是向明陵表示敬意，并请明室的后嗣入旗，世袭侯爵。为了收买民心，康熙、雍正年间又屡次设法减轻赋税。

明末的情形虽是一团糟乱，但张居正推行一条鞭法，最少在理论上曾把田赋丁粮简单化。清代继续推行这种政策，最后并将丁粮完全取消,"圣祖特颁恩诏,自康熙五十年以后滋生人丁永不加赋"(《清朝文献通考·户口考一》)。后来又逐渐将丁银摊入田赋征收,废除了以前的"人头税",所以无地的农民和其他劳动者摆脱了千百年来的丁役负担;地主的赋税负担加重,也在一定程度上限制或缓和了土地兼并;而少地农民的负担则相对减轻。同时,政府也放松了对户籍的控制,农民和手工业者从而可以自由迁徙,出卖劳动力。有利于调动广大农民和其他劳动者的生产积极性,促进社会生产的进步。这在多一事必多一弊的传统中国的确是一件德政。明代野蛮政治下所强迫下贱化的臣民,以及来历不明的各种贱民,也都被正式解放。

以上种种,虽可说都是开明君主在任何情形下所当有的设施,但最少一部分的作用是在收买被征服民族的人心。

改土归流与西南夷之汉化

西南夷虽在战国时代就受了中国文化的影响,秦汉以下在政治上也大致属于中国,但一直到明朝始终没有完全汉化。

为了解决土司割据的积弊,雍正四年(公元1726年),云贵总督鄂尔泰建议取消土司世袭制度,设立府、厅、州、县,派遣有一定任期的流官进行管理。雍正帝对此甚为赞赏,令其悉心办理。六年,又命贵州按察使张广泗在黔东南推行改土归流政策。在废除土司世袭制度时,对土司本人,根据他们的态度给予不同的处理。对自动交印者,酌加赏赐,或予世职,或给现任武职。对抗拒者加以惩处,没收财产,并将其迁徙到内地省份,另给田房安排生活。在设立府县的同时,添设军事机构。清政府在改土归流地区清查户口,丈量土地,征收赋税,建城池,设学校；同时废除原来土司的赋役制度，与内地一样，按地亩征税，数额一般少于内地，土民所受的剥削稍有减轻。改土归流的地区，包括滇、黔、桂、川、湘、鄂六省。改土归流废除了土司制度，减少了叛乱因素，加强了政府对边疆的统治，有利于少数民族地区社会经济的发展。

改土归流的政策推行成功，是外族的清朝对中国的一个大贡献。这与明代闽粤人发展成熟，是民族史上同样的大事。

衰征与内乱

历史上没有一个能维持永久的朝代，清朝在入主中国的外族朝代中是寿命最长的，在中国历史上所有的一统朝代中也是能维持盛世最久的。但到乾隆、嘉庆之际，衰落的征兆渐渐明显。当初的兵制十分健全，分为八旗兵和绿营兵。八旗兵以镶黄、正黄、正白、正红、镶白、镶红、正蓝、镶蓝等八种旗帜为标志。"旗"本为满族"兵民合一"的社会组织，兼有掌管军事、政治、生产三个方面的职能。凡旗人男丁皆可为兵，平时生产，战时打仗。绿营兵是参照明朝军卫制度改编和新招的汉兵。以绿旗为标志，以营为建制单位，因而得名。绿营仅有极少数驻京师，称巡捕营，隶属八旗步军营统领。其余分屯各省，依所辖地域之大小、远近、险要和人口的多少确定兵额，列汛分营，"以慎巡守，备征调"。

但随着满人入关日久，兵制基础的旗人渐趋堕落，圈占的旗地多被变卖。同时，长期的治平之下人口大增，生活困难，各地都有邪教的宣传或暴动，连皇城也被教匪攻入。原有的旗兵绿营虽尚未到全不可用的地步，但平定内乱已需要新募乡勇的助力，曾国藩的湘军就是这种形式。

传统政治文化之总崩溃

背 景

中国虽自宋以下日趋没落，但汉武帝征服四夷后所建起的天朝观念仍然未变。

乾隆五十八年（公元1793年），英国为打开同中国的贸易，派特使马戛尔尼，以补祝乾隆帝八十寿辰为名，率七百余人的庞大使团访华。清廷仍以天朝大国接见四夷贡使的习惯思维待之。觐见乾隆前，清朝的接待官员发现英国人不肯向皇帝下跪叩头，这让他们非常头疼。要知道，其他国家的贡使和传教士以前都是下跪的。但马戛尔尼坚决不肯，他说即使在英国国王面前，他也只是行单膝下跪礼，他声称绝不对别国君主施高过自己国君的礼节。只有在上帝的面前，他才会双膝下跪。一番争执之后，乾隆帝恩准马戛尔尼只单膝下跪的要求。

接见完毕,乾隆赐英吉利王一道敕书,大意是:"回去告诉你们的国王!鉴于你们倾心于中华文化,不远万里的派遣使节前来叩祝我的万寿,我见你词意恳切恭顺,深为嘉许。但你们表奏上说要派你国人长驻天朝,照管你国买卖,这和天朝的体制不相符合,万万不行。西洋国家很多,又不是只你一国,如果大家都请求派人留居北京,如何是好?所以不能因你一国的请求,破坏天朝的制度。天朝富有四海,奇珍异宝早已司空见惯,看在你们诚心诚意、远道而来的份上,我已下令让有关部门收纳你们的贡品。天朝的恩德和武威,普及天下,任何贵重的物品,应有尽有,所以不需要你国货物,特此告知。"(刘锦藻《清朝续文献通考·四夷考·英吉利》)

清廷自恃"天朝物产丰盈,无所不有",因循保守,闭关锁国,禁锢了中国人的思想,扼杀了中国人的进取精神,使中国贻误了走向世界的机遇,拉大了同西方的差距。

晚清时,自秦汉以下所建起的中国文化独尊观念仍为士大夫阶级所深信,同时一般国人甚至多数的士大夫实际却非常幼稚,对外人不能了解,专会捏造轻信种种的妖语浮言。例如,当时的民众将西方传教士妖魔化,认为教堂是一个吃人的地方,传教士挖人眼睛,用来做炼银的原料;又说教堂里男女共宿一室,行淫乱之事;洋人懂巫术,以物制裸体妇人,吹气得活,柔软温暖如美人(夏燮《中西纪事》)。

这样一个既傲慢又幼稚的民族绝不能对付一个政治与文化都正旺盛的西洋,各种既滑稽又悲惨的冲突很自然地继续发生。当时经常发生教案，传教士被不明真相的民众杀死。

中国政治上的无作为由宋以下的屡次失败与亡国早可看出，文化上的弱点从此也日益明显。明末清初的葡萄牙人、荷兰人与传教士不过是西洋势力的前哨，到清末西洋各国大规模向中国冲入的时候，中国无论朝廷，或士大夫，或一般人民都忙得手足无措，两千年来所种下的业缘至此要收获必然的苦果。

鸦片战争前后

清代承袭明代旧制，乾隆以下将一切通商事宜都归并于广东一地，对外人通商又有种种合乎情理与不合情理的限制，官僚的贪污与地方人民的欺诈更加重这些规例的苦痛。西洋各国在英国率领之下屡与中国交涉，要求废除苛例，并准许使臣与领事常驻中国。西洋最后的目的是要将广大的中国市场全部开放。中国方面却大半采用虚张声势与苟且拖延的政策，最后引起严重的冲突是很自然的。

在西洋人或认通商为主要的问题，但中国方面自道光初年以下感到最成问题的是鸦片毒药的大批输入与白银宝货的大量输出。所以中国与英国第一次的兵戎相见，无论西洋人或后代的历史家如何看法，在当时中国人的心目中确是一个鸦片战争。战争的结果是中国大败，所以在和约中中国所认为重要的鸦片问题并未解决，只解决了西洋人所注意的通商问题。

但和约签字后，中国仍想以不了了之的方法去拖延条约的施行，因而引起第二次中西的大冲突，一直等外兵攻到京师，中国才知道这件事不是拖延政策所能解决的，只得加设政治机关，专门应付外交通商事务。这可说是天朝观念开始动摇的征象。

传教问题与太平天国

在中西的冲突中，除通商问题外，还有基督教的传教问题。晚明、盛清的传教士大半都以输入西洋科学与在天朝当差为传教的工具，这当然是不得已的办法。鸦片战争之后，西洋在天主教的法国的策动之下，强迫中国承认传教与信教的完全自由。1844年冬，法国强迫清政府签订了不平等的《黄埔条约》。这个条约规定，允许法国天主教在通商口岸自由传教，清朝地方政府负责保护教堂的安全。从此为基督教大开方便之门。

基督教一时很惹人注意，甚至有人利用它的名义倡导内乱，图谋推翻外交失败的满族政权。1843年，洪秀全与表亲冯云山、族弟洪仁玕从基督教小册子《劝世良言》中吸取某些基督教义，后来自行洗礼，并在广东花县首创"拜上帝教"，经过两年多的发展，信众达两千多人。1851年，洪秀全在广西桂平金田村誓师，宣布起义，正号"太平天国元年"。经过两年余奋战，自广西入湖南、进湖北，顺长江而下，经江西、安徽、江苏，于咸丰三年二月（公元1853年3月）攻下江宁府城，随即将它定为国都，改名天京。太平天国声势浩大，致使大清半壁的天下临时丧失，最后还靠汉族中出来几个人把太平天国打倒。

这时清皇朝的八旗兵、绿营兵也日趋衰败。清廷先后调集大批军队前往广西、湖南镇压，结果纷纷败溃，只好寻求地方武装力量进行阻挡。当咸丰二年（公元1852年）太平军进入湖南后，清廷便命令两湖督抚等地方官员劝谕士绅，举办团练。此时，曾国藩正因母丧在原籍守制。这年十二月十三日（公元1853年1月21日），他接到湖南巡抚张亮基转来军机大臣传达咸丰帝十一月二十九日上谕，要他以在籍侍郎的身份协助张亮基"办理本省团练乡民"。曾国藩接旨后四天即前往长沙，着手筹办团练武装。

鉴于清朝原有军队已不足以维护帝国统治秩序的实际状况，曾国藩认为必须从根本上着手，建立与培训起一支有严密组织并有顽强战斗意识和实战能力的新军。为此，他拟定了他的建军原则，竭尽全力组织起一支新的地主阶级武装湘军。

曾国藩利用宗法关系作为维系湘军的纽带，使全军上下归他一人调度指挥，湘军成为以曾国藩为首领的私人武装。这是中国近代最早出现的军阀集团。湘军的骨干多是以各种宗法关系纠集在一起的中下层知识分子。他们出身于一般中小地主家庭，功名不高，或是诸生、文童，也没有显赫的政治地位。但这些人都浸透了帝制正统思想，都以坚决维护名教纲常和统治秩序为己任。这些人比腐朽的帝国官僚有才干，他们兢兢业业，有一股拼命向上爬以取得功名利禄的顽强精神和野心。曾国藩正是带领这样一批儒生们，结成"誓不相弃之死党"，而成为太平军的死敌。

甲午戊戌与庚子辛丑

英法联军以后，中国对外没有再受严重的挫折，以为大势已无问题。一直到甲午战争中，被素来所轻视的日本打败，在羞愤之下才知道自己实在衰弱不堪，非设法振作不可。

1895年4月，日本逼迫中国签订《马关条约》的消息传到北京，康有为发动在北京应试的一千三百多名举人联名上书光绪皇帝，痛陈民族危亡的严峻形势，提出拒和、迁都、练兵、变法的主张，史称"公车上书"。这次上书对清政府触动不大，却轰动了全国。"公车上书"揭开了维新变法的序幕。

在维新人士和帝党官员的积极推动下，1898年6月11日，光绪皇帝颁布《明定国是诏》，宣布变法。新政从此日开始，到9月21日慈禧太后发动政变为止，历时一百零三天，史称"百日维新"。

在此期间，光绪皇帝根据康有为等人的建议，颁布了一系列变法诏书和谕令。主要内容有：经济上，设立农工商局、路矿总局，提倡开办实业，修筑铁路，开采矿藏，组织商会，改革财政；政治上，广开言路，允许士民上书言事；军事上，裁汰绿营，编练新军；文化上，废八股，兴西学，创办京师大学堂，设译书局，派留学生，奖励科学著作和发明。这些革新政令，目的在于学习西方文化、科学技术和经营管理制度，发展资本主义，建立君主立宪政体，使国家富强。

新政措施虽未触及帝制统治的基础，但是，这些措施代表了新兴资产阶级的利益，为顽固势力所不容。清政府中的一些权贵显宦、守旧官僚对新政措施阳奉阴违，托词抗命。1898年9月21日凌晨，慈禧太后突然从颐和园赶回紫禁城，直入光绪皇帝寝宫，将光绪皇帝囚禁于中南海瀛台；然后发布训政诏书，再次临朝"训政"。9月28日，在北京菜市口将谭嗣同、杨锐、刘光第、林旭、杨深秀、康广仁六人杀害；徐致靖被处以永远监禁；张荫桓被遣戍新疆。所有新政措施，除七月开办的京师大学堂（今北京大学）外，全部都被废止。

变法失败后，一切旧制随之复辟。反动政府，不只废除新政，并且想借义和团的神力歼灭洋人，以为将中国的洋人全部杀掉，天下就可太平无事！

当初，义和团在直隶、京津地区的迅速发展，引起清廷的不安。在如何对待义和团的问题上，清廷内部多次发生激烈的争吵，有人主"剿"，有人主"抚"。最终，慈禧太后"决计不将义和团剿除"，认为"以之抵御洋人，颇为有用"。主抚派占了上风。从此，义和团在清廷的默许下大批进入北京和天津。同时适逢八国联军攻破大沽炮台，中国于是揭开假面具，正式向全世界宣战。这是历来既傲慢又幼稚的民族特征所演出的滑稽惨剧，最后为自己制造了政治上与经济上无穷的负担，清朝的命运也随着到了末路。

科举废除与帝制推翻

传统的中国，在制度方面可以帝制为象征，在文化方面可以科举为象征。经过西洋七十年的打击之后，自宋以下勉强支持的中国不能再继续挣扎，传统中国的两个古老象征也就随着清朝一并消灭。

义和团之乱平定以后，清廷就明令废除八股文。1901年后，随着清廷"新政"的推行，政治、军事、工商、法律、教育文化等方面发生一系列变革，对新式人才的需求与日俱增，废科举几乎成了全国上下的一致呼声。1902年，清廷颁布《钦定高等学校章程》，鼓励高等学堂开设算学、物理、化学、历史、地理、动植物和外文。终于，1905年9月2日，袁世凯、张之洞等一批实权大臣联合上奏，要求废除科举制，大力兴办学堂，得到了慈禧太后和光绪皇帝的批准，下诏从1906年停止所有科举考试，科举制遂寿终正寝。

科举既被废除，从此专靠新式学校培养人才。国内遍立学校之外，又派学生往东西各国留学。

早在19世纪70年代，清廷重臣曾国藩、李鸿章、左宗棠等倡导发起了"师夷长技以制夷"的洋务运动，希望利用西方的科学文化知识挽救垂死的清王朝。从1872年到1875年，清政府先后选派了一百二十名十岁至十六岁的幼童赴美留学。这是近代中国历史上的第一批官派留学生。

第一批留学生虽然派出得很早，但最大规模的官费留学还是美国退还庚子赔款以后的事。

义和团乱后,清廷在政治上仍不肯真正改革,直到日俄战争后,俄国的失败触动了他们,当时舆论大都认为这与俄国未行宪政而日本实行了宪政有着密切关系。迫于形势和舆论的压力,1905年10月,清廷派载泽、端方、戴鸿慈、李盛铎、尚其亨等五大臣分赴日本及欧美各国"考察政治"。次年,出洋考察的大臣们陆续回国,建议朝廷诏定国是,仿行宪政,以便安抚人心,稳定大局。慈禧太后经过反复考虑,采纳了他们的意见。1906年9月1日,清廷正式宣布"预备仿行宪政"。但是,清廷并无立宪的诚意,而是企图借立宪之名,实行中央集权、满族贵族集权。1908年8月27日,颁布《钦定宪法大纲》,规定大清皇帝的统治"万世一系",是至高无上、神圣不可侵犯的,一切颁行法律、召集开闭解散议院、设官制禄、统率海陆军、宣战媾和、订立条约、宣布戒严、司法等大权,全在君主一人手中。特别是用人、军事、外交等大权,议院根本不得干预。清廷此举进一步暴露了它根本没有立宪的诚意。

1911年5月,清廷宣布成立第一届责任内阁,在内阁大臣十三人中,满族贵族占了九人,而其中皇族又占五人,被称为"皇族内阁",军政大权进一步集中到皇族亲贵手中。这就暴露了"预备立宪"的骗局,引起了地方军阀、官员和立宪派的普遍不满,清廷变得更为孤立。立宪派认为清廷此举"不合君主立宪国公例",要求另外组阁。清廷断然拒绝了他们的要求。各省咨议局联合会发表《宣告全国书》,痛苦地承认"希望绝矣"。立宪运动彻底破产。

庚子以后不能说清廷一事未做。但所做的事都嫌太晚,并且缺乏诚意，终致大清的政权被推翻；战国诸子所预想、秦始皇所创立、西汉所完成、曾支持中国两千年的皇帝制度，以及三千五百年来曾笼罩中国的天子理想，也都由清帝退位时轻描淡写的一纸公文宣告结束。

帝制先取消了科举，象征传统文化大崩溃的开始；然后帝制自己也被取消，象征传统政治制度大崩溃的开始。所余的是一个在政治文化各方面都失去重心的中国，只有一个外表上全新的面孔聊以自慰自娱。积弱不堪的民族文化从此要在新旧的指针一并缺乏之下盲目地改换方向，乱寻方向；前途茫茫，一切都在不可知的定数中。

图书在版编目（CIP）数据

西南联大国史课/陈寅恪等著.—成都：天地出版社，2021.1（2024年1月重印）
ISBN 978-7-5455-5882-1

Ⅰ.①西… Ⅱ.①陈… Ⅲ.①中国历史－高等学校－教材 Ⅳ.①K20

中国版本图书馆CIP数据核字（2020）第146845号

XINAN LIANDA GUOSHIKE
西南联大国史课

出 品 人	杨　政
作　　者	陈寅恪　等
责任编辑	杨永龙　曹志杰
封面设计	今亮后声
内文排版	麦莫瑞文化
责任印制	王学锋
出版发行	天地出版社 （成都市锦江区三色路238号 邮政编码：610023） （北京市方庄芳群园3区3号 邮政编码：100078）
网　　址	http://www.tiandiph.com
电子邮箱	tianditg@163.com
经　　销	新华文轩出版传媒股份有限公司
印　　刷	北京旺都印务有限公司
版　　次	2021年1月第1版
印　　次	2024年1月第43次印刷
开　　本	880mm×1230mm　1/32
印　　张	12
字　　数	265千字
定　　价	58.00元
书　　号	ISBN 978-7-5455-5882-1

版权所有◆违者必究
咨询电话：（028）86361282（总编室）
购书热线：（010）67693207（营销中心）

如有印装错误，请与本社联系调换

万里长征,辞却了五朝宫阙,暂驻足衡山湘水,又成离别。绝徼移栽桢干质,九州遍洒黎元血。尽笳吹,弦诵在山城,情弥切。

千秋耻,终当雪。中兴业,须人杰。便一成三户,壮怀难折。多难殷忧新国运,动心忍性希前哲。待驱除仇寇,复神京,还燕碣。

西南联大进行曲(部分)

罗庸、冯友兰 作